信息化时代下大学思想政治教育教学研究

陈琴　彭璐　冯超　著

中国财富出版社有限公司

图书在版编目（CIP）数据

信息化时代下大学思想政治教育教学研究 / 陈琴，彭璐，冯超著 . —北京：中国财富出版社有限公司，2023.12

ISBN 978 - 7 - 5047 - 8041 - 6

Ⅰ.①信…　Ⅱ.①陈…　②彭…　③冯…　Ⅲ.①高等学校 – 思想政治教育 – 教学研究 – 中国　Ⅳ.①G641

中国国家版本馆 CIP 数据核字（2024）第 012823 号

策划编辑	郭逸亭	责任编辑	田　超　汪晨曦	版权编辑	李　洋
责任印制	梁　凡	责任校对	杨小静	责任发行	董　倩

出版发行	中国财富出版社有限公司
社　　址	北京市丰台区南四环西路 188 号 5 区 20 楼　　**邮政编码**　100070
电　　话	010 - 52227588 转 2098（发行部）　　　010 - 52227588 转 321（总编室）
	010 - 52227566（24 小时读者服务）　　　010 - 52227588 转 305（质检部）
网　　址	http://www.cfpress.com.cn　　**排　　版**　宝蕾元
经　　销	新华书店　　　　　　　　　　　　**印　　刷**　北京九州迅驰传媒文化有限公司
书　　号	ISBN 978 - 7 - 5047 - 8041 - 6/G·0807
开　　本	710mm×1000mm　1/16　　**版　　次**　2025 年 1 月第 1 版
印　　张	16.75　　　　　　　　　　　　**印　　次**　2025 年 1 月第 1 次印刷
字　　数	274 千字　　　　　　　　　　　**定　　价**　69.00 元

内容简介

在教育信息化的时代背景下,数字信息化技术为大学思政教育带来了新一轮改革。大数据具有全面性、精准性、预测性和兼容性等特征,目前已被广泛运用于大学思政教育领域。要实现思想政治教育模式的创新,必须重构思想政治教育模式时间和空间的框架体系,并在构建新的思想政治教育运作平台的过程中,充分发挥专职教师的关键作用。本书从信息化时代下大学生的思想行为出发,介绍了信息化时代下大学生思想政治教育创新的路径、观念以及载体的变革,并对信息化时代下大学生思想政治的教学和信息化建设进行了阐述,最后对大学思政教学的未来发展指出了方向。本书可为大学思政教学人员的研究和实践提供有价值的参考。

前　言

信息化时代标志着以信息技术为核心的新一轮科技革命和产业变革。在这个时代，信息技术不仅推动着社会的进步与发展，也深刻地影响着教育领域的发展。大学思想政治教育肩负着培养德智体美劳全面发展的社会主义建设者和接班人的重要任务，它在信息化时代的背景下面临着新的挑战和机遇。

随着信息化时代的到来，大学思想政治教育教学迎来了更为广阔的发展空间。信息技术的快速发展为思想政治教育教学提供了强大的工具和平台，可以更加灵活、多样地传递知识，有效激发学生的学习兴趣，提高教学效率。同时，信息化时代也带来了新的思想和价值观念，传统的思想政治教育教学模式和内容需要进行相应的更新和拓展，以适应时代的需求。

然而，信息化时代下大学思想政治教育教学也面临着一系列新的问题和挑战。虽然信息技术为教学带来了便利，但也带来了信息泛滥和信息虚假等问题。如何在海量的信息中筛选出真正有价值的内容，让学生获得高质量的思想政治教育，成为一个亟待解决的难题。信息化时代下，青年学生的兴趣和学习方式也发生了明显的变化，他们更倾向于接受碎片化、多样化的知识传递方式，这也对传统的思想政治教育教学提出了新的要求。

因此，深入研究信息化时代下大学思想政治教育教学，探讨如何充分利用信息技术来提高教育教学的针对性和实效性，探索适合他们的思想政治教育教学策略，激发他们的学习热情和主动性，显得尤为重要。

本书由深圳职业技术大学陈琴、南开大学滨海学院彭璐和北京林业大学冯超共同著作。其中第一章、第二章和第三章由彭璐撰写；第四章、第五章和第六章由陈琴撰写；第七章由冯超撰写。全书由陈琴负责统稿。

　　大学思想政治教育是培养社会主义建设者和接班人的重要途径，也是塑造大学生正确世界观、人生观、价值观的关键环节。在信息化时代，大学思想政治教育教学的研究具有重要的现实意义和深远的影响。通过深入研究和探讨，我们有望找到更加适合信息化时代特点的思想政治教育教学模式和策略，从而培养更多德智体美劳全面发展的社会主义建设者和接班人，为实现中华民族伟大复兴的中国梦作出更大的贡献。

目 录

第一章　信息化时代大学生的思想行为与成长规律 ‥‥‥‥‥‥ 1

第一节　青年学生的基本特点 ‥‥‥‥‥‥‥‥‥‥‥ 3

第二节　信息化时代大学生的思想行为 ‥‥‥‥‥‥‥‥ 9

第三节　信息化时代大学生的成长规律 ‥‥‥‥‥‥‥‥ 15

第二章　信息化时代大学生思想政治教育的路径创新 ‥‥‥‥‥ 23

第一节　大学思想政治教育的内涵 ‥‥‥‥‥‥‥‥‥ 25

第二节　大学思想政治教育的媒介 ‥‥‥‥‥‥‥‥‥ 29

第三节　高校思想政治教育的创新方案与平台 ‥‥‥‥‥ 48

第三章　信息化时代大学生思想政治教育的观念创新 ‥‥‥‥‥ 53

第一节　思想政治教育观念体系的创新 ‥‥‥‥‥‥‥ 55

第二节　思想政治教育观念创新的实践 ‥‥‥‥‥‥‥ 62

第三节　思想政治教育质量提升 ‥‥‥‥‥‥‥‥‥‥ 74

第四章　信息化时代大学生思想政治教育的载体创新 ‥‥‥‥‥ 89

第一节　大学生思想政治教育载体的内涵及发展 ‥‥‥‥ 91

第二节　大学生思想政治教育载体发展与创新的必要性 ‥‥ 97

第三节　大学生思想政治教育载体发展与创新 ‥‥‥‥‥ 102

第四节　大学生思想政治教育载体发展与创新的原则 ‥‥‥ 109

第五章　信息化时代大学思想政治的教学 ……………………… 113

　第一节　思想政治理论课信息化教学的内涵及目标 …………… 115

　第二节　高校思想政治理论课信息化教学需把握好的若干重要关系 … 121

　第三节　思想政治理论课信息化教学实践 …………………… 131

　第四节　思想政治理论课教师信息化教学能力培养 …………… 159

第六章　大学思想政治教育信息化的建设 ……………………… 167

　第一节　大学思想政治教育信息化建设目标 ………………… 169

　第二节　大学思想政治教育信息化建设原则 ………………… 178

　第三节　大学思想政治教育信息化建设要求 ………………… 187

　第四节　大学思想政治教育信息化建设创新对策 ……………… 197

第七章　大学生思想政治教育的未来发展 ……………………… 205

　第一节　强化思想政治教育师资建设 ………………………… 207

　第二节　开展多样化的社会实践活动 ………………………… 224

　第三节　拓展思想政治教育载体渠道 ………………………… 230

　第四节　创建"三全育人"新格局 …………………………… 247

　第五节　完善思想政治教育评估机制 ………………………… 250

参考文献 ………………………………………………………… 255

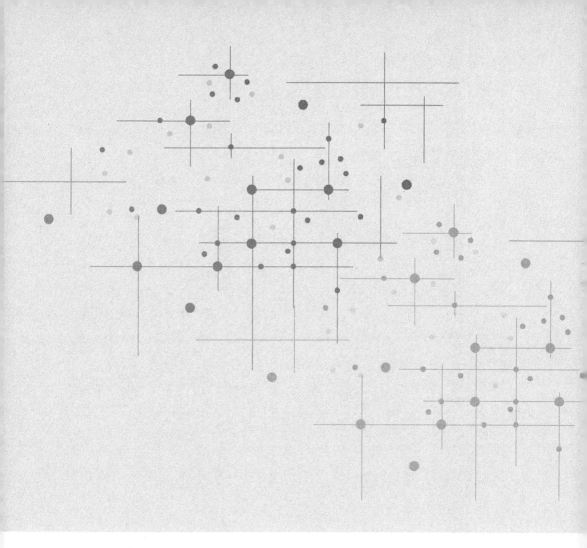

信息化时代
大学生的思想行为与成长规律

第一章

在信息化时代，大学生的思想行为与成长规律正经历深刻的变革。随着数字技术的迅猛发展，青年学生的学习方式、价值观念和社会交往方式都受到显著影响。信息化不仅改变了知识的获取渠道，还重新塑造了大学生的思维方式，使他们在面对海量信息时展现出更强的适应能力和批判性思维。然而，这种变革也带来了诸多挑战，例如信息过载、心理健康问题和人际关系的疏离等。因此，深入研究信息化时代大学生的思想行为特点及成长规律，对于高校思想政治教育的有效实施具有重要意义，有助于教师更好地理解和引导学生，促进其全面发展。

第一节　青年学生的基本特点

在信息化时代，青年学生的思想行为和成长规律受到多种因素的影响，展现出以下几个基本特点。

一、思维活跃，追求创新

青年学生的思维活跃、追求创新等特点主要体现在他们对于新知识、新技术的快速接受和应用上。信息化时代的到来使得知识传播和获取的途径更加多样化，青年学生能够迅速接触到前沿的技术和信息，从而形成独立的见解和创造性的思维方式。通过互联网和社交媒体等多元化的信息渠道，青年学生能够随时随地获取全球范围内的资讯。他们不仅限于传统的课堂学习，更乐于通过在线课程、开放资源、科技论坛等多种方式进行自主学习。这种知识获取的便捷性和广泛性促进了他们的创新意识，使其能够在复杂多变的环境中不断调整和更新自己的思维，以适应时代发展的需求。同时，青年学生擅长利用新技术来提升学习效率，他们通过智能化工具、AI技术和大数据分析等手段更好地掌握知识，从而增强自主学习能力和创新意识。

青年学生在社会问题和技术进步方面的敏锐反应也进一步体现了他们追求创新的特质。面对当今社会中的诸多问题，如环境保护、社会公平、科技伦理等议题，青年学生展现出强烈的社会责任感与批判性思维。他们往往不停留在传统的知识学习层面，更注重如何通过创新的方式解决实际问题。例如，许多青年学生积极参与社会公益活动、创业项目，甚至结合科技手段提出创新性解决方案。青年学生对技术进步的关注与参与也推动了创新的实现，特别是在互联网科技、人工智能、区块链等前沿领域，他们的创新思维和实践能力得到了极大的锻炼和展示。信息化时代的学生能够将学术研究与技术应用相结合，提出许多有价值的创新构想，并且在创业、科研等领域崭露头角。

二、价值观多元化

全球化与信息化的迅速发展促使青年学生的价值观发生了深刻的变化，使其价值观呈现出多元化、复杂化的特点。虽然传统的家庭和学校教育在塑造学生的价值观方面仍然扮演关键角色，但在信息化的推动下，青年学生通过互联网、社交媒体和跨文化交流，接触到世界各地的多元的文化、思想和价值观念。这种接触使他们的价值观体系不再单一化，而是逐渐趋向开放与包容。部分青年学生更加注重个人自由和个性表达，他们追求自我实现，强调独立思考，反对盲从权威。在全球化的背景下，青年学生更容易通过与不同文化的交流接触到多样的思想潮流，如自由主义、个人主义以及平权思想等，这些思想促使他们在价值观念上更加注重个体权益、性别平等和多元文化的共存。

互联网为青年学生提供了一个广阔的平台，使他们能够在全球范围内获取资讯、发表见解并参与到各种社会问题的讨论中。这一代学生不仅关注自身的成长与发展，也对社会公益和全球问题表现出深切的关心。他们对气候变化、贫富差距、性别平等等全球性问题有着强烈的责任感和使命感。在社交媒体上，许多青年学生积极参与公益活动，通过分享环保理念、推动社会公平等方式，展示了他们对参与公共事务的热情。部分青年学生选择投身于志愿服务、公益项目等实践活动，以实际行动推动社会变革，体现了他们在价值观多元化背景下对社会责任的高度重视。这种对社会责任的认知和实践，使青年学生不仅满足于个人自由的追求，更具备了全球视野和社会责任感，这体现了他们多元化价值观中的公共意识和合作精神。

三、情感丰富，心理敏感

青年学生处于人生的关键发展期，其情感表现十分丰富但也相对敏感，这一特点深刻影响着他们的行为方式和心理状态。

青年学生的情感丰富主要体现在他们对外部世界的强烈反应上。他们对新鲜事物充满好奇，情感表达既强烈又细腻，往往能够快速地与外界环境建立起情感联系。例如，他们在面对成功时会产生强烈的喜悦感，而在遭遇失败时则可能表现出极大的挫折感。这种情感的丰富性使得他们在人际关系、学业追求以及未来规划等方面展现出高度投入感。青年学生的情感表达往往较为直接，他们渴望被认可、被接纳，这使得他们在与同龄人、家人和教师的互动中，极其重视他人的反馈和评价。同时，由于他们正处于自我认同的形成阶段，情感的丰富性还表现在他们对社会和自我价值的高度敏感性，他们希望通过各种途径展示自己，以获得他人和社会的肯定。

然而，情感丰富的同时，青年学生心理也较为敏感，容易受到外部环境的影响。信息化时代，尤其是社交媒体的广泛使用，进一步放大了他们对外界反馈的敏感度。社交媒体为他们提供了一个展示自我、建立社交关系的平台，但也使他们更加依赖外界的评价。点赞、评论、关注等网络社交行为成为他们衡量自身价值的重要标准之一，这种对于外界反馈的高度依赖容易导致他们产生焦虑感和不安全感。一旦外界的评价与期望不符，他们往往会产生较大的心理波动，表现出情绪低落、失望甚至自我怀疑。同时，社交媒体上频繁的"比较"行为也加剧了他们的心理压力，他们在网络平台上容易与他人的生活进行对比，从而感到不满足或挫败。这种心理敏感性不仅影响他们的情绪管理能力，还可能导致一些青年学生长期处于焦虑和压力状态，影响他们的学业表现和身心健康。

此外，青年学生在处理社交关系时也表现出较强的敏感性。他们渴望与同龄人建立紧密的社交联系，希望得到群体的认可和支持。因此在日常生活中，他们的情感波动往往与人际关系紧密相连。当他们在人际交往中感受到冷漠、排斥或误解时，容易表现出较强的情感反应，甚至会陷入孤独感和不安之中。这种心理敏感性使他们在人际冲突或社交压力面前，往往表现出脆弱的一面，缺乏足够的情绪调节能力。信息化时代的信息爆炸和网络文化的影响，也让他们在面对负面舆论、虚假信息或过度曝光的情况下，容易产生情感过载的现象。这些因素共同作用，使得青年学生在情感和心理上表现出较为明显的敏感性特征。

四、网络依赖与信息化能力强

青年学生的成长与信息技术的飞速发展密不可分，互联网、社交媒体以及各种智能设备已经成为他们日常生活的重要组成部分。网络的广泛应用，使青年学生在学习、社交、娱乐等方面的行为方式发生了根本性的转变，他们展示出极强的信息处理能力。青年学生能够熟练使用各种信息化工具，例如搜索引擎、在线学习平台、社交媒体、办公软件等，通过这些工具，他们可以轻松获取到大量的学习资源和信息。

不仅如此，他们还具备较强的信息筛选和整合能力，能够在海量信息中快速定位自己所需的内容，并将其应用于学习和实践。比如，在学术研究中，青年学生能够高效利用网络数据库、在线文献和学习资源平台获取相关知识，拓宽视野，提升学术能力。互联网的开放性也为他们提供了广阔的交流平台，他们可以通过网络与全球各地的专家、学者和同龄人进行交流，分享经验与见解，从而增强他们的知识储备和思维能力。

社交媒体和移动设备的普及极大地改变了青年学生的社交和娱乐方式。

通过社交媒体，他们能够快速建立广泛的社交网络，与朋友、家人和同龄人保持紧密的联系，分享生活中的点滴。这种实时互动的社交方式，不仅增强了他们的社交能力，也帮助他们更好地表达自我和展示个性。同时，青年学生也善于利用互联网进行娱乐和休闲活动，例如观看在线视频、参与网络游戏、使用短视频平台等。这些娱乐方式不仅丰富了他们的业余生活，也让他们能够更好地适应信息化时代的多元文化氛围。

然而，这种高度依赖网络进行社交和娱乐的现象，也反映出青年学生对网络的深度依赖。在享受便捷信息化生活的同时，过度依赖网络可能带来一系列负面影响。目前，网络依赖症的现象日益凸显，部分青年学生可能在日常生活中难以离开网络和智能设备，这种依赖可能导致他们的现实社交能力减弱和生活节奏失控。

五、自主性强，渴望自我实现

青年学生具有极强的自主性和对自我实现的渴望，这一特点在他们的学习、生活以及职业规划中得到了充分体现。青年学生更加注重个人发展与自我价值的实现，在面对人生选择时，更倾向于主动规划并掌控自己的未来，而非依赖他人的决策或指导。在学业上，许多青年学生不满足于传统的被动学习模式，而是积极参与到多样化学习活动中，如选修与专业相关的课程、参加各类社会实践活动，甚至自学新技能，充实自己。在信息化的时代背景下，他们有更多机会接触到更为丰富的教育资源和更多的学习平台，能够根据自己的兴趣爱好和职业规划，制定个性化的学习路径。例如，许多青年学生通过在线学习平台掌握编程、设计、外语等新技能，以增强未来的就业竞争力。这种自主学习的态度不仅提升了他们的自我管理能力，也促使他们在学术和职业领域中更加积极主动，努力实现个人目标。

在职业规划方面，青年学生表现出强烈的自我实现需求。他们不仅追求实现个人理想，还希望通过自己的努力对社会作出积极贡献，实现个人理想与社会价值的双重追求。这一代学生更加注重职业选择的意义和价值，在选择职业时，更多人倾向于选择那些与社会公益、环境保护、科技创新等领域相关的职业，希望通过自己的工作为社会带来积极的改变。

此外，创业精神在青年学生中逐渐兴起，越来越多的青年学生选择创业，将自己的创意和理想付诸实践。这种自主创业的行为不仅是青年学生追求自我实现的体现，也反映了他们对自主权的强烈渴望。他们希望能够通过自主决策来掌控自己的职业生涯，避免受限于传统的职业发展路径。例如，一些青年学生在毕业后选择自由职业或创办自己的公司，以实现更大的自由度和创新空间。

另外，青年学生对于生活的自主选择权也有着更高的追求。他们不仅关注学业和职业，还希望能够主导自己的生活方式，包括兴趣爱好、社交圈子、价值观等方面。在个人生活中，他们倾向于打破传统的生活模式，追求个性化、独特的生活体验。例如，在消费习惯上，青年学生更加注重个性表达，喜欢选择符合自己兴趣和审美的产品和品牌，展现出与众不同的个人风格。在社交生活中，青年学生也更加倾向于选择与自己志趣相投的朋友或社交圈子，注重建立有深度的社交关系，而非仅仅追求数量上的积累。这种自主选择的特质让他们在生活中更具独立性和创造力，能够更好地探索自我，塑造独特的个人价值体系。

六、社会责任感增强

青年学生的社会责任感在信息化和全球化的推动下得到了显著增强，他们对全球性问题和社会挑战展现出前所未有的关注与行动力。这一代学生成长在信息高度透明和全球事务频繁互动的时代，能够通过互联网和社交媒体轻松了解世界各地的动态，接触到环境保护、公共卫生、贫困问题等重大社会议题。因此，青年学生的社会责任感不仅体现在对本地问题的关心上，他们也更具全球视野，关注气候变化、疫情防控、性别平等等全球性挑战，并愿意通过多种形式参与到解决这些问题的行动中。比如，越来越多的青年学生主动加入环保组织、参与公益项目，甚至在社交平台上发起或支持全球范围的公益活动。这种社会责任感的增强不仅促使他们成为社会活动积极的参与者，也促使他们在个人行动和生活方式上做出改变，以符合更广泛的社会目标。例如，一些青年学生选择低碳生活方式、减少塑料使用，并积极推动循环经济等可持续发展理念，体现了他们对环境保护和全球可持续发展的高度关注。

特别是经历了全球化冲击和新冠疫情等重大事件后，青年学生的社会责任感得到了进一步加深。疫情防控期间，青年学生目睹了全球公共卫生体系面临的挑战，也感受到个体行为对社会整体的影响，从而更加意识到个人与社会的紧密联系。这种经历促使他们更加积极地承担社会责任，例如，许多青年学生主动参与疫情防控志愿活动、捐款捐物、宣传防疫知识等，希望为社会的稳定与安全贡献力量。

与此同时，他们还通过网络和社交平台倡导健康生活方式，关心他人的身体和心理健康问题，展现出对公共卫生问题的高度责任感。此外，全球化背景下的经济不平等问题也引起了青年学生的广泛关注，特别是贫困、教育不公平等问题成为他们思考和行动的重点。他们不仅通过公益活动帮助弱势群体，还在学术研究和社会实践中探索如何通过政策、技术和创新手段解决这些社会难题。这种责任感推动了他们在全球化背景下积极思考个人如何为社会进步贡献力量，从而在实际行动中展现出更为积极的社会参与意识。

第二节　信息化时代大学生的思想行为

信息化时代的快速发展深刻影响了大学生的思想行为模式，使其呈现出日益明显的个性化和网络化的特征。这一时代背景下，互联网和自媒体的普及不仅改变了大学生获取信息和表达观点的方式，还重塑了他们的价值取向、思维方式以及人际交往模式。具体表现在以下几个方面。

一、思想行为越发个性化和网络化

在信息化时代，互联网的广泛应用和自媒体平台的迅速崛起，推动大学生思想行为的个性化和网络化。这一变革的核心在于"技术赋权"，即通过移动设备和基本的技术技能，大学生能够轻松成为自媒体内容的生产者和传播者。传统的权力结构和信息传播层级因此被打破，大学生得以在一个更加平等、自由和开放的网络环境中表达自我。

作为思维活跃且乐于尝试新事物的群体，大学生在自媒体领域表现尤为活跃。他们利用微信、微博、抖音、B 站等平台拍摄视频、撰写文字、发布图片，积极参与各类话题的互动和讨论，展示出高度个性化的存在。这种现象不仅增强了大学生在网络环境中的参与感和表达欲望，还促使他们在学习、消费、社交和娱乐等方面深度融入虚拟世界。例如，许多大学生通过自媒体平台分享学习经验、生活点滴、兴趣爱好，甚至进行在线教学和知识分享，这不仅拓宽了他们的视野，也提升了他们的沟通和表达能力。

同时，自媒体平台的多样性和即时性，使得大学生能够迅速获取并传播信息，形成快速反应和高效互动的网络文化。这种互动性和参与性极大地激发了大学生的创造力和自主性，促使他们在信息化环境中不断探索和创新，形成了独特的网络思维模式。

然而，随着大学生思想行为的网络化和个性化，随之而来的挑战也日益凸显。自媒体传播的"去中心化""圈群化"和"碎片化"特征，对大学生的辨别能力和自控能力提出了更高的要求。

首先，去中心化使得信息来源变得更加多样和分散，传统的权威信息渠道被打破，大学生在获取信息时面临更多选择的同时，也更容易接触到未经验证或偏颇的信息。这种信息环境要求大学生具备更强的筛选和分析能力，以辨别信息的真实性和可靠性，避免被片面或错误的信息所误导。例如，在自媒体平台上，虚假新闻、偏激言论和不实广告层出不穷，大学生需要通过批判性思维和多渠道验证，确保所获取的信息准确无误。

其次，圈群化现象导致大学生在网络交往中更容易形成封闭的小圈子，在基于共同兴趣和爱好形成的群体内，信息传播往往具有高度的同质性和一致性，缺乏多元化的观点碰撞。这不仅限制了大学生的视野，还容易导致群体思维和偏见的形成，削弱其独立思考和批判性判断能力。例如，在某些兴趣圈子中，特定的观点和价值观可能被无限放大，而其他不同意见则被排斥或忽视，导致大学生在信息获取和价值判断上出现偏颇。

最后，碎片化传播使得信息内容呈现出短小、零散、缺乏系统性的特点，大学生在面对大量碎片化的信息时，容易出现注意力分散和深度思考能力下降的问题。碎片化的信息内容，如短视频、图文并茂的内容，虽然提高了信息传播的效率和覆盖面，但也容易导致大学生难以进行系统性和全面性的学习与思考。例如，过度依赖碎片化的信息，可能导致大学生在学术研究和知识积累上缺乏深度，影响其学术能力和综合素质的提升。

此外，碎片化传播内容的快速更新和高频率互动可能导致大学生长期处于信息过载的状态，容易感到疲惫和压力，影响其心理健康和学习效率。因此，面对信息化时代带来的个性化和网络化趋势，大学生不仅需要积极利用信息技术提升自身能力，还需增强信息筛选和批判性思维能力，培养自控能力，以在复杂的信息环境中保持清晰的认知和健康的心理状态。

二、价值取向更加多元化

随着互联网技术的飞速发展和自媒体传播的广泛普及，大学生的价值取向呈现出前所未有的多元化趋势。在传统社会中，价值观的形成主要依赖家庭、学校和主流媒体的引导，其中社会精英和权威机构在价值传播中占据主导地位。然而，在信息化时代，普通网民逐渐取代了这些传统权威，成为自媒体传播的主要主体。这些普通网民基于各自不同的目的和价值利益，在各类自媒体平台上积极活跃，形成了主流媒体和民间舆论场并存的舆论格局。一方面，传统主流媒体的影响力有所削弱；另一方面，民间舆论场的崛起使得更多元的声音得以表达和传播。

自媒体平台的"去中心化"特性，使得信息来源更加分散和多样，打破了传统的权威信息传播渠道，大学生在获取信息时面临更多的选择和更广泛的观点。这种环境下，多元价值观和某些不符合社会主义核心价值观的观念，逐渐渗透到大学生的价值判断和选择中，影响了他们对事物的认知和态度。例如，西方自由主义、个人主义等价值观通过自媒体平台传播，促使部分大学生过于注重个人自由和自我实现，甚至在某些情况下忽视了集体主义和社会责任的重要性。

网络交往的"圈群化"现象进一步加剧了大学生价值取向的多元化。自媒体平台为大学生构建了一个全新的、数字化的虚拟网络空间，这个空间已成为他们社会生活和人际交往的重要场域。通过微信、微博、QQ 等社交媒体平台，大学生可以轻松构建起所谓的"熟人社会"，并逐渐向基于共同兴趣和爱好形成的陌生群体扩展。这种基于兴趣和爱好的圈群交往，使得大学生在虚拟空间中形成了封闭的圈群，他们依赖于特定的兴趣圈子获取信息和进行互动。

随着交往圈群的不断扩展，大学生逐渐沉浸于这些封闭的网络圈子中，信息来源趋于单一，思维方式变得更加狭隘和局限。这种圈群化的交往模式，不仅限制了大学生的视野，也削弱了他们对多元文化的包容和理解能力，甚至导致群体极化现象的出现。例如，在某些特定兴趣圈子中，特定的观点和价值观可能被无限放大，而其他不同意见则被排斥或忽视，导致大学生在信息获取和价值判断上出现偏颇和单一化。这种现象不仅削弱了他们的批判性思维和独立判断能力，还可能使他们在面对社会问题时缺乏全面的视角和深入的理解，影响其思想的全面发展和健康成长。

此外，信息化时代的多元化价值取向也为大学生带来了新的挑战和机遇。一方面，多元化的价值观使得大学生在面对复杂多变的社会环境时，具备更强的适应能力和创新意识。他们能够在多元的文化和思想碰撞中，形成更加开放和包容的心态，促进跨文化理解和合作。另一方面，价值观的多元化也可能导致大学生在价值选择上感到困惑和迷茫，尤其是在面对传统价值观和现代价值观的冲突时，容易产生认知上的矛盾。例如，一些大学生在追求个人自由和自我实现的过程中，可能忽视了社会责任和集体利益，导致价值观念的失衡。

因此，高校和社会各界需要加强对大学生的思想政治教育，引导他们在多元价值观中树立正确的价值取向，增强他们的辨别能力和自控能力，帮助他们在多元化的环境中形成稳定而健康的价值体系。

三、自媒体传播呈现出明显的碎片化特征

在信息化时代，自媒体传播方式与传统媒体的宏大叙事形成鲜明对比，呈现出明显的碎片化特征。这种碎片化的传播形式主要体现在内容的短小精悍和图文并茂上，自媒体内容通常由短视频、图片和简短文字组成，旨在快

速吸引受众的注意力并实现高效传播。这种传播方式显著提高了信息的传播效率和覆盖面，使得信息能够在极短的时间内迅速扩散到广泛的受众群体中。然而，碎片化传播也带来了诸多问题。

首先，内容的易被误导性。由于自媒体内容的制作门槛较低，任何人都可以成为信息的生产者和传播者，这导致了信息的真实性和准确性难以得到有效保证。为了追求更高的曝光度和流量，有的自媒体主体往往会通过夸大事实、歪曲信息甚至传播虚假内容来吸引眼球，这不仅严重影响了传播受众对信息的整体理解和正确判断，也削弱了信息的权威性和可信度。例如，一些自媒体在报道社会热点事件时，往往没有经过深入的调查和全面的分析，导致受众在短时间内只能接触到片面的信息，从而形成误导性的认知。

其次，碎片化传播内容的特点还破坏了信息的完整性、系统性和逻辑严密性，使得传播内容难以形成连贯的知识体系和难以被深层次的理解。大学生作为信息的主要接收者和使用者，常常沉浸于碎片化的信息消费中，习惯于通过快速浏览短视频和图片获取信息，而忽视了对信息的深度思考和全面分析。这种信息消费方式导致大学生的思维方式逐渐变得感性和碎片化，理性和整体性思维能力逐步退化。例如，在面对复杂的社会问题时，大学生可能只停留在表面的信息和片段的观点，缺乏对问题的全面理解和系统性的分析能力，从而影响了他们在学术研究和实际生活中的决策和判断能力。

最后，视觉化的传播方式进一步加剧了这一问题。大学生在沉浸于视听享受的过程中，往往忽略了信息背后的深层次内容和逻辑关系，导致他们在面对复杂问题时缺乏足够的分析和解决能力。自媒体传播的大量碎片化的信息，不仅在无形中起到了思想灌输和操纵的作用，还在潜移默化中影响了大学生的思想发展和行为选择，使其在面对多元化和复杂化的社会环境时，难以进行系统性的思考和有效的应对。

四、大学生的人际交往更加圈群化

信息化时代，自媒体作为互联网发展的最新形式，不仅承担着信息传递的工具性角色，还构建了一个全新的、数字化的虚拟网络空间，成为大学生社会生活和人际交往的重要场域。大学生通过社交媒体平台，构建起基于熟人关系的社交网络，并逐渐向基于共同兴趣和爱好的"陌生部落"扩展。这种以兴趣和爱好为基础的圈群交往，使得大学生能够在虚拟空间中找到志同道合的伙伴，分享信息和资源，增强了社交的便利性和互动性。例如，摄影、编程或健身等特定兴趣群体，通过自媒体平台建立起专属的讨论区和分享区，大学生可以在这些平台上自由交流心得、分享作品，甚至组织线下活动。这种圈群化的交往方式，打破了传统面对面社交的时间和地域限制，使大学生的交往更加自由和灵活。

然而，这种高度依赖特定兴趣圈子的交往模式，也带来了信息茧房和群体极化等负面影响。由于圈群内部传播的信息往往具有高度的同质性和一致性，大学生在获取信息时容易陷入封闭环境，难以接触到外部多元的信息和观点。这种信息的单一性和封闭性，限制了大学生的视野，削弱了他们对多元文化的包容理解能力，导致思维方式变得狭隘和固化。

圈群化的人际交往模式催生了圈群内部的"意见领袖"现象，这些意见领袖凭借其在特定领域的影响力，能够在圈群中引导和塑造大部分成员的观点和行为。大学生在封闭的圈群中，可能会无意识地接受意见领袖的观点，逐渐丧失独立判断和批判性思维的能力。例如，在某些网络游戏或动漫爱好者圈子中，意见领袖的推荐和评价对成员的选择和偏好有着显著的影响，甚至可能导致成员在某些价值观念上的趋同和极化。随着时间的推移，这种现象不仅限制了大学生的多元化思维，还可能导致他们在面对社会问题和复杂事务时，缺乏全面的视角和深入的理解，影响其思想和行为的健康发展。

同时，圈群化交往模式还可能导致大学生在现实生活中的社交能力退化。他们过度依赖虚拟空间中的社交互动，忽视了现实生活中面对面交流的重要性，导致人际交往技能不足和社交孤立感增加。这不仅影响了他们的心理健康，也限制了他们在实际生活中的人际关系建立和维护能力。

在这种信息化和自媒体驱动的圈群化人际交往环境中，大学生的社交行为和人际关系模式发生了深刻的变化。一方面，圈群化交往为大学生提供了一个便捷高效的交流平台，使他们能够在广泛的虚拟空间中找到志同道合的伙伴，增强了社交的广度和深度。另一方面，圈群化交往模式也带来了信息茧房和群体极化等问题，限制了大学生的信息获取渠道和思维方式的多样性，影响了他们的全面发展和健康成长。

因此，大学生在信息化时代需要积极应对圈群化带来的挑战，努力拓宽信息来源，增强对多元文化的包容理解能力，培养独立思考和批判性思维能力，以实现思想和行为的全面发展。同时，高校和教育机构应加强对大学生的社交能力培训和信息素养教育，引导他们在虚拟社交空间中保持理性和开放，促进多元化人际交往和全面发展的思维方式，从而帮助大学生在信息化时代中建立健康、平衡的人际关系，促进其思想和行为的积极成长。

第三节　信息化时代大学生的成长规律

信息化时代的到来，对大学生的成长规律产生了深远的影响。信息技术的飞速发展、互联网的广泛应用以及自媒体的兴起，重塑了大学生的学习方式、思维模式、社会交往以及自我认知，进而影响其整体成长轨迹。深入理解信息化时代下大学生的成长规律，有助于高校和教育机构制定更为有效的教育策略，促进大学生的全面发展。

一、信息化时代促进了大学生自主学习能力的提升

在信息化时代，互联网的迅猛发展和各类在线教育平台的普及，极大地促进了大学生自主学习能力的提升。在传统教育模式下，大学生学习主要依赖课堂教学和教材，信息获取渠道相对有限，学习资源的获取往往受限于学校的课程安排和教师的指导。然而，信息化环境的到来打破了这一局限，互联网、在线课程、电子图书以及各种学习管理系统（LMS）的广泛应用，为大学生提供了丰富的学习资源和多样化的学习途径。大学生可以根据自身的兴趣和需求，灵活选择适合自己的学习内容和方式，进行个性化学习。这种自主学习的能力，不仅显著提升了学生的知识获取效率，还培养了他们的自我管理和自我驱动能力。例如，通过 MOOC（大规模开放在线课程）平台，

大学生能够接触到全球顶尖高校的课程内容，拓宽知识视野，提升专业技能。无论是计算机科学、商业管理还是艺术设计，大学生都可以根据自己的兴趣选择相应的课程，进行深度学习和实践操作，这为他们在学术和职业发展上带来了更大的优势。

此外，信息化工具，如学习管理系统（LMS）、在线讨论论坛和协作平台，极大促进了学生之间的互动与合作，增强了团队合作精神和沟通能力。在 LMS 平台上，教师可以发布课程资料、作业和考试，学生可以随时访问这些资源，进行自主学习和复习。同时，在线讨论论坛为学生提供了一个交流思想和分享知识的空间，鼓励学生之间的学术讨论和合作学习。例如，学生可以在论坛上提问、回答问题，分享学习心得和资源，形成一个良好的学习社区。协作平台如 Google Docs、Trello 等工具，使得学生能够在不同地点和时间协同完成项目任务，提高了团队合作的效率和效果。这些信息化工具不仅提升了学生的学习效率，还培养了他们在现代职场中必备的协作和沟通能力，为他们未来的职业发展打下坚实的基础。

更为重要的是，信息化时代赋予了大学生更多的学习自主权和选择权，激发了他们的学习兴趣和内在动力。如今，学生不再被动接受教师传授的知识，而是能够主动探索自己感兴趣的领域，进行深度学习和研究。这种自主学习的过程，不仅提升了他们的学习能力和知识储备，还培养了他们的创新思维和问题解决能力。例如，许多大学生利用在线平台进行自主科研项目，参与开源软件开发，或是通过自媒体平台分享自己的学习成果和研究心得，这些都显著地增强了他们的实践能力和创新意识。此外，在信息化环境下，丰富的学习资源和灵活的学习方式使大学生能够更加高效地管理时间和学习进度，培养了他们的自律性和时间管理能力。这些能力的培养，不仅对他们在学术上的成功至关重要，也为他们在未来的职业生涯中应对复杂多变的工作环境提供了有力支持。

二、大学生的思维模式发生了显著变化

信息化时代的信息快速传播和多元化发展，使得大学生的思维模式发生

了显著变化，表现为更加开放和多元，具备更强的批判性和创新性。互联网作为一个多元文化交汇的平台，极大地拓宽了大学生的视野，使他们能够接触到来自不同文化背景和思想体系的观点，促进了跨文化理解和多元思维的发展。例如，通过参与在线论坛、社交媒体讨论和国际交流项目，大学生不仅能够了解全球各地的最新动态和多样化的思想观念，还能够在互动中培养全球视野和包容心态。这种多元文化的碰撞和交流，鼓励大学生在面对复杂问题时，能够从多个角度进行思考，形成更加全面和深入的理解。

数据分析软件、编程工具和设计软件等信息化工具的广泛应用，进一步激发了大学生的创新思维和实践能力。大学生通过使用这些工具，能够在技术驱动的环境中不断探索和创造，从而培养出解决实际问题的能力。例如，利用编程工具开发应用程序，使用数据分析软件进行科研项目分析，或通过设计软件进行创意设计，这些实践不仅提升了他们的专业技能，也促进了他们在各自领域内的创新能力和竞争力。

然而，信息过载和碎片化信息的冲击，也对大学生的深度思考和系统化学习提出了严峻的挑战。在信息化环境中，海量的信息源源不断地涌入，大学生需要面对来自不同渠道、不同形式的大量信息，这不仅增加了他们的筛选和整合信息的难度，也使得他们在信息处理过程中容易产生认知疲劳和焦虑感。碎片化的信息传播方式，如短视频、图文并茂的社交媒体帖子，虽然提高了信息的传播效率和覆盖范围，但也导致了信息内容的零散和片面化。大学生在这种环境下，往往难以进行系统性的学习和深度的思考，导致知识结构的松散和理解的浅薄。例如，在学习过程中，学生可能更多依赖于碎片化的在线资源，而忽视了对系统性知识的深入理解和综合应用能力的培养。

此外，信息过载还可能削弱大学生的专注力和持久记忆能力，使他们在面对复杂问题时，缺乏足够的耐心和毅力进行深入分析和解决。因此，面对信息化时代带来的认知负担，大学生需要具备更强的信息筛选和整合能力，能够有效地甄别信息的真实性和可靠性，避免被片面或错误的信息所误导。同时，他们还需培养良好的时间管理和学习策略，合理安排学习内容和时间，以应对信息化环境下的挑战。

为了应对信息化时代带来的思维模式变化和挑战，高校和教育机构应采取积极措施，帮助大学生提升信息素养和批判性思维能力。通过开设信息素养课程，教授学生如何有效地搜索、筛选和评估信息，培养他们的批判性思维和独立判断能力。此外，还应推动跨学科的教育模式，鼓励学生在不同领域之间进行知识的融合与创新，从而增强他们的综合思维和解决问题的能力。高校还应提供更多的实践机会，如科研项目、创新创业平台和国际交流项目，促进学生在实际操作中锻炼和提升自己的创新能力和实践能力。通过这些教育改革和支持措施，大学生能够更好地适应信息化时代的学习和思维模式变化，实现全面而健康的成长。

三、信息化时代增强了大学生的社会交往能力，同时也带来了新的社交挑战

随着信息化时代的到来，社交媒体和即时通信工具如微信、微博、QQ等，极大地丰富了大学生的人际交往方式，使他们能够跨越时间和空间的限制，与全球各地的人进行交流和互动。这种便捷的沟通方式不仅拓宽了大学生的社交圈，还促进了多元文化的交流与融合。例如，大学生可以通过参与在线社群、虚拟学习小组和跨国合作项目，结识志同道合的朋友，拓展人际网络，提升社交技能。在这些平台上，学生们可以分享学术资源、交流学习心得，甚至共同参与科研项目和创新创业活动。这种跨地域、跨文化的交流不仅增强了他们的沟通能力和团队合作精神，还培养了他们的全球视野和多元文化理解能力。

此外，社交媒体的即时性和互动性，使得大学生能够迅速获取和分享信息，增强了他们的社交互动频率和质量。例如，通过微博的学术讨论和微信朋友圈中的生活分享，大学生可以在虚拟空间中建立和维护广泛的人际关系网络，从而在学术、职业和个人发展方面获得更多的支持和资源。这种信息化驱动的社交方式，不仅提高了大学生的社交效率，还促进了他们在数字化环境中的适应能力和创新思维。

信息化时代的虚拟社交方式也带来了诸多新的社交挑战。过度依赖线上交流可能导致大学生在现实生活中的社交能力退化，缺乏面对面交流的经验

和技巧。在虚拟空间中，交流往往缺乏情感的真实表达和细腻的非语言沟通，这使得大学生在现实中的人际交往中，可能难以有效地表达自己的情感和理解他人的情感，进而影响人际关系的深度和质量。此外，网络欺凌、虚假信息和隐私泄露等问题，也对大学生的心理健康和人际关系产生了负面影响。网络欺凌不仅会对受害者造成心理创伤，还可能导致受害者自尊心的下降和社交恐惧症的形成；虚假信息的泛滥，使得大学生在信息筛选和判断能力上面临更大的挑战，容易被误导和操控；隐私泄露则威胁到个人的安全和信任基础，使得大学生在网络交往中更加谨慎甚至封闭自己。这些问题不仅影响了大学生的心理健康，还可能导致他们在人际关系中容易产生不信任感和孤立感，从而影响其社交能力的全面发展。因此，大学生在享受信息化带来的便捷社交的同时，需注重现实社交能力的培养，平衡虚拟与现实的交往方式。

为了应对信息化时代带来的社交挑战，大学生需要采取多种策略来提升自己的社交能力和心理韧性。

首先，他们应积极参与现实生活中的社交活动，如校园社团、志愿服务和线下交流会等，培养面对面交流的技巧和情感表达能力。这不仅有助于增强他们的人际关系质量，还能提升他们在现实社交中的自信心和适应能力。

其次，大学生应提高自身的信息素养和网络安全意识，学会辨别虚假信息，保护个人隐私，避免受到网络欺凌的伤害。通过参加相关培训和教育活动，学生们可以掌握必要的网络安全知识和技能，从而在信息化环境中更加自如地应对各种社交风险。

最后，高校和教育机构也应积极提供支持，通过开设社交技能培训课程、提供心理辅导和支持性社交环境，帮助大学生建立健康的人际关系网络，提升他们的心理健康水平和社交适应能力。例如，学校可以组织团队建设活动、情感沟通工作坊和心理健康讲座，帮助学生们在面对社交压力和情感困扰时获得有效的支持和指导。

四、信息化时代对大学生的自我认知和心理发展产生了重要影响

信息化时代，互联网和自媒体的广泛应用为大学生提供了前所未有的自

我表达和展示的平台。通过博客、微博、短视频等多种形式，大学生能够轻松分享自己的生活、思想和才华，寻求他人的认同和认可。这种自我表达极大地增强了大学生的自信心和自我价值感，有助于形成积极、健康的自我认知。例如，许多大学生通过在自媒体平台上分享自己的学习心得、生活趣事或专业技能，在获得了他人的赞赏和鼓励的同时，还激发了他们的创造力和表达能力。这种积极的互动和反馈促进了大学生在虚拟世界中建立起自信的自我形象，加深了他们对自身能力和价值的肯定。同时，自媒体平台的多样性和开放性，也为大学生提供了一个多元化的交流环境，使他们能够接触到不同的思想和文化，拓宽了视野，丰富了自我认知。然而，这种自我表达的便利性和即时性，也带来了一些潜在的心理压力和挑战。

信息化环境中的虚拟形象和社会评价，可能对大学生的心理健康产生负面影响。在追求线上形象和社交认可的过程中，大学生容易陷入自我怀疑和不安全感，尤其是在面对他人的评价和比较时。例如，当大学生在社交媒体上发布内容后，如果没有得到预期的点赞和评论，可能会产生挫败感和自我否定的情绪。此外，虚拟世界中的匿名性和虚假性，也可能导致大学生在网络空间中遭遇网络欺凌、虚假信息和隐私泄露等问题，进一步加剧心理压力。过度依赖网络和自媒体，甚至可能引发网络成瘾行为，使大学生在现实生活中忽视面对面的社交互动，导致社交能力的退化和心理健康问题的增加。

因此，在信息化时代下，大学生需要学会正确认识自我，合理管理网络使用时间，保持心理健康，避免过度依赖虚拟世界带来的认同感。高校和相关教育机构应加强心理健康教育和信息素养培训，帮助大学生建立健康的网络使用习惯，提升他们的心理韧性和应对能力。同时，家庭和社会也应提供支持和指导，帮助大学生在信息化环境中平衡虚拟与现实，促进其自我认知和心理发展的全面健康。

五、信息化时代促进了大学生的职业规划和就业能力的发展

信息化时代的到来，互联网技术的飞速发展和数字化资源的广泛应用，极大地促进了大学生职业规划和就业能力的提升。传统的职业规划主要依赖

学校的职业指导中心、校园招聘会以及纸质的职业咨询资料，信息获取渠道相对有限，大学生在进行职业规划时往往受到信息来源的局限性影响。然而，在信息化环境中，互联网提供了丰富的职业信息和就业资源，使得大学生能够更早、更全面地了解行业动态和职业需求，进行科学且个性化的职业规划。

通过智联招聘、前程无忧、猎聘网等在线招聘平台，大学生可以即时获取最新的就业信息，了解不同企业的招聘需求、岗位要求以及行业发展趋势。这些平台不仅提供了大量的职位信息，还通过数据分析和智能推荐，帮助大学生精准匹配自己的兴趣和能力，制定合理的职业目标和发展路径。此外，职业发展网站和行业论坛如 LinkedIn、知乎等，为大学生提供了一个与行业专家、前辈交流的平台，大学生可以通过这些平台获取宝贵的职业建议和行业见解，进一步完善自己的职业规划。通过这些信息化工具，大学生能够在较早的阶段就对自己的职业方向有一个清晰的认识，从而在学术和实践中有针对性地提升自己的竞争力。

信息化工具如职业测评软件、在线技能培训和虚拟实习平台，进一步增强了大学生的就业能力和实践经验。职业测评软件通过科学的测试和分析，帮助大学生了解自己的兴趣、性格和职业倾向，指导他们选择最适合自己的职业路径。例如，霍兰德职业兴趣测试、MBTI 人格测试等，能够为大学生提供个性化的职业建议，帮助他们在众多职业选择中找到最契合自己的方向。在线技能培训平台如 Coursera、edX、Udemy 等，提供了丰富的课程资源，大学生可以根据自己的职业需求，学习编程、数据分析、项目管理等实用技能，提升自己的专业能力和就业竞争力。同时，虚拟实习平台如实习僧、拉勾实习等，提供了在线实习机会，使大学生能够在虚拟环境中积累实战经验，了解职场规则和工作流程，增强自己的实际操作能力。这些信息化工具不仅拓宽了大学生的学习和实践渠道，还帮助他们在激烈的就业市场中脱颖而出，提升了整体的就业竞争力。

信息化时代的快速变化带来了职业选择的多样性和不确定性，为大学生的职业规划和就业准备带来了前所未有的挑战。首先，职业选择的多样性为大学生提供了更广阔的选择空间，但同时也可能导致决策困难和迷茫感。面对众多的职业路径和不断变化的行业需求，大学生需要具备更强的适应能力和决策能力，能够在快速变化的环境中做出明智的职业选择。其次，信息化时代的就业市场竞争激烈，职业要求不断提升，大学生需要不断更新自己的知识和技能，保持学习的持续性和主动性。这要求他们具备终身学习的意识，能够通过持续的学习和自我提升，适应职业发展的需求变化。例如，随着人工智能、大数据等新兴技术的应用，许多传统职业正在转型，大学生需要及时掌握相关技术，提升自己的专业能力，以适应新的职业环境。最后，信息化时代要求大学生具备跨领域的综合能力，如创新能力、协作能力和沟通能力，这些能力在多元化和动态化的就业市场中显得尤为重要。因此，大学生在进行职业规划和就业准备时，不仅需要利用信息化工具获取信息和资源，还需要积极培养和提升自身的综合素质，以应对未来职业发展的多样性和不确定性。

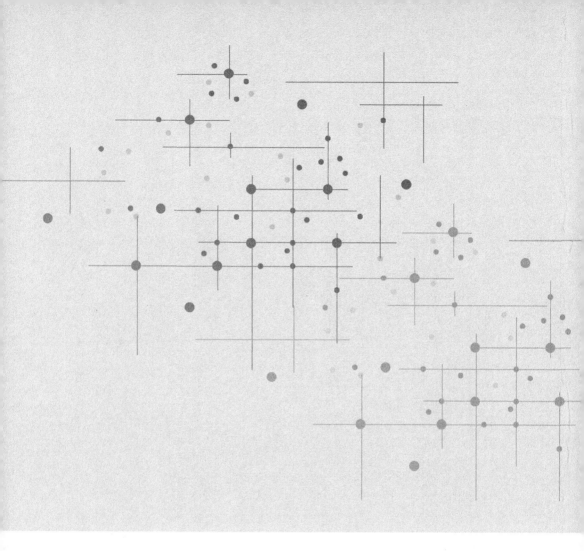

信息化时代
大学生思想政治教育的路径创新

第二章

教育是国家和党的重大事务。面对实现中华民族伟大复兴的整体战略布局以及世界百年未有之大变局，党和国家对高素质人才的需求比以往任何时期都更加紧迫。高等院校作为培养人才的关键场所，高校的思想政治教育直接关系到培养何种人才、如何培养人才以及为谁培养人才的根本性问题。自党的十八大以来，习近平总书记高度重视高校思想政治教育在坚持和发展中国特色社会主义中的地位与作用，针对新时代高校思想政治教育的地位作用、目标内容、原则方法和时代价值等方面，提出了一系列具有鲜明时代特征的新战略、新思想和新论断，构建了理论上的顶层设计和实践中的整体布局，形成了逻辑严谨、内容丰富、内涵深远的高校思想政治教育理论体系。这为新时代加强和改进高校思想政治教育，圆满完成立德树人的根本任务，提供了科学的指导和明确的方向。

第一节　大学思想政治教育的内涵

青年强，则国家强。新时代大学生生逢其时，肩负时代的责任。党的十八大以来，习近平高度重视高校思想政治教育，系统回答了关于高校思想政治教育培养什么样的人、如何培养人以及为谁培养人这个根本问题。2016 年 12 月 8 日，习近平在全国高校思想政治工作会议上强调我国高等教育肩负培养德智体美全面发展的社会主义事业建设者和接班人的重大任务。2018 年 5 月 2 日，习近平在北京大学师生座谈会上表达了对大学生成长成才的殷切希望，"我衷心希望每一个青年都成为社会主义建设者和接班人，不辱时代使命，不负人民期望。" 2019 年 4 月 30 日，习近平在纪念五四运动 100 周年大会上的讲话中提出青年是实现中华民族伟大复兴的先锋力量。特别是在党的二十大报告中，习近平强调："育人的根本在于立德。全面贯彻党的教育方针，落实立德树人根本任务，培养德智体美劳全面发展的社会主义建设者和接班人。"如下对大学思想政治教育的内涵进行概述。

一、思想政治工作

思想政治工作历来是我们党的优良传统和政治优势，思想政治工作的理论和实践处于不断发展阶段，因此，这一概念并非最终确定和一成不变的，而是随着实践的深入不断演变和完善。可以说，思想政治工作是在无产阶级革命和社会主义建设的历史进程中逐步形成的。

思想政治工作这个概念的提出可以追溯到 20 世纪 50 年代，刘少奇于 1951 年在第一次全国宣传工作会议上首次提出。毛泽东在 1957 年 6 月正式发表的《关于正确处理人民内部矛盾的问题》这一思想政治教育的纲领性文件中使用并阐述了这一概念，使得这一概念得以定型。思想政治工作概念的提出，经历了一个长期酝酿和形成的过程。这一过程从历史的和逻辑的线索的角度大致分为以下四个阶段。

政治工作。在党的思想政治教育史上，最先通用的是政治工作、政治教育的概念。毛泽东在 1927 年 3 月的《湖南农民运动考察报告》中提出要对农民进行政治教育和政治宣传。在《井冈山的斗争》中毛泽东指出："经过政治教育，红军士兵都有了阶级觉悟。"1934 年 2 月，中国工农红军第一次全国政治工作会议召开，会议上提出："政治工作是红军的生命线。"政治工作是相对于军事工作、经济工作等而言的，它作为一种独立的工作，比较容易从党的各项工作中分化出来，并与其他工作相区别。

思想工作。"思想工作""思想教育"概念最初是作为对"政治工作"概念的补充而提出的。这两个概念的提出，是对政治工作加以深化的结果，这是因为政治工作中的一个重要内容是思想方面的工作，而这一内容在政治工作中的作用越来越大。在政治工作中，思想方面的教育属于内在方面，纪律等的教育属于外在方面。而内在方面是主要的。毛泽东正是从思想工作对完成政治任务的重要性出发提出问题的：掌握思想教育，是团结全党进行伟大政治斗争的中心环节。如果这个任务不解决，党的一切政治任务是不能完成的。"思想教育"概念的提出是带有过渡性质的，它不是单独作为一个阶段而代替"政治工作"概念，而是对"政治工作"概念进行补充和深化。

政治思想工作。在补充与深化政治工作这一概念的过程中，"政治工作"和"思想工作"这两个概念就经常并列使用。例如，毛泽东在1958年1月指出：思想工作和政治工作，是完成经济工作和技术工作的保证。由于政治工作和思想工作两个概念紧密结合，形成了"政治——思想工作"这一概念，随后简化为"政治思想工作"这一新概念。在这个新术语中，显然是把政治工作放在前面，把思想工作放在后面。这种排列次序不是随意的，它体现了我们对政治工作重要性的深刻认识，标志着在理论和实践层面的一个重要进步。

思想政治工作。"政治思想工作"概念的提出促使人们从思想层面去了解政治工作，但只表示政治工作中的思想工作，不能涵盖政治工作范畴之外的思想工作。思想政治工作不仅涵盖了政治工作中的思想工作，还包含了政治工作范畴之外的思想工作，以及政治工作中的非思想工作，突出了思想工作的政治性。

二、思想政治教育

自阶级社会产生以来，思想教育和政治管理活动就是统治阶级用来规范社会成员的思想行为、巩固其统治的重要手段。可以说，这是思想政治教育的原始形态。思想政治教育是中国共产党经过长期的理论与实践探索而形成的专门概念。思想政治教育包含思想教育、政治教育、道德教育等丰富的内容，在党的思想建设和人民群众的思想教育方面发挥着重要作用。

"思想政治工作"与"思想政治教育"既有区别又有联系。通过对比前面提到的思想政治教育的概念，可以得出以下结论。从一般意义上理解，"思想政治工作"与"思想政治教育"在一般情况下可以通用，二者含义基本相同，指导思想、目的、内容基本一致，都强调对人的思想、政治、道德素质的培养与提高。从演变来源来看，"思想政治工作"与"思想政治教育"这两个概念都是从"政治工作""思想工作""政治教育"等概念演化而来，但"思想政治工作"的提出要早于"思想政治教育"。

思想政治工作不仅包括思想政治教育和有关思想政治教育的管理，还涵盖了党的组织工作、统一战线工作、群众工作等方面。但思想政治教育范围相对较小，但含义明确。从意图来看，思想政治工作更侧重于党的工作系统，强调它与党的各项工作的关系。而思想政治教育则更加侧重科学和学科建设的方面。相比"思想政治教育"，"思想政治工作"采取一种更为宏观的实践视野，通过系统的工作安排来实现马克思主义在意识形态领域的指导作用，同时进一步夯实共识基础，统一思想行动，凝聚智慧力量，并调动一切阶级因素，为经济社会发展提供强大的精神指引。

三、高校思想政治教育

高校思想政治教育是基于高校发展实际，以大学生为主要教育对象所开展的一系列教育和实践活动，是新时代高校思想政治工作的核心内容。换言之，高校思想政治工作的核心要求，就是实现思想政治教育的根本任务——立德树人。从狭义上而言，高校思想政治教育具有明确的指向性，就是培养什么样的人、怎样培养人、为谁培养人。在此基础上探讨高校思想政治教育，需要明确两个方面。

一方面，高校思想政治教育要把学校作为教育的主要场域，把大学生群体作为主要教育对象开展教育和实践活动。这一过程需要与高校大学生发展实际紧密结合，以服务大学生思想政治教育的实践活动为主要目的，除了重视理论教育，还应当注重教育者和教育对象之间的民主、平等、双向互动、主导与主动的相互转化关系，将显性的说服教育方式和融入式、渗透式的隐性教育方式相结合。

另一方面，高校思想政治教育工作的教育者身份多样，教育方式丰富。思想政治理论课教师通过课堂这一主渠道能够提升大学生的马克思主义理论素养和思想品德。

同时，不同部门可以互相联合，发挥日常思想政治教育主阵地作用，通过思想引领、矛盾调解、人心凝聚、制度构建、文化渲染等方法使高校思想政治教育实现统一思想、化解矛盾、凝聚人心、增进感情、激发动力的目标。

习近平关于高校思想政治教育的立足点为高校，重点关注对象为高校大学生。从反映时代变化、展现世界眼光、拥有中国情怀、立足实践导向、满足大学生成长发展需求和期待的角度出发，在"把青年一代培养造就成德智体美劳全面发展的社会主义建设者和接班人"① 这一目标指导下，结合高校思想政治教育工作实际，"高校思想政治教育"主要是指对高校大学生群体进行引导。也就是说，高校思想政治教育的主要教育对象是高校大学生群体，教育者主要包括思想政治理论课教师、辅导员、高校党政干部、共青团干部等，以及与学生密切联系的相关教育主体。与一般意义上的思想政治教育对象相比，高校思想政治教育的教育对象更加聚焦，群体特殊性突出，教育内容更加具体，教育意义十分重大。因而，在进行"高校思想政治教育"这一理论阐释过程中，我们经常强调对大学生的教育引导，注重努力培养社会主义合格建设者和接班人。这也是本研究中"高校思想政治教育"这一概念应用对象的含义所指。

第二节　大学思想政治教育的媒介

大学思想政治教育的媒介是指在高校思想政治教育过程中所使用的各种传播工具和平台，包括传统媒介与新兴媒介。媒介的选择与运用直接影响了思想政治教育的效果和覆盖面，是实现立德树人根本任务的重要保障。

一、传统媒介在思想政治教育中的作用

传统媒介主要包括课堂教学、教材、宣传栏、校报、广播和电视等。这

---

① 习近平．在纪念五四运动 100 周年大会上的讲话 [M]．北京：人民出版社，2019：12.

些媒介在思想政治教育中具有以下重要作用。

（一）系统性与权威性

课堂教学和教材作为高校思想政治教育的主要传统媒介，凭借其系统性强和内容权威的特点，在培养学生正确的世界观、人生观和价值观方面发挥着不可替代的重要作用。以下将详细探讨传统媒介在系统性与权威性方面的优势和特点。

1. 系统性强的课程设计与教学体系

传统媒介在高校思想政治教育中的系统性体现在其课程设计的整体性和逻辑性上。课堂教学通过科学规划，将马克思主义基本原理、社会主义核心价值观、国家法律法规以及党的最新理论成果有机融合，形成层次分明、环环相扣的教学内容。这种系统化的教学安排不仅确保了思想政治教育内容的全面覆盖，还使学生能够在循序渐进的学习过程中，逐步深化对相关理论的理解和掌握。

（1）结构化的课程体系

高校思想政治教育课程通常按照一定的逻辑顺序和结构编排，从理论基础到实践应用，从历史发展到现实政策，层层递进。例如，课程设置从基础理论课程如马克思主义基本原理入手，逐步过渡到中国特色社会主义理论体系的深入学习，再到具体的政策解读和案例分析。这种结构化的课程体系帮助学生建立起科学的知识框架，确保他们在学习过程中能够系统地掌握思想政治理论。

（2）连贯的教学内容

系统性的教学内容设计确保了思想政治教育能够贯穿学生的整个大学生涯。无论是在大一新生的入学教育，还是在高年级的专业课程中，思想政治教育内容都能够有机地融入各个阶段的教学活动中。例如，大学初期阶段主要侧重于马克思主义基本理论的讲授，帮助学生打下坚实的理论基础；而在高年级阶段，则通过专题讨论和案例分析，深化学生对习近平新时代中国特色社会主义思想的理解和应用。这种连贯的教学内容安排，确保了思想政治教育的持续性和深度。

（3）综合性的知识体系

传统媒介，尤其是课堂教学和教材，构建了一个综合性的知识体系，涵盖了思想政治教育的各个方面。教材内容不仅包括理论知识，还涉及历史背景、现实案例和实践应用，使学生能够从多个角度全面理解和掌握思想政治理论。例如，在讲授社会主义核心价值观时，教材不仅阐述其理论内涵，还结合具体的社会实践案例，帮助学生理解其在现实生活中的应用和意义。这种综合性的知识体系，显著提升了思想政治教育的实用性和针对性。

2. 内容权威性的保障与体现

高校思想政治教育中传统媒介的权威性，主要体现在其内容的准确性、科学性和权威性上。课堂教学和教材作为思想政治教育的主要载体，其权威性直接关系到教育效果的优劣。

（1）严谨的教材编写与审核机制

思想政治教材的编写过程严格遵循党的教育方针和政策要求，确保内容的准确性和科学性。教材由教育部组织的专家团队负责编写，并通过多轮专家评审和严格的审核程序，确保其内容与党中央的理论和路线方针政策高度一致。例如，教材中对习近平新时代中国特色社会主义思想的详细解读，是基于党的最新理论成果和政策指示，帮助学生准确理解和掌握其核心要义和实践意义。

（2）高素质教师队伍的权威传授

思想政治教育教师通常具备较高的政治素养和深厚的理论水平，是课堂教学权威性的另一重要保障。高素质的思想政治教师不仅掌握丰富的马克思主义理论知识，还具备实际工作经验和教学能力，能够通过生动的案例分析和理论阐述，将抽象的理论知识具体化、形象化，提升学生的理解能力和应用能力。例如，教师在讲授中国特色社会主义理论时，能够结合当前社会热点和实际案例，帮助学生将理论与现实相结合，增强理论的实用性和针对性。

（3）规范的教学内容与一致的思想引导

传统媒介通过系统化和权威性的内容编排，确保思想政治教育的规范性和一致性。教材内容由专业团队编写，教师依据权威教材进行教学，确保教育内容的统一性和规范性。这种规范的教学内容和一致的思想引导，有助于学生在思想上与党中央保持高度一致，形成统一的价值观念和思想认同。例如，教材中对党的十九大精神的详细解读，使学生能够准确理解党中央的战略部署和重大决策，从而在思想上与党中央保持高度一致。

3. 通过系统性与权威性实现全面的思想政治教育

系统性与权威性的有机结合，有效实现了高校思想政治教育的培养目标，帮助学生建立正确的世界观、人生观和价值观。

（1）科学的知识体系构建

系统性的课程设计和教材编排，确保了思想政治教育内容的全面性和逻辑性，使学生能够系统地学习和理解相关理论，形成科学的知识体系。例如，通过系统地学习马克思主义基本理论和中国特色社会主义理论体系，使学生能够全面了解社会主义的理论基础和实践路径，形成科学的世界观和价值观。

（2）增强教育内容的可信度与影响力

教育内容和教学过程的系统性和权威性，能够增强学生对所学知识的信任感和认同感，提升了思想政治教育的说服力和影响力。这种双重保障不仅有助于学生在学术上获得全面的理论知识，而且在思想和价值观层面上塑造了他们的道德品质和社会责任感。例如，通过权威教材和高素质教师的传授，学生能够坚定理想信念，树立正确的人生目标和价值追求。

（3）提升学生的思想道德素质

系统、权威的思想政治教育全面培养了学生的思想和道德素质，形成了坚定的理想信念和正确的价值观念。例如，通过系统化的思想政治教育，学生不仅在理论上掌握了马克思主义和中国特色社会主义理论，还在实践中体会到这些理论的现实意义，增强了社会责任感和道德意识。

（4）促进学生的全面发展

通过系统性与权威性的思想政治教育，学生不仅在学术上取得进步，更能够在思想上坚定信念，树立正确的人生目标和价值追求，为实现中华民族的伟大复兴贡献自己的力量。这种教育模式促进了学生德智体美劳全面发展，培养了德才兼备、具有社会责任感的社会主义建设者和接班人。

（二）覆盖面广

宣传栏、校报等传统媒介能够有效传达党的政策、国家法律法规及校园动态等信息，确保信息覆盖到每一位学生，形成全员覆盖的教育网络。这些传统媒介凭借其固定的存在形式和稳定的传播渠道，成为学校信息传递的核心枢纽。

首先，宣传栏作为校园内信息展示的主要平台，通常设置在教学楼、宿舍楼、食堂等人流密集的区域，具有显著的可见性和高频次的曝光率。其次，通过图文并茂的形式，宣传栏能够直观、简洁地展示党的最新政策、国家重要法律法规以及学校的各类活动通知，确保信息能够快速、有效地传达给每一位学生。例如，在重大节日或纪念日，宣传栏会及时更新相关纪念活动的安排和教育内容，以此增强学生的节日意识和爱国情怀。最后，宣传栏还可以通过设置主题板块，如"政策解读""法律知识""校园新闻"等，系统地分类展示信息，使学生能够根据自己的兴趣和需求，方便快捷地获取所需信息，提升信息获取的效率和效果。

校报作为高校思想政治教育的重要媒介，具有传播广泛、内容丰富、形式多样的特点，能够深入渗透到每一位学生的日常生活中。校报定期发行，无论是纸质版还是电子版，均能覆盖全校师生，确保每个人都能及时获取最新的思想政治教育内容和校园动态。校报的内容不仅包括党的理论和政策解读，还涵盖了优秀学生事迹、学术成果、社会热点问题分析等多个方面，丰富了思想政治教育的内容层次，增强了教育的吸引力和感染力。例如，校报中的"理论前沿"栏目通过深入浅出的文章，帮助学生理解复杂的政治理论和政策背景；"学生声音"栏目鼓励学生表达自己的思想观点和生活体验，增强了思想政治教育的互动性。

此外，校报还通过专题报道和深度访谈，深入剖析社会热点问题和重大事件，引导学生正确认识和应对社会变化，从而提升他们的思想政治素养和社会责任感。校报的多样化内容和灵活的传播形式，不仅满足了不同学生的阅读需求和兴趣爱好，还通过生动的叙事和丰富的图文展示，增强了思想政治教育的可读性和实效性。

通过宣传栏和校报等传统媒介的广泛应用，高校思想政治教育能够形成一个覆盖全面、信息畅通的教育网络，确保每一位学生都能及时、全面地获取党的政策、国家法律法规及校园动态等重要信息。这种全员覆盖的教育网络，不仅提升了思想政治教育的传播效率和影响力，还增强了学生对学校管理和国家政策的理解与认同感。例如，通过宣传栏和校报的联合使用，学校可以在第一时间发布重要通知和紧急信息，让学生能够迅速做出反应。

此外，这些传统媒介的稳定性和持续性，确保思想政治教育内容能够在长期内得到有效传递和巩固，形成持久的教育影响。无论是在日常的学习生活中，还是在特殊时期，宣传栏和校报都能够发挥稳定的信息传递功能，保障思想政治教育的连续性和有效性。

通过不断优化和丰富宣传栏和校报的内容，高校能够更好地满足学生的多样化信息需求，提升思想政治教育的整体质量和效果，最终实现立德树人的根本任务。

（三）稳定性与持续性

广播和电视作为传统媒介，在高校思想政治教育中展现出其稳定性与持续性的独特优势，成为传递思想政治内容的重要工具。

广播和电视具有固定的播出时间和规律性的节目安排，这种稳定性确保了思想政治教育内容能够有序融入学生的日常生活中。与其他媒介相比，广播和电视的节目播出通常按照预定的时间表进行，无论是每日的新闻播报、定期的专题节目，还是特别策划的教育讲座，都能够在固定时间内准时播出，确保学生能够形成固定的收看和收听习惯。例如，每周固定时间播放的思想政治教育专题节目，使学生能够在特定时间段内集中接受重要的思想政治信息，增强了教育内容的系统性和连贯性。此外，广播和电视作为集体媒介，能够同时覆盖到广大学生群体，确保思想政治教育信息的广泛传播和全员覆盖。这种稳定的传播模式，不仅提升了信息传递的效率和效果，也使得思想政治教育能够长期持续进行，形成持久的教育影响力。

广播和电视的持续性特点在思想政治教育中起到了巩固和深化学生思想认识的重要作用。持续不断的内容播出能够通过重复和强化关键思想政治信息，帮助学生在潜移默化中吸收这些理念，从而在思想上形成坚实的基础。长期的、持续的思想政治教育内容使学生能够在不同的学习阶段和生活环境中不断接受和重温党的理论、国家政策及社会主义核心价值观，从而逐步加深对这些内容的理解和认同。例如，定期播放的思想政治教育节目，通过反复强调党的最新理论成果和政策导向，使学生在多次接触中逐渐建立起与党中央保持高度一致的思想认同感。

同时，广播和电视的持续性也为思想政治教育提供了一个稳定的学习平台，使学生在不同的时间和地点能够通过广播和电视这一便捷的媒介，稳定持续地获取思想政治教育内容，从而提升了教育的覆盖面和影响力。长期的思想政治教育内容传递，不仅有助于学生在学术上获得全面的理论知识，更在思想和价值观层面上塑造他们的道德品质和社会责任感，为他们未来的成长和发展奠定了坚实的思想基础。

广播和电视在高校思想政治教育中的稳定性与持续性，还体现在其能够创造一致的教育环境，支持学生思想观念的持续发展。广播和电视通过持续稳定地传递统一的思想政治信息，营造了规范、有序的教育氛围，使学生在这样的环境中能够不断受到正面的思想政治引导和熏陶。这种一致性的教育环境，有助于形成全校师生共同认同的价值观念和行为规范，增强集体凝聚力和向心力。例如，广播和电视定期播放的爱国主义教育节目、社会主义核心价值观宣传片等，不仅在内容上保持一致性，还在形式上通过视觉和听觉的双重刺激，增强了教育内容的感染力和说服力。

此外，广播和电视的持续性传播，使得思想政治教育不受时间和空间的限制，能够在不同的社会背景和时代变迁中始终保持思想政治教育的连贯性和稳定性。稳定性与持续性的结合，不仅提升了思想政治教育的整体效果，也确保了学生在面对复杂多变的社会环境时，能够保持坚定的理想信念和正确的价值追求。通过广播和电视这些传统媒介，高校思想政治教育能够在长期内不断巩固和深化学生的思想认识，助力他们在思想上实现全面、持续的发展。

二、新兴媒介在思想政治教育中的应用

随着信息技术的迅猛发展，新兴媒介如互联网、社交媒体、移动应用等在高校思想政治教育中扮演着越来越重要的角色。

（一）互动性与参与性

新兴媒介在高校思想政治教育中的角色越来越重要。与传统媒介相比，新兴媒介凭借其高度的互动性与参与性，极大地提升了思想政治教育的效果和影响力。互动性与参与性不仅能够提高学生的学习兴趣和积极性，还鼓励学生主动思考、表达观点和参与讨论，营造了更加开放、多元和动态的教育环境。

新兴媒介利用多种技术手段和平台，提供了丰富的互动交流渠道，打破了传统课堂教学中单向传递知识的局限，促进了师生之间、学生之间的双向互动。

1. 社交媒体平台的广泛应用

微信、微博、QQ 等社交媒体平台，成为高校思想政治教育的重要工具。这些平台具有高度的普及性和便捷性，学生可以随时随地通过手机或电脑访问，参与到思想政治教育的讨论中。

（1）即时互动

社交媒体凭借其便捷性和高效性，极大地提升了思想政治教育的实时性和互动性。当教师在微博上发布关于习近平新时代中国特色社会主义思想的内容时，学生不仅能够快速获取信息，还能通过评论、点赞和转发等功能及时表达自己的观点和感受。这种即时反馈机制打破了传统课堂教学中单向传递知识的局限，形成了双向甚至多向的互动交流。例如，学生在评论区分享自己对某一理论的理解或在实际应用中的体会，教师则可以及时回应，解答疑惑，进一步深化学生的理解。

此外，学生之间也可以在讨论中互相启发，交换看法，形成集体学习和思考的良好氛围。这种实时互动不仅增强了学生的参与感和责任感，还有助于他们主动思考和批判性分析能力的提升。通过即时互动，学生能够更加深入地理解思想政治教育内容，将理论知识与实际生活紧密结合，从而增强学习的实效性和针对性。

同时，社交媒体的互动性还能够激发学生的学习兴趣，打破传统课堂的单一模式，使思想政治教育内容变得更加生动有趣。例如，教师可以通过微博分享与课堂内容相关的实时热点事件，引导学生在平台上进行讨论和分析，帮助他们将理论知识应用于解决现实问题。

此外，社交媒体的传播速度快、覆盖面广，使得思想政治教育内容能够迅速扩散到全校乃至更广泛的范围，提升教育的整体影响力和覆盖率。即时互动还为教师提供了宝贵的反馈信息，帮助他们了解学生的学习进度和思想动态，及时调整教学策略和内容，确保教育效果的最大化。

（2）多样化内容形式

在高校思想政治教育中，多样化的内容形式极大地提升了教育内容的吸引力和可理解性，使思想政治教育更加贴近学生的生活实际和学习习惯。社交媒体平台如微信、微博、抖音等，支持图文、视频、音频等多种内容形式，为教师提供丰富的媒介选择。教师可以充分利用这些媒介，制作生动有趣的多媒体内容，吸引学生的注意力，增强学习的互动性和参与感。例如，教师可以制作短视频，生动形象地讲解党的最新政策和理论，利用视觉和听觉的双重刺激，使抽象的理论知识变得具体易懂。短视频的迅速传播和幽默、生动的表达方式，不仅能有效激发学生的学习兴趣，还能促进他们对政策内容的深入理解和记忆。

此外，利用图表和信息图形展示国家的发展成就和社会变化，可以帮助学生直观地看到理论与实际的结合，增强他们对国家进步的认同感和自豪感。通过图文并茂的形式，复杂的数据和信息得以简化和美化，使学生能够更轻松地把握关键信息，提高学习效率。

同时，音频内容如播客和在线讲座，提供了另一种便捷的学习方式，学生可以在通勤、运动等碎片化时间中随时收听，充分利用时间进行学习。这种多样化的内容形式，不仅满足了不同学生的学习偏好和需求，还打破了传统课堂的单一教学模式，营造了更加开放和灵活的学习环境。

在线问答、实时投票和讨论区等互动性内容，进一步增强了学生的参与感和主动性。教师可以通过发布互动式内容，引导学生积极思考和表达自己的观点，促进师生之间、学生之间的交流与合作，形成良好的学习氛围。例如，在讲解某一政策时，教师可以发布相关问题，让学生在评论区发表见解，随后进行总结和反馈，帮助学生更好地理解和应用所学知识。

通过这些方式，思想政治教育不再是被动接受知识的过程，而是一个动态互动的学习体验，学生在参与中不断深化对理论的理解，提升自己的思想素养和道德水平。此外，多样化的内容形式还能够提高思想政治教育的传播效率和覆盖面，使得教育信息能够迅速、广泛地传达到每一位学生，确保教育的全面性和有效性。

2. 在线论坛与讨论平台

贴吧、知乎、校园论坛等在线论坛与讨论平台，为学生提供了一个自由表达和讨论的平台，促进了深度交流和思想碰撞。

（1）专题讨论

教师通过在线论坛发起专题讨论，设置具体的讨论主题，有效提升了高校思想政治教育的互动性与参与性。例如，针对"社会主义核心价值观"这一主题，教师不仅可以提供相关的理论资料和案例分析，还可以引导学生分享自己在实际生活中的体会和实践行为，促进理论与实践的紧密结合。在这样的讨论中，学生能够将课堂上学到的抽象理论应用到具体的生活情境中，增强对社会主义核心价值观的理解和认同感。教师通过提出开放性问题，引导学生深入思考，如"你在日常生活中如何体现诚信这一核心价值观？"或"在团队合作中，如何实践友善与互助？"这些问题不仅激发了学生的思考和表达欲望，还鼓励他们从不同角度探讨和理解社会主义核心价值观的实际意义。此外，教师可以通过及时的反馈和点评，帮助学生厘清思路，纠正误解，进一步深化他们对社会主义核心价值观的认识。

专题讨论还为学生提供了一个互相学习和借鉴的平台。学生可以通过阅读和回应同学的观点，拓宽自己的视野，培养批判性思维和综合分析能力。这种互动性强、参与度高的教学方式，不仅提升了学生的主动学习意识，还增强了他们的社会责任感和集体荣誉感。

通过在线论坛的专题讨论，思想政治教育不再局限于单向的信息传递，而是转变为一个动态的、双向的交流过程，使学生在互动中内化理论知识，形成坚定的价值观念，真正实现理论与实践的有机结合。

（2）知识共享

通过在线论坛，学生可以方便地查找和获取与课程相关的各种资料，如书籍、论文、研究报告等，满足他们深入学习的需求。例如，在讨论"马克思主义基本原理"时，学生不仅可以分享经典著作的电子版，还能推荐最新的研究成果和权威解读文章，形成资源互补的学习环境。此外，在线论坛为学生提供了一个开放的平台，鼓励他们参考并讨论他人的观点，激发思维的碰撞与交流。这种互动不仅帮助学生从不同角度理解理论，还促进了他们批判性思维和分析能力的提升。通过推荐优质学习资源，学生能够发现更多有价值的资料，进一步深化对思想政治理论的理解。

同时，在线论坛的交流机制增强了学生之间的合作意识和团队精神。学生在共同探讨和解决问题的过程中，建立了相互信任和支持的关系，形成了积极向上的学习氛围。教师也可以通过参与讨论，及时解答学生的疑问，提供专业指导，进一步促进知识的有效传播和理解。知识共享不仅提升了学生的学术水平，还培养了他们主动学习和终身学习的能力。通过持续的在线互动，学生能够不断更新知识储备，保持对思想政治理论的最新理解，确保思想政治教育的持续性和实效性。

3. 在线课堂与互动教学工具

钉钉、腾讯课堂、Zoom 等在线课堂平台，结合互动教学工具如实时问答、投票、分组讨论等，增强了课堂的互动性和参与性。

（1）实时问答

在线课堂中的实时问答功能极大地提升了师生之间的互动性和教学效果，成为高校思想政治教育中不可或缺的工具。例如，在讲授"党的十八大精神"这一重要主题时，学生可以通过实时问答功能随时向教师提出疑问，教师则能够立即解答这些问题，确保每位学生都能准确理解和掌握课程内容。这种即时互动不仅打破了传统课堂中师生间信息传递的单向性，使教学过程更加动态和双向，还显著提高了学生的参与感和学习的积极性。学生在学习过程中遇到的疑惑能够得到及时澄清，避免了知识点的模糊和误解，增强了学习的连贯性和深度。

此外，实时问答功能还有助于个性化学习的发展，教师可以根据学生的提问情况，调整教学节奏和重点，满足不同学生的学习需求和理解水平。例如，某些学生可能对"党的十八大精神"中的具体政策细节有更深入的兴趣，教师可以针对这些问题进行详细讲解，进一步丰富课堂内容。与此同时，学生之间也可以通过回答同伴的问题，互相帮助和学习，形成协作和共享的学习氛围。这种互动不仅有助于巩固知识，还培养了学生的批判性思维和表达能力。实时问答功能还为教师提供了宝贵的反馈信息，使他们能够及时了解学生的学习进度和理解程度，根据信息优化教学方法和内容设计，提升整体教学质量。

通过这种即时互动，思想政治教育变得更加生动和有效，学生能够在积极参与中深化对理论的理解，真正实现理论与实践的结合。

（2）投票与测验

通过在线课堂中的投票和测验功能，教师能够实时监控和评估学生的学习进度与理解深度，从而实现精准教学和动态调整教学策略。这些功能不仅提供了即时的数据反馈，还促进了教学过程的透明化和互动化。例如，在讲授"习近平新时代中国特色社会主义思想"这一重要课程内容后，教师可以设计在线测验，检验学生对核心概念和理论要点的掌握情况。学生通过测验能够迅速了解自己在学习过程中的薄弱环节，而教师则可以根据测验结果，识别出普遍存在的理解误区或知识盲点。基于这些反馈，教师可以及时调整教学内容，增加针对性的复习和讲解，确保每位学生都能全面、深入地理解课程内容。

投票功能的应用增加了课堂的互动性和参与性，教师可以通过投票了解学生对某一话题的兴趣程度或对某一观点的认同情况，从而灵活调整教学重点和讨论方向。例如，在讨论"习近平新时代中国特色社会主义思想"的具体应用时，教师可以发起投票，了解学生对某一政策措施的看法，进而引导学生进行深入讨论和辩论，促进他们批判性思维和分析能力的提升。

投票和测验功能不仅增强了学生的参与感和主动性，还促进了师生之间的双向交流，使教学过程更加个性化和高效化。此外，这些功能还为教师提供了宝贵的教学反思资料，帮助他们不断优化教学方法和内容设计，提升整体教学质量。有效利用在线课堂中的投票和测验功能，思想政治教育不仅能够实现实时监控和反馈，还能在动态调整中不断提升教学效果，确保学生在理论学习中获得扎实的知识基础和坚定的思想信念，从而更好地践行社会主义核心价值观，培养具有高素质和社会责任感的新时代青年。

（3）分组讨论

在线课堂的分组讨论功能为高校思想政治教育注入了新的活力和互动性，使学生能够在小组内进行深入讨论和交流，促进合作与互动。通过分组讨论，学生可以围绕特定主题或政策文件展开多角度的探讨，增强对课程内容的理解和应用能力。例如，针对某一政策文件，教师可以将学生分成若干小组，每组负责分析文件的具体内容、实施效果以及潜在的社会影响。在这个过程中，学生需要仔细阅读和理解政策文本，并通过讨论分享各自的见解和理解，互相启发，形成更加全面和深刻的认识。

教师在分组讨论中扮演着关键的监控和指导角色，通过实时观察和参与，及时发现并解决讨论中出现的问题，如观点偏差或信息不足，确保讨论的质量和方向。同时，教师还可以提供必要的资源和指导，帮助学生更好地进行分析和讨论，提升他们的批判性思维和逻辑推理能力。分组讨论不仅培养了学生的合作精神和团队意识，还锻炼了他们的沟通能力和表达技巧，使他们能够在集体中有效地传达自己的观点和听取他人的意见。

通过合作完成讨论任务，学生能够学会如何在团队中分工协作，协调不同的意见和建议，达成共识，并增强解决问题的能力。这种互动式的学习方式不仅提升了学生对思想政治理论的理解和掌握，还激发了他们的学习兴趣和积极性，使思想政治教育变得更加生动和富有成效。通过在线课堂中的分组讨论，学生不仅在学术上得到了提升，还在思想上形成了坚定的价值观念和社会责任感，为他们未来成为德智体美劳全面发展的社会主义建设者和接班人打下了坚实的基础。

（二）多样性与灵活性

新媒体的多样性与灵活性在高校思想政治教育中发挥着至关重要的作用，通过丰富多样的内容形式，使思想政治教育更加贴近当代大学生的接受习惯和生活方式，极大地提升了教育的吸引力和感染力。

视频作为新媒体的重要形式，凭借其直观、生动和富有表现力的特点，能够有效地传递复杂的思想政治内容。教师和教育工作者可以制作高质量的教育视频，结合动画、图表、实景拍摄等，生动展示党的理论、政策和历史事件。例如，以纪录片形式讲述中国共产党发展的历程，学生不仅能够通过视觉和听觉双重感官获取信息，还能在情感上产生共鸣，增强对党的认同感和归属感。

此外，短视频平台如抖音和快手的兴起，使得思想政治教育内容能够以更加轻松、娱乐化的方式呈现，吸引学生的注意力，促进他们主动参与和学习。教师可以利用这些平台发布微课堂、知识点讲解和案例分析等内容，使思想政治教育变得更加生动有趣，符合学生碎片化学习的需求，从而有效提升教育的覆盖面和影响力。

音频内容作为新媒体的另一重要形式，也在高校思想政治教育中发挥着独特的优势。学生可以在通勤、运动或休闲时段通过播客、在线讲座和音频节目随时收听，充分利用碎片化时间进行学习。这种灵活的学习方式不仅提高了学习的便利性和可持续性，还促进了学生的主动学习和深度思考。例如，教师可以制作系列音频讲座，深入解读党的最新理论成果和政策动向，帮助学生在轻松的氛围中获取知识。

同时，音频互动节目如在线访谈和圆桌讨论，也为学生提供了一个表达观点和互动交流的平台，增强了他们的参与感和责任感。通过音频的形式，思想政治教育内容能够更加深入人心，学生在聆听过程中不仅获得知识，还能够在潜移默化中接受思想引导，形成正确的价值观和道德观。此外，音频内容的易传播性和可分享性，使得思想政治教育信息能够迅速扩散到更广泛的学生群体，提升教育的整体效果和社会影响力。

图文并茂的内容形式是新媒体在高校思想政治教育中另一种重要的表现形式，通过结合文字、图片、图表和互动元素，使思想政治教育内容更加丰富和易于理解。图文结合不仅能够有效地传递信息，还能通过视觉元素增强内容的吸引力和记忆度。例如，教师可以利用图文并茂的 PPT 和电子书，详细阐述党的理论和政策，并结合实际案例和数据图表，帮助学生更直观地理解复杂的概念和理论。同时，图文内容的多样化设计，如插图、漫画和信息图，能够以轻松幽默的方式呈现严肃的思想政治教育内容，降低学生的学习压力，提升学习兴趣。

在线问答、知识竞赛和虚拟实验等互动式图文内容，也能够增强学生的参与感和互动性，促进他们在实践中应用所学知识。例如，在讨论"社会主义核心价值观"时，教师可以设计互动式的图文内容，要求学生以点击和选择的方式，参与到价值观的具体应用场景中，增强学习的趣味性和实效性。通过图文并茂的内容形式，思想政治教育不仅变得更加生动和直观，还能够满足学生多样化的学习需求和个性化的学习方式，提升教育的全面性和针对性。

新媒体的多样性与灵活性还体现在内容更新的及时性和互动反馈的高效性上。传统媒介如书籍和报纸在内容更新上往往存在滞后性，而新媒体则能够实时更新和发布最新的思想政治教育内容，确保学生能够第一时间接触到党的最新理论和政策动向。例如，教师可以通过微信公众号和微博账号，及时发布最新的思想政治教育文章、新闻动态和政策解读，帮助学生紧跟时代步伐，增强对国家发展和党的领导的理解和支持。同时，新媒体平台的互动反馈机制，如评论、点赞和分享，能够迅速收集和分析学生的反馈意见，帮助教师了解学生的学习状态和思想动态，及时调整教学策略和内容设计，提升教育的针对性和有效性。通过实时的互动反馈，教师能够及时发现学生在学习过程中遇到的问题和困惑，提供个性化的指导和帮助，促进学生的全面发展和思想进步。

新媒体的灵活性还体现在其跨平台和跨设备的传播能力上，学生可以通过手机、电脑、平板等多种设备随时随地访问思想政治教育内容，极大地提高了学习的便捷性和灵活性。这种多平台、多设备的传播方式，满足了现代学生多样化的学习需求和生活方式，使思想政治教育能够更自然地融入学生的日常生活，营造出持续而稳定的教育氛围。

（三）即时性与广泛性

互联网和移动应用凭借其即时信息传递的特点，在高校思想政治教育中展现出显著的优势，使得教育内容能够迅速响应社会热点和学生关切，极大地提升了教育的相关性和时效性。

互联网和移动应用的即时性使得思想政治教育能够快速跟进和回应社会

上的重大事件和热点话题。当社会发生重大变化或出现新的政策导向时，教师和教育工作者可以通过网络平台，如微博、微信、钉钉等，迅速发布相关的教育内容和解读，帮助学生及时了解和理解这些变化对他们学习和生活的影响。例如，在全国两会期间，教师可以通过在线课堂和社交媒体平台，实时解读会议精神和政策动向，组织学生进行线上讨论和交流，确保学生能够第一时间掌握最新的国家政策和发展方向。此外，当学生在日常学习和生活中遇到困惑或问题时，互联网和移动应用也为他们提供了便捷的咨询和交流渠道。学生可以通过在线论坛、微信群聊等方式，向教师和同学们提出问题，获得及时的解答和支持，增强了学习的互动性和参与感。这种即时性的互动不仅提升了学生的学习积极性和主动性，还促进了教师与学生之间的紧密联系，形成了一个更加动态和互动的教育环境。

互联网和移动应用的广泛性是其在高校思想政治教育中的重要优势之一，它极大地扩大了教育的覆盖面和影响力。传统媒介（如课堂教学、教材、宣传栏等）虽然在思想政治教育中发挥着重要作用，但其传播范围和速度相对有限。而新兴媒介借助互联网和移动应用，打破了地理和时间的限制，使思想政治教育内容能够迅速、广泛地触及每一位学生，不受他们所在位置的限制。例如，教师可以通过微信公众号发布思想政治教育相关文章、视频讲座和在线课程，学生可以通过手机或电脑随时随地访问和学习这些内容，大大提高了教育的便利性和覆盖面。

此外，互联网和移动应用还支持多种内容形式的传播，如图文、视频、音频、直播等，使思想政治教育内容更加丰富多彩，能够满足不同学生的学习需求和兴趣偏好。通过直播平台，教师可以进行实时在线讲座和互动讨论，学生可以在观看直播的同时，参与到实时的问答和互动中，增强了学习的参与感和互动性。

与此同时，互联网和移动应用还为思想政治教育的个性化和定制化提供了可能。教师可以根据学生的学习进度和兴趣，提供个性化的学习内容和资源，帮助学生更有针对性地学习和思考，提升教育的针对性和有效性。这种广泛的传播不仅确保了思想政治教育内容能够全面覆盖学生群体，还通过多渠道、多形式的传播方式，增强了教育内容的吸引力和感染力，使得思想政治教育能够在更大范围内产生深远的影响。

互联网和移动应用的即时性与广泛性相结合，使得高校思想政治教育的影响力得到了显著提升，形成了一个更加开放、动态和互动的教育生态系统。这种融合不仅优化了传统思想政治教育的传播方式，还赋予了教育内容更强的生命力和适应性，使其能够在瞬息万变的社会环境中保持高度的相关性和前瞻性。例如，在应对突发公共事件或社会热点问题时，教师可以迅速通过网络平台发布权威解读和指导意见，引导学生正确认识和应对，防止错误信息的传播和负面情绪的蔓延。同时，互联网和移动应用还促进了高校思想政治教育资源的整合与共享，打破了信息孤岛，形成了资源共享、优势互补的良好局面。不同高校之间可以通过网络平台共享优质的思想政治教育资源和教学经验，开展联合研讨和交流合作，提升整体教育水平和质量。

此外，互联网和移动应用的广泛应用还推动了思想政治教育的创新与发展，促进了教育内容和形式的不断更新和优化。教师可以利用新兴媒介，探索更多元化和创新性的教学方法，如在线互动课堂、虚拟现实体验、游戏化学习等，提升教育的趣味性和实效性，满足新时代学生的多样化学习需求。这种创新性的教学模式使思想政治教育能够更好地适应信息化时代的挑战，它不仅激发了学生的学习兴趣和主动性，还培养了他们的批判性思维和创新能力。

三、媒介融合与综合运用

在新时代背景下，单一媒介已难以满足高校思想政治教育的多样化需求，媒介融合成为必然趋势。

（一）整合资源

在新时代背景下，高校思想政治教育面临着新的机遇与挑战，传统媒介与新兴媒介的有机结合成为提升教育效果的重要途径。整合资源不仅能够充分发挥各类媒介的优势，还能构建一个多层次、多渠道的思想政治教育网络，增强教育的整体性和系统性。

第一，课堂教学与在线课程的结合，实现了理论与实践的无缝衔接。传统课堂教学作为思想政治教育的核心环节，通过系统的理论讲授，帮助学生建立起科学的世界观、人生观和价值观。而在线课程通过互联网平台，提供了灵活多样的学习方式，允许学生根据自己的时间和节奏进行自主学习，进一步深化对理论知识的理解。例如，教师可以在课堂上讲授习近平新时代中国特色社会主义思想的基本理论，并通过在线平台发布相关的视频讲座和阅读材料，学生在课后可以通过观看视频、参与在线讨论的形式巩固课堂所学内容。这种线上线下相结合的教学模式，不仅提高了教学的灵活性和覆盖面，还增强了学生的自主学习能力和积极性，确保思想政治教育的持续性和深入性。

第二，宣传栏与微信公众号的联动，拓宽了思想政治教育的信息传播渠道，提升了教育的广泛性和互动性。传统宣传栏作为校园内固定的信息发布平台，具有信息传递稳定、覆盖面广的特点，能够及时传递党的政策、国家法律法规及校园动态。然而，随着新媒体的迅猛发展，学生获取信息的方式日益多样化，单一的宣传栏形式已难以满足学生的需求。通过将宣传栏与微信公众号等新兴媒介相结合，学校能够实现信息的双向传播和多渠道覆盖。例如，教师在微信公众号上发布最新的思想政治教育文章、视频讲座和热点事件分析，学生可以随时随地通过手机获取这些信息，并在平台上进行评论、点赞和分享，形成互动交流的良好氛围。同时，也可以通过扫描二维码查看宣传栏内容等方式，引导学生关注微信公众号，进一步拓展信息获取的渠道和方式。这种传统媒介与新兴媒介的有机结合，不仅增强了信息传播的广泛性和及时性，还提升了学生对思想政治教育内容的参与感和认同感，形成一个全员覆盖、全方位渗透的教育网络。

第三，广播电视与新媒体平台的融合应用，提升了思想政治教育的影响力和感染力。广播电视作为传统媒介，具有信息传递稳定、持续性强的优势，能够在长期内持续进行思想政治教育，巩固学生的思想认识。而新媒体平台如微博、抖音、B站等，则凭借其高效的信息传播和广泛的受众基础，成为思想政治教育的重要补充。通过将广播电视内容与新媒体平台进行整合，学校能够实现思想政治教育内容的多渠道、多形式传播。例如，教师可以将广播电视中的思想政治教育节目录制后上传至新媒体平台，学生可以在任何时间、任何地点通过手机或电脑进行观看和学习。同时，新媒体平台支持的多种互动功能，如弹幕、评论、分享等，使得学生能够在观看过程中即时参与讨论和交流，增强了教育内容的互动性和参与性。

此外，借助新媒体平台的算法推荐和数据分析功能，学校可以根据学生的兴趣和需求，精准推送相关的思想政治教育内容，提升教育的个性化和精准化水平。通过广播电视与新媒体平台的融合应用，思想政治教育不仅能够保持信息传递的稳定性和持续性，还能够借助新媒体的广泛影响力和高效传播，扩大教育的覆盖面和深度，提升教育的整体效果和社会影响力。

（二）创新形式

利用虚拟现实（VR）、增强现实（AR）等新媒体技术，可以创新思想政治教育的呈现形式，提升教育的互动体验和沉浸感。通过 VR 和 AR 等技术手段，学生可以沉浸在历史事件或社会问题的虚拟环境中，有助于增强他们对教育内容的理解和情感共鸣。这种创新形式有助于激发学生的学习兴趣，使思想政治教育变得更加生动和具体。比如，通过 VR 技术，学生可以体验重要历史事件的场景，感受到当时的紧张与挑战，从而理解政治决策背后的复杂性。这种亲历式的学习方式，不仅增加了知识的生动性，还使学生能够从情感层面上与教育内容产生共鸣。同时，AR 技术能够将抽象的理论知识具体化，通过虚拟的互动展示让学生更加直观地理解社会现象及其背后的理论逻辑。这些新媒体技术的应用，使思想政治教育从单向的知识传递转变为双向的互动体验，大大提高了教育的吸引力和有效性。

（三）数据驱动

数据驱动应用在思想政治教育中，旨在通过大数据技术更好地了解学生的思想动态和需求，从而制定精准和个性化的教育内容与策略。

大数据可以帮助教育者实时掌握学生的思想动态，通过分析学生在社交媒体上的公开行为、课堂互动反馈和在线学习情况等数据，教育者可以全面把握学生的思想状况和兴趣点。例如，学生在社交平台上的讨论热度、关注的社会议题等，能够反映他们的关注方向和认知变化。通过对这些数据进行分析，教师可以根据学生的实际需求调整教学内容，确保思想政治教育更具针对性和时效性。

大数据还可以实现思想政治教育的个性化推送。由于每个学生的思想认识水平、兴趣爱好和学习进度都有所不同，传统的"一刀切"教学模式难以满足所有学生的需求。利用大数据技术，教师可以根据学生的个体差异推送个性化的学习资源。例如，对于某些对政治理论感兴趣的学生，可以推送相关的深度阅读材料；而对于更倾向于实际操作的学生，可以推荐更多与社会实践相关的活动。这种个性化的教育方式，不仅提高了学生的学习兴趣，还能够帮助他们对教育内容的深入理解和内化，从而实现思想政治教育的有效性的提升。

数据驱动的应用还为思想政治教育的效果评估提供了科学的依据。在传统教育中，效果评估往往依赖于考试成绩和教师的主观判断，这种方式具有一定的局限性。而通过大数据分析，教师可以量化评估思想政治教育的效果，包括学生对特定教育内容的理解程度、课堂参与度、知识点掌握情况等。通过对这些数据进行深入分析，教育者可以发现教学中存在的问题，并及时调整和优化教学策略。数据驱动的反馈机制使得思想政治教育能够不断自我改进，形成一个良性循环，从而不断提升教育的实效性和质量。数据驱动的应用，不仅使思想政治教育变得更加精细化和智能化，还使得教育者能够更加主动地适应学生的需求变化，为高校思想政治教育的创新和发展提供了强有力的技术支持。

第三节　高校思想政治教育的创新方案与平台

在高校思想政治教育的不断发展过程中，创新的方案与平台成为提升教育效果的重要手段。在新媒体技术和数据驱动的支持下，思想政治教育逐渐实现了从传统课堂到多样化平台的转变，以下是高校思想政治教育的几种创新方案与平台。

一、线上线下融合的教育平台

线上线下相结合的教育模式已经成为高校思想政治教育的重要趋势。通过线上平台，学生可以自主选择学习时间和学习内容，这种灵活的学习方式打破了传统课堂的时间限制，使学生能够根据个人安排更自由地进行学习。无论是深夜还是清晨，只要学生有需求，线上平台都可以提供相应的学习资源，极大地满足学生的个性化需求。而线下课堂提供了直接互动的机会，教师与学生可以直接交流、解答疑惑，这种面对面的沟通不仅能够加深学生对教育内容的理解，还能够建立起更加紧密的师生关系。课堂上，教师可以通过提问、讨论等方式，及时了解学生的学习进度和对知识点的掌握程度，并进行有针对性的讲解和个性化指导。

线上线下的融合不仅体现在课堂内外的学习内容衔接上，还体现在教育资源的相互补充和丰富上。通过线上平台，学生可以获取丰富多样的学习资料，包括视频、音频、文字、图片等多种形式的内容。这些资料可以弥补课堂教学的局限，帮助学生更好地掌握理论知识。此外，线上平台还可以提供拓展性和趣味性的学习内容，能够激发学生的学习兴趣，使思想政治教育不再局限于枯燥的理论，而是充满生动的案例和故事。而线下课堂更加注重学生之间的互动和合作学习，通过小组讨论、角色扮演等活动，促进学生对知识的内化与应用。通过这些活动，学生可以将线上学习的理论知识应用到实际问题中，提升解决问题的能力和团队合作精神。

将线上与线下教育资源有效整合，不仅实现了教育资源的优化配置，还能够打造一个全方位、多层次的思想政治教育体系。在这种教育模式下，思想政治教育覆盖了更广泛的时间和空间，确保了教育的普及性和可及性，学生可以在任何需要的时刻接受教育。这种模式既保持了线下教育的深度和互动性，又结合了线上教育的广泛性和灵活性，为学生提供了一种全新的学习体验。这种全方位、立体化的思想政治教育体系，有助于培养学生的政治认同感和社会责任感，使他们在多元化的教育环境中不断提升自己的思想水平和综合素质。线上线下融合的教育平台已经成为高校思想政治教育改革与创新的重要方向，为新时代思想政治教育的高质量发展提供了有力的支撑和保障。

二、基于虚拟现实技术的体验式教学

虚拟现实（VR）技术的引入使得思想政治教育的教学形式发生了质的飞跃。利用 VR 技术，学生可以沉浸在历史事件和重大社会活动的虚拟场景中，增强他们的情感体验和代入感。这种沉浸式的教学体验使学生能够身临其境地感受到历史的厚重与复杂，从而激发他们的情感共鸣和学习兴趣。在这种虚拟场景中，学生不再是传统教育中的被动接受者，而是以"亲历"的方式，直接与历史、文化和社会事件产生互动。比如，学生可以通过 VR 设备"亲临"红色教育基地，感受革命先辈的奋斗历程，走过他们曾经经历的艰苦道路，看到他们所处的生活环境，体会他们在艰难时刻中的坚定与勇气。这种体验不仅能够加深学生对历史事件的理解，也能够使他们在情感上与历史产生共鸣，从而增强爱国情怀和历史责任感。

虚拟现实技术的应用不仅限于历史事件的再现，还能模拟社会治理和公共政策的实施过程。学生可以在虚拟场景模拟城市管理，例如如何面对突发公共事件，如何制定应对策略。这些模拟活动可以帮助学生更好地理解社会治理的复杂性和决策的艰难性。通过这些虚拟实践活动，学生不仅学到了理论知识，还能够学习如何将理论应用于具体的情境中，从而增强解决实际问题的能力。这种基于体验的教学模式极大地增强了思想政治教育的现实感，使得抽象的理论知识在具体的场景中得以具象化，学生能够更为深刻地理解政治和社会运作的逻辑。

虚拟现实技术的另一个重要应用是激发学生的政治热情和参与意识。传统的思想政治教育由于内容抽象、形式单一，往往难以引起学生的学习兴趣，而虚拟现实技术则通过沉浸式的体验使学生能够更直观地感受到社会和历史的脉动。例如，通过参与虚拟的社会运动，学生可以感受到社会变革的力量和集体行动的意义，从而激发他们的社会责任感和政治参与意识。这种教学模式不仅是在传授知识，更是在激发学生的主体意识，使他们意识到自己在社会中的角色和责任。通过这种沉浸式、体验式的教学，思想政治教育不再是单向的知识灌输，而是转变为学生主动探索、深度参与的过程，使得思想政治教育的效果得到了质的提升。虚拟现实技术的引入，使得思想政治教育的形式和内容都发生了深刻的变革，为高校思想政治教育提供了新的可能性和发展方向。

三、智能化的个性化学习平台

人工智能技术的发展使个性化学习平台在思想政治教育中得到了广泛的应用。利用大数据和人工智能算法，平台能够根据每个学生的学习进度、兴趣爱好和知识薄弱点，为他们提供量身定制的学习方案，这种方式使思想政治教育突破了传统的"标准化"模式，进入了"定制化"时代。智能化的个性化学习平台不仅可以显著提高学习效率，也使每个学生的学习路径和目标变得更加明确，学生可以根据自身的需要选择学习内容，制订学习计划，从而获得更加符合其需求的思想政治教育体验。在这一平台中，学生的学习不再是单方面接受，而是通过与系统的互动，实现对知识的探索和应用，增强了学习的主动性和参与感。

人工智能技术的发展还使思想政治教育的教学方式变得更加灵活和多样化。系统可以通过分析学生的学习行为，判断他们在学习过程中遇到的困难和障碍，并及时为他们提供个性化的学习资源和辅导建议。例如，对于那些在某些知识点上遇到困难的学生，平台可以推送更多相关的练习和解释视频，帮助他们更好地理解和掌握这些知识点。而对于那些对某些社会问题表现出特别兴趣的学生，平台则可以推荐更加深入的资料和参加讨论的机会，让他们能够在自己的兴趣领域中进行更深层次的探索和学习。这种因材施教的模式不仅提升了学生的学习体验，也使得思想政治教育的内容更加贴近学生的实际需求，显著提升教育的针对性和有效性。

在智能化的个性化学习平台中，实时的学习效果监测和反馈机制也是其重要的组成部分。平台通过收集和分析学生的学习数据，能够生成学习报告。这些报告不仅帮助学生了解自己的学习进度和知识掌握情况，也为教师提供了精准的教学参考依据。教师可以根据平台提供的学习数据，了解每个学生的学习状态，及时调整教学策略，有针对性地进行辅导和答疑，从而提升教学效果。这种实时的监测与反馈机制不仅使得学生能够不断调整自己的学习方法和节奏，也使教师能够更好地了解学生的需求和问题，实现精准施教，确保每个学生都能得到最适合自己的思想政治教育模式。

智能化的个性化学习平台的应用，使思想政治教育的评价方式也变得更加多元化和科学化。通过对学生在学习过程中的数据进行分析，平台可以从多个维度对学生的学习进行评价，例如知识点掌握的程度、学习的积极性、参与讨论的深度等。这种基于数据的评价方式不仅使对学生学习效果的评价更加客观，而且能够全面反映学生在思想政治教育中的成长和进步，帮助他们更好地认识自我，并激励他们不断改进和提升。这种动态、全面的评价方式为思想政治教育的不断改进提供了科学的依据，使得教育过程能够形成一个良性循环，不断提高教育的质量和水平。

人工智能技术驱动的个性化学习平台在思想政治教育中的广泛应用，使得教育的方式和内容都发生了深刻的变化。思想政治教育不再是传统的灌输式教学，而是逐渐转变为一个以学生为中心的互动过程，学生的主体地位得到了前所未有的重视。在这个平台中，学生的学习过程被个性化定制，学习内容能够根据进度进行动态调整，学习效果的反馈则是即时提供的，这些特点使得思想政治教育更加贴近学生的生活和需求，激发了学生的学习兴趣和动力。通过这种智能化的平台，思想政治教育实现了从标准化到个性化的跨越，使每个学生都能够在适合自己的节奏中不断成长和进步，为新时代高校思想政治教育的创新发展开辟了新的路径，提供了新的可能性。

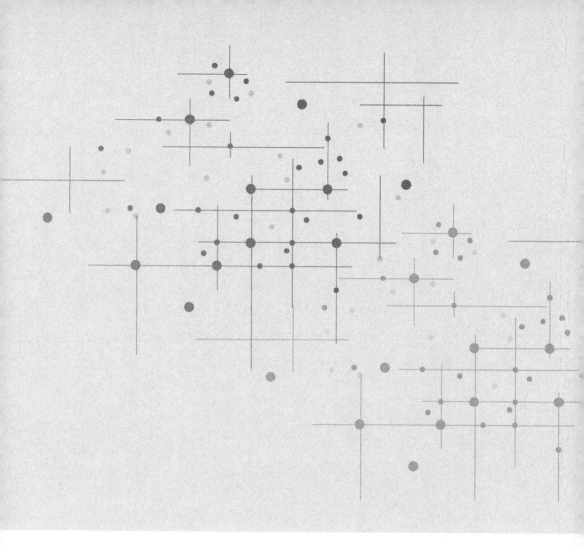

信息化时代
大学生思想政治教育的观念创新

第三章

第一节　思想政治教育观念体系的创新

一、信息化时代对思想政治教育观念的影响

在信息化时代的背景下，思想政治教育观念正在经历一场深刻的变革。这一时代的特征表现为技术的迅速发展和信息传播方式的变革，这些变革从多个方面影响了思想政治教育的理念与实践。

（一）信息化带来了信息获取与传播的多样化，改变了思想政治教育的传播环境

在传统的思想政治教育中，信息的传播渠道相对单一，以课堂教学为主要形式，教育者在信息传递中占据主导地位。而在信息化时代，互联网、社交媒体等新兴平台让学生能够从多种渠道获取信息。多样化的信息源不仅使学生获取信息的方式发生了变化，也使他们的思想观念变得更加开放和多元化。学生所接触的信息内容更为广泛，涉及社会、政治、经济、文化等各个领域，这些复杂的信息交织在一起，促进学生对社会现实的理解更加深入且多样化。同时，信息化使学生的自主学习能力和独立思考能力得到加强，他们不再局限于课堂上的知识，而是能够自主地选择和筛选信息，这使他们的思想更加活跃，对社会现象的看法更加丰富。

面对这种复杂的认知环境，传统的单向灌输式教育显得力不从心，思想政治教育必须更新观念，采用开放和互动的方式，注重引导和启发，以便更好地适应学生的认知需求。教育者需要利用信息化手段，充分调动学生的参与积极性，使思想政治教育不再是单纯的说教，而是通过师生互动、信息交

流和观点碰撞，引导学生在自主探究中内化思想政治教育的核心价值。

（二）信息化时代重塑了思想政治教育的内容与话语方式

信息技术的迅猛发展使知识的更新速度大幅加快，社会热点事件和思想变化层出不穷，传统思想政治教育内容在这一动态变化中容易显得滞后和脱节。面对这种情况，思想政治教育观念必须灵活调整，将学生关心的热点问题和社会现实纳入教育内容中，确保教育内容跟紧时代步伐，具有针对性和时效性。

网络化的信息传播使得学生更倾向于通过图像、视频等多媒体形式理解信息，这也促使思想政治教育在话语方式上发生变革。思想政治教育工作者要善于运用形象化、故事化的语言，将抽象的政治理论与具体的现实生活紧密联系起来，通过生动的案例和鲜活的表达方式来吸引学生的注意力，增强思想政治教育的感染力和吸引力。同时，网络信息的碎片化特征要求思想政治教育工作者具备较强的信息整合能力，能够从海量的信息中提取核心内容，将其以学生易于接受的方式进行表达，从而提升思想政治教育的有效性。

在这种背景下，思想政治教育不仅需要在内容上进行创新，更需要在表达形式和沟通方式上进行革新，以更好地满足信息化时代学生的学习需求和认知特点。

（三）信息化时代改变了师生之间的关系，影响了思想政治教育的互动方式

在传统教育模式中，教师是知识的主要提供者，学生则是被动的信息接受者，师生关系呈现出明显的不对等。然而，信息化的到来使这种单向的传递关系发生了变化。如今，学生可以通过网络平台随时随地与教师进行交流，甚至可以通过社交媒体分享和发布个人观点。师生之间的交流变得更加及时和频繁，彼此之间的信息沟通渠道更加畅通。在这一过程中，教师逐渐从单纯的知识传授者转变为学生学习的引导者与协作者，这种角色的转变促使教师更加关注学生的个体需求和学习体验。思想政治教育也需要在互动性和对话性上进行观念的调整，以构建更加平等和互信的师生关系，促进学生的自

主性发展。同时，教师在互动过程中需要更加重视对学生思想的引导，注重启发学生的独立思考能力，帮助他们在复杂的信息环境中建立正确的价值观和世界观。

信息化环境下，教师不再是绝对的权威，学生也不再是单纯的听众，而是能够与教师共同探讨、共同成长的学习伙伴。这种平等互动的关系有助于学生在学习中获得更大的主动权和自我认同感，从而使思想政治教育更具实效性和人文关怀。在这种新的互动模式下，教师不仅需要具备较高的专业知识素养，还需要具备灵活应对复杂网络环境的能力，并善于利用多种信息化工具与学生进行有效的沟通和交流，真正实现思想政治教育目标的达成。

（四）信息化技术的普及对思想政治教育的个性化提出了更高要求

随着信息化技术的广泛应用，思想政治教育逐渐走向个性化和精准化，教育者可以根据学生的兴趣爱好、认知水平等个体差异，提供更有针对性的思想政治教育内容。传统的思想政治教育通常采用"一刀切"的方式，忽视了学生之间存在的差异，这样的模式难以满足学生多样化的思想需求。在信息化时代，技术的进步为教育个性化提供了坚实的支持。通过大数据分析等手段，教育者能够全面了解学生的兴趣、心理状态和学习习惯，从而针对不同学生制定个性化的教育方案。这样一来，思想政治教育能够更加贴近学生的实际需求，有效提升教育的实效性。

个性化的思想政治教育不仅体现在内容的选择上，还体现在教育方式和手段的多样化应用中。通过运用多种信息化工具，如在线学习平台、虚拟现实技术等，教育者可以打造更为丰富和灵活的教育体验，激发学生的学习兴趣，增强学生的自主性和参与感。信息化时代的思想政治教育逐步摆脱了传统的灌输式教育，更多地转向互动式、启发式教育，通过尊重学生的个性和需求，真正实现因材施教的教育理念。这一变化不仅体现了教育观念的进步，也标志着思想政治教育在信息化条件下进入了一个新的发展阶段，更加注重人性化、精细化和个性化，致力于培养具有独立思考能力、社会责任感和创新精神的全面发展人才。

（五）信息化的发展给思想政治教育观念的安全性带来了新的挑战

信息化时代带来了信息的高度开放和广泛共享，这也意味着虚假信息和不良思想在网络中的传播速度空前加快，对学生的思想认知形成了巨大的冲击。面对这一复杂多变的网络环境，思想政治教育观念必须高度重视信息化条件下学生思想的动态变化，及时识别并引导学生面对虚假信息和不良影响的挑战。教育者不仅需要具备较高的信息鉴别能力，还需要具备相应的网络素养，以应对海量信息中真假难辨的局面。在教育实践中，应当通过多样化的手段提升学生的网络安全意识，使其具备独立判断和筛选信息的能力，并培养学生的政治辨别力和风险防范意识。

思想政治教育在信息化环境中的一个重要任务是帮助学生树立正确的世界观、人生观和价值观，以抵御网络中的负面影响，并在复杂的信息环境中保持清醒的认识和独立的判断。教育者应通过积极构建信息安全教育体系，利用网络平台开展有针对性的网络安全和思想政治教育活动，以增强学生的网络空间行为规范和道德意识。

此外，教育者还需与家长、社会等多方力量形成合力，共同营造良好的网络环境，确保学生在网络中健康成长。只有不断强化网络安全教育和信息鉴别能力，我们才能在信息化浪潮中确保思想政治教育的有效性，使学生能够在开放的网络环境中始终保持正确的思想方向和积极的人生追求。

（六）信息化时代的到来要求思想政治教育观念更加注重自主性和主动性

信息化时代为学生提供了更加广阔的学习空间和更丰富的学习资源，学生可以通过网络平台自主选择学习内容和参与讨论，逐渐从传统的被动接受者转变为学习的主动参与者。思想政治教育需要顺应这一趋势，注重培养学生的自我教育意识和批判性思维，使他们在面对复杂多变的信息环境时能够保持独立判断和选择正确的价值观念。

教育者应激发学生的学习兴趣，鼓励他们在网络空间中积极探索，主动获取知识，并通过网络媒介参与社会实践和思想讨论，从而提高思想政治教育的实效性。在这一过程中，教育者不仅要提供丰富多样的学习内容，还需注重引导学生的学习过程，帮助他们在纷繁复杂的信息中找到方向，形成正确的思想观念和积极的行为方式。思想政治教育需要与学生的兴趣结合，设计互动性强、吸引力大的教育活动，使学生能够在自主学习中逐渐内化思想政治教育的核心价值观念，最终将其转化为自觉的思想行为和社会责任感。

通过构建开放而有序的网络学习环境，学生可以在参与社会事务和思想讨论中不断加深对社会的理解，增强对社会问题的关注与思考，实现从被动教育向自主成长的转变。这种自主性和主动性的培养，不仅是信息化时代思想政治教育的要求，也是培养具备独立思考能力和社会责任感的新时代公民的必要途径。

二、思想政治教育观念体系的创新内容

在信息化时代，高校思想政治教育的观念体系必须进行深刻的变革和创新，以应对新形势下学生思想和需求的多样化。传统的思想政治教育模式往往注重单向灌输，不够关注学生的主体性和多元化的认知方式，而在信息化环境下，教育观念的更新成为必然。

（一）学生主体性的激发与引导

思想政治教育观念体系的创新需要更加注重学生的参与感和主体地位，强调师生之间的互动与沟通，实现从"以教为中心"向"以学为中心"的转变。信息化手段为教育提供了丰富的资源和渠道，使学生可以根据自身的兴趣和需求选择适合的学习内容，从而更好地融入思想政治教育中。通过这种方式，学生不再只是单纯接受知识的灌输，而是可以主动参与到教育内容的选择和构建中，增强对教育内容的认同感和参与感。这种以学生为中心的观念体系强调学生在学习过程中的主体作用，借助信息化技术，教育不再是单

向的知识传递，而是转变为一个互动和共建的过程。

（二）教育内容的开放性与灵活性

思想政治教育观念的创新应更加注重教育内容的开放性和灵活性。传统思想政治教育的内容主要集中在特定的政治理论和价值观，而在信息化的背景下，教育内容的丰富性和灵活性得到了极大的拓展。通过互联网和新媒体平台，教育者可以灵活地将国内外的时事热点、社会事件、科技前沿等纳入思想政治教育中，使教育内容更加贴近学生的实际生活和认知需求。这种开放性和灵活性不仅增强了教育的现实意义，还能够激发学生的学习兴趣和参与热情。

借助多媒体手段，学生可以通过多种渠道获取丰富的知识资源，培养多角度的理解和分析能力。在教学中，教师也可以依据学生的反馈和兴趣，灵活调整教育内容，实现教学过程的动态化，使教育更加富有针对性和实效性。思想政治教育的内容不再局限于静态的理论灌输，而是通过对现实问题的讨论、对时事的分析以及对学生日常经验的反思来不断充实和发展，形成了一种更加贴近学生生活的教学方式。

信息化的教育观念体系还需要突破传统课堂的局限，将教育的时间和空间从课堂延伸到学生的日常生活中。互联网的普及使得思想政治教育的场域不再局限于教室，在线学习平台、社交网络和移动应用程序等多样化的渠道为学生提供了随时随地学习和讨论的机会。通过这些新兴的教育载体，思想政治教育可以渗透到学生的日常生活中，成为他们生活的一部分，而不仅仅是课堂学习的内容。例如，教育者可以利用社交媒体平台发布与思想政治教育相关的内容，引导学生在讨论中反思个人价值和社会责任，或者通过线上主题讨论、模拟社会活动等形式，鼓励学生在实际情境中应用所学的理论知识。这种教育模式不仅扩大了思想政治教育的覆盖面，还增强了教育的灵活性和趣味性，使学生能够在潜移默化中受到思想政治教育的影响，逐步内化所学的内容。

通过构建开放、多元的教育环境，思想政治教育不再仅是一种知识的传授，它更是一种生活态度的培养和实践。这样的教育可以引导学生建立正确的价值观和积极的人生态度，并在多样化的社会环境中找到属于自己的责任与使命。

（三）互动与体验式教育方式的应用

信息化时代的思想政治教育观念体系创新需要更多地采用互动和体验式的教育方式，让学生能够在实践中体验和感受教育内容的价值。传统的说教式教育方式往往让学生感到枯燥，而通过信息技术的运用，如虚拟现实技术、在线互动平台等，教育者可以为学生创造一种沉浸式的学习环境，使他们在模拟社会治理的情境中扮演不同角色，从而更加深刻地理解社会运行的机制和其中蕴含的价值观念。通过这种体验式的教育，学生不再是知识的被动接受者，而是积极的参与者，他们能够在互动和体验中形成对社会现象和政治理论的更深刻认识。这种方式不仅能够增强学生对思想政治教育内容的理解，还可以激发他们的情感共鸣，使教育过程更加生动和有意义。

互动和体验式教育的应用还可以通过社会实践活动、模拟法庭、辩论赛等多种形式来实现。社会实践活动让学生走出课堂，深入社区、农村、企业等不同的社会场所，直接接触社会现实，观察并思考社会现象，培养社会责任感和服务意识。辩论赛等活动则通过角色扮演和观点碰撞，锻炼学生的逻辑思维和表达能力，使他们在参与活动中领会民主、法治、公平等核心价值观。

在线互动平台也为互动式教育提供了重要支持，学生可以通过在线论坛、视频会议等形式与教师和同学进行交流，分享自己的观点和感受，形成思想的碰撞和观点的交流。

通过这些互动和体验式的教育方式，思想政治教育不再局限于在教室内进行知识讲解，而是通过实践和体验将教育内容内化为学生的思想和行为准则。教育者应充分利用信息技术手段，设计多样化的互动体验活动，让学生在亲身参与中感悟思想政治教育的价值，培养他们的社会责任感和公民意识，从而实现思想政治教育的深层次目标。

第二节　思想政治教育观念创新的实践

一、信息化技术在思想政治教育中的应用

随着信息化时代的到来，信息化技术逐渐深入社会生活的方方面面，为思想政治教育注入了全新的活力。信息化技术不仅是工具，更是革新思想政治教育理念与实践的催化剂。在多媒体、互联网、人工智能等信息化手段的支持下，思想政治教育已从传统单一的模式转变为多样化、个性化的模式，为提升教育效果和扩展教育覆盖面提供了前所未有的契机。

（一）丰富思想政治教育内容

信息化技术的应用极大丰富了思想政治教育的内容，传统的纸质教材和单一的课堂讲授形式逐渐转变为包含视频、音频、互动式课件等多元化教学材料的全方位内容体系。通过多媒体的展示，思想政治教育的内容不再是枯燥的理论说教，而是富有视觉和听觉双重吸引力的动态学习体验。这种形式可以将抽象的理论以生动形象的方式呈现出来，让学生更加容易理解和接受。例如，利用虚拟现实技术可以重现历史事件场景，使学生身临其境地感受到理论与实践的交汇，深化其对相关内容的理解和感悟。

信息化技术还使思想政治教育内容的更新更为迅速和灵活。借助互联网平台，教育者可以根据时事热点、社会议题和学生需求，及时调整教学内容，将最具时代性和现实意义的信息融入思想政治教育之中。通过这些新的信息，学生能够更好地了解社会热点和政治动态，将理论学习与现实生活紧密结合，提高思想政治教育的针对性和实效性。

（二）实现教育传播的多样化

信息化技术的迅猛发展推动了思想政治教育传播方式的多样化，网络平台、社交媒体和在线课堂等信息化工具使教育的方式突破了时间和空间的限

制。思想政治教育不再局限于教室内的面对面教学，而是通过多种渠道融入每个学生的日常生活中。例如，教育者可以通过微信公众号、抖音等社交平台发布思想政治教育内容，采用图文并茂的方式讲述重要的思想政治理论和社会价值观，增强内容的趣味性和传播效果。同时，网络课程的普及为思想政治教育提供了更加灵活的学习模式，学生可以根据自身情况自主选择学习时间和地点，通过自我驱动的方式更好地参与到思想政治教育中。这种在线教育模式不仅扩展了教育的覆盖面，还大大提高了学习的便利性和个性化。

多样化的传播方式还体现在互动性上。传统的思想政治教育通常是教师单向灌输，而借助信息化技术，学生可以在课堂上或课后通过各种线上互动平台与教师进行交流和讨论，表达自己的想法和疑问。这种互动过程不仅增强了学生的参与感，还帮助教师更好地了解学生的思想动态，以便有针对性地开展教育。

（三）推进互动与个性化教育

信息化技术的应用为思想政治教育提供了更多互动的可能性，增强了师生之间、生生之间的交流。通过线上平台的讨论、在线问卷调查和实时互动软件等方式，学生的个体声音得到了关注和回应，使思想政治教育的过程从单向传递转变为双向互动。这种互动形式有助于促进学生主体地位的确立，使他们不再只是被动的接受者，而是积极的参与者和反馈者。

个性化教育的实现也是信息化技术应用在思想政治教育中的重要成果之一。利用大数据分析和人工智能算法，教育者可以收集和分析学生的学习习惯、兴趣爱好和思想倾向，从而为每个学生定制适合其特点的思想政治教育内容和学习计划。这种个性化教育能够更加有效地满足学生的多样化需求，激发他们的学习兴趣，提升思想政治教育的效果。例如，在信息化环境中，教师可以根据学生在学习平台上的学习数据，了解到某个学生在某些知识点上的欠缺式误解，进而提供个性化的辅导来帮助其弥补不足。同时，基于人工智能的推荐系统也可以向学生推送与其兴趣相关的思想政治教育内容，让学生在轻松自由的学习氛围中接受正确的思想和价值观引导。

（四）提升教育的实践性与体验感

信息化技术使思想政治教育的实践性得到极大增强。通过虚拟现实、增强现实等技术，教育者可以设计具有沉浸感的教学体验，让学生在虚拟场景中感受社会生活的多样性，体验不同的社会角色及其责任。比如，利用虚拟现实技术，学生可以体验到国家建设过程中的艰辛与成就，从而增强他们的爱国情怀和社会责任感。信息化技术还可以用于思想政治教育的情景模拟和角色扮演。例如，在模拟法庭、模拟社区管理等活动中，学生可以通过扮演不同的社会角色，深入理解社会治理和国家管理的复杂性，从而培养其社会责任感和团队合作精神。这种体验式教育方式有效弥补了传统理论教学中实践环节的不足，使思想政治教育不再停留在理论层面，而是真正深入学生的心灵，激发他们的内在认同和行动自觉。

信息化技术的应用为思想政治教育带来了深刻的变革，不仅丰富了教育的内容和传播方式，还增强了教育的互动性和个性化，使思想政治教育更加符合新时代学生的需求。在信息化背景下，思想政治教育不再是单调的说教，而是充满了生动性、趣味性和实践性的多元体验。然而，信息化技术的应用也对思想政治教育提出了更高的要求。教育者需要不断提升自身的信息技术应用能力，并结合学生的思想特点与发展需求，持续创新教学方法，推动思想政治教育向更高质量、更高水平发展。只有这样，思想政治教育才能在信息化时代中保持旺盛的生命力，真正实现对学生思想和价值观的积极引导，培养出具有时代责任感和社会使命感的合格公民。

二、思想政治教育观念的实践创新路径

创新思想政治教育观念是应对社会变革、满足时代需求的重要举措。在新形势下，思想政治教育要摆脱传统单一模式的束缚，勇于探索与实践，寻求既符合当下社会发展又满足学生实际需求的新路径。这要求我们注重实践的创新和理念的更新，以实现思想政治教育的实效性和生命力。

（一）更新思想政治教育理念，注重学生的主体地位

思想政治教育的核心是人与人之间的沟通与互动，因此，在实践中必须始终强调学生的主体地位。传统思想政治教育多是以教师作为知识的单向传递者，而学生则处于被动接受的地位，这种模式无法有效激发学生的内在动力。因此，更新教育理念，注重学生的主体性是创新的首要路径。

在以学生为中心的教育模式下，教师要更多地关注学生的需求、兴趣和思想动态，将学生的感受和反馈作为教育的重要依据。教育过程要注重学生的自我表达和自主探索，教师不再是权威的说教者，而是引导者和支持者。这一理念的更新可以通过课堂讨论、项目式学习、问题引导式教学等方法实现，使学生能够主动参与到学习过程中，从而在思想上得到启发，在情感上得到共鸣。

（二）构建多样化的教育平台，融合课堂与网络教育

多样化教育平台的构建是推动思想政治教育创新的重要方式之一。新技术的发展为思想政治教育的形式和内容提供了多样化的载体，教育者可以借助各种信息化工具，将课堂教育与网络教育有机结合，从而形成更具灵活性和互动性的教育体系。传统课堂的优势在于师生面对面的交流和直接互动，而网络教育则以其覆盖面广、资源丰富、灵活方便等特点，成为思想政治教育的重要补充。因此，可以通过建设在线教育平台、使用社交媒体进行思想政治教育内容的传播等途径，实现教育形式的多样化。例如，通过在线直播课程、网络论坛讨论、社交媒体话题互动等方式，学生可以不再受时间和地点的限制，可以随时随地参与到思想政治教育的学习中。

此外，多样化的教育平台还可以通过音频、视频、动画等多媒体手段，增强思想政治教育的趣味性和吸引力，使抽象的理论知识变得更加生动具体，从而提高教育的效果和学生的参与度。

（三）提升思想政治教育的实效性，培养学生的社会责任感和实践能力

思想政治教育的最终目标是帮助学生树立正确的价值观和社会责任感，并将这些价值观融入实际的社会生活中。因此，在教育实践中，必须注重提升思想政治教育的实效性，推动学生将理论知识转化为实际行动。

提升实效性的一个重要方法是加强思想政治教育与社会生活的紧密联系。教育者可以通过组织学生参与社区服务、志愿活动和社会实践等方式，让他们在真实的社会场景中体验和实践所学的思想政治理论。例如，参与社区环保活动可以让学生理解环保的社会意义，增强他们的环保意识和责任感；参与敬老院的志愿服务可以让学生体会到尊老敬老的传统美德，并将其转化为自觉的社会责任。另外教师应注重引导学生思考现实社会中的问题，培养他们的批判性思维和解决问题的能力。通过对社会热点事件进行讨论和分析，可以激发学生的社会关怀意识和责任感，帮助他们树立正确的价值观和社会使命感。在这一过程中，教育的内容不应仅停留在理论的讲解，而应深入实际问题的探讨中，引导学生理解和应对社会中的各种现实挑战。

（四）提高教师的思想政治素养与信息化应用能力

思想政治教育观念的创新离不开教师的专业发展和素养提升。教师是思想政治教育的实施主体，他们的思想政治素养对教育的效果起着决定性作用。因此，教师不仅需要具备扎实的思想政治理论基础，还需要不断提升自身的信息化应用能力，以适应现代教育的需求。

教师应当通过继续教育、自我学习等方式，深化对思想政治理论的理解，并保持对社会热点问题的敏感度。只有深刻理解思想政治理论，教师才能在教学中更好地解答学生的疑问，引导学生树立正确的价值观。此外，教师需要具备开放的心态，关注社会的变化和学生的需求，将理论与现实相结合，确保思想政治教育具有时代性和实效性。

提升教师的信息化能力也是至关重要的。随着信息技术在教育中的广泛应用，教师必须熟练掌握各种教育技术工具，如在线教学平台的使用、教育

资源的开发与管理等。通过有效地运用这些信息化工具，教师可以提升思想政治教育的效率和效果，使教育更加贴近学生的生活和学习习惯。

三、网络文化对思想政治教育实践的影响

随着互联网的飞速发展，网络文化已成为现代社会生活中不可忽视的一部分，它以独特的传播方式、广泛的影响力以及丰富的文化内容，深刻改变了思想政治教育的实践模式。网络文化不仅为思想政治教育提供了新的工具和资源，也带来了一系列新的挑战。如何在复杂的网络环境中有效发挥思想政治教育的正面引导作用，已经成为教育工作者们亟待解决的重要课题。

（一）网络文化为思想政治教育带来的机遇

1. 网络文化的发展为思想政治教育提供了丰富的资源和便利的渠道，拓宽了思想政治教育的覆盖面和增强了影响力

网络文化的开放性、多样性和即时性使思想政治教育的内容传播更加灵活、多样和便捷。通过网络平台，教育者可以利用各种新兴媒体，如微信公众号、视频平台、社交媒体等，将思想政治教育内容以更加直观、生动的方式传递给学生。这种多样化的传播方式打破了传统课堂的时间和空间限制，使思想政治教育得以随时随地进行，增加了受教育者的接触频率和学习主动性。

2. 网络文化为思想政治教育内容的创新提供了广阔的空间

借助网络技术，思想政治教育内容的呈现形式不再局限于文字和口头表达，而是可以通过视频、动画、虚拟现实等多种形式呈现，使教育更加生动有趣。例如，教育者可以制作微视频或动画，将复杂的理论知识转化为通俗易懂的故事，以此吸引学生的注意力，提高他们的学习兴趣。这种创新性的表达方式有助于激发学生的学习动力，使思想政治教育更加贴近学生的实际生活，符合他们的接受习惯。

3. 网络文化的互动性也是思想政治教育实践中的重要机遇

借助互联网平台，教育者与学生之间的互动变得更加即时和频繁。通过在线讨论、互动问答等形式，学生可以随时提出问题，教育者可以即时作出回应，从而形成良好的师生互动。同时，学生之间也可以通过网络平台进行思想交流和观点碰撞，这种互动不仅提升了学生的参与感，还促进了他们的批判性思维和独立思考能力的提升。网络文化的互动特性使得思想政治教育不再是单向的灌输过程，而是师生共同探讨、共同成长的双向互动过程。

4. 网络文化的快速发展，使思想政治教育可以借助互联网平台的优势，扩大受众覆盖面和教育效果

网络文化的开放性和灵活性，特别是多媒体技术的运用，使思想政治教育的内容更加生动和富有吸引力，同时也更加符合当代学生的生活习惯和兴趣爱好。教育者可以通过网络平台，结合多样化的文化形式和表现手法，将理论教育转化为易于接受的内容形式，从而提升思想政治教育的吸引力和感染力。借助于网络直播、社交媒体和互动平台，思想政治教育者能够更直接地与学生进行沟通和交流，不受时间与空间的限制。这种突破了传统课堂束缚的传播方式，使思想政治教育能够深入学生的日常生活中。通过开展多样化的网络活动，比如主题讨论、知识竞赛、线上辩论等，教育者可以更好地激发学生的参与兴趣，并在互动中帮助他们深入理解和内化思想政治理论。

（二）网络文化对思想政治教育的挑战

1. 网络文化的复杂性和多样性

随着网络平台的普及，信息传播的方式变得更加复杂且多元化，这使得学生在接触大量信息的同时，难以分辨其中的真伪与优劣。网络上充斥着各类虚假新闻、极端言论和拜金主义等不良信息，这些内容极易对学生的思想产生负面影响。尤其是对于那些尚未具备足够判断能力的青少年来说，他们更容易受到误导，进而形成错误的价值观和世界观。面对海量信息，学生的辨别能力和理性判断力往往被削弱，这对思想政治教育提出了严峻的挑战，要求教育者不断改进教育方法以应对信息的复杂性和多样性。

2. 网络文化中的"碎片化"特征

网络文化中的"碎片化"特征对思想政治教育的挑战主要体现在两个方面。

一方面，信息传播的碎片化导致学生的注意力分散，学习行为变得浅表化。当前，网络环境中的信息呈现方式往往是简短的片段，学生习惯于在各种社交媒体、短视频和即时通信工具中快速浏览信息。这种"快餐式"的信息消费模式虽然能够满足学生即时的需求，却严重削弱了他们对复杂理论和深刻思想进行深入理解的耐心和能力。思想政治教育本身要求学生具备系统性思考问题和批判性理解社会现象的能力，而碎片化的信息传播使得学生在学习过程中难以形成完整的认知结构，这导致他们往往只停留在对信息的表面理解，缺乏对深层次理论的系统掌握。这种浅层化的学习方式使得思想政治教育的效果大打折扣，学生难以将所学知识内化为自身的思想和行为指南。

另一方面，碎片化的传播方式也导致学生在思想政治教育中缺乏独立思考和深度反思的空间。在网络文化中，信息的传播速度极快，学生通常没有时间去深思每个信息片段背后的含义，就急于获得下一个信息。这种环境下，学生的思维逐渐被"碎片化"的信息节奏所支配，形成了对即时效应和即刻反馈的依赖，忽视了应对复杂社会问题的全面思考和多角度分析。思想政治教育旨在引导学生形成正确的价值观和社会责任感，需要他们在学习过程中不断地反思和深挖理论内涵。然而，碎片化的信息获取方式让学生对理论的理解停留在表面，缺少深度和连贯性。这不仅降低了思想政治教育在培养学生深刻思维和社会理解力方面的有效性，也使得教育者难以通过系统性的教学内容与学生进行有效的思想对话与交流，对思想政治教育的深度理解和思维培养带来了巨大挑战。

3. 网络文化中的社交媒体

社交媒体的强互动性和高效传播能力对思想政治教育构成了挑战，这主要体现在内容的娱乐化和价值观的多样性上。社交媒体平台上的信息传播往往以吸引眼球为目的，许多内容倾向于娱乐化，注重轻松、幽默和感官刺激，缺乏严肃性和思想深度。对于学生而言，他们在社交媒体上接触到的多是简短、快节奏的信息，这些信息强调即时的娱乐效果而非深刻的思想启迪。在这种环境中，学生更倾向于接受那些容易理解、快速消费的信息，而对于需要深入思考和理论探讨的思想政治教育内容则缺乏足够的兴趣和耐心。这种趋势直接削弱了思想政治教育的影响力，学生在社交媒体上形成的思维习惯逐渐影响到他们在学习中的表现，使得系统的理论学习和价值内化变得更加困难。

社交媒体上的一些内容可能对学生的价值观产生潜在的负面影响。为博取流量和关注，部分自媒体账号和网络红人传播拜金主义、享乐主义、个人至上等不良思想，这些内容在社交媒体上往往更具吸引力，并在潜移默化中对学生的价值观产生消极影响。面对这些负面内容，学生在缺乏辨别能力的情况下，容易被误导，形成错误的人生观和世界观，逐渐淡化社会责任感和集体意识。这种情况对思想政治教育造成了极大挑战，因为思想政治教育的目标是帮助学生树立正确的价值观、责任感和对社会的认同感，而社交媒体上充斥的负面内容则在不断阻碍这一目标的实现。不良思想通过社交媒体广泛传播，增加了思想政治教育在帮助学生确立积极健康的思想意识方面的难度，使得学生难以在复杂多变的舆论环境中保持理性和正确的价值判断。

4. 网络文化的匿名性

网络文化的匿名性特征为思想政治教育带来了新的挑战，这一特性导致人们在表达观点时往往缺少责任意识，随意发布各种信息，导致网络环境充斥着极端、偏激甚至违法的言论。对于学生而言，由于他们正处于价值观和世界观的形成阶段，面对匿名环境下的混乱信息，往往缺乏足够的判断力和辨别力。学生在这种环境中容易受到不良信息的影响，被错误的言论所误导，逐渐形成对社会和他人的偏见。匿名性这种缺乏责任意识的言论自由，使得网络空间充斥着大量低质量、非建设性的讨论内容，直接削弱了思想政治教育在培养学生理性判断和建设性思维方面的有效性。

匿名性还助长了网络暴力和虚假信息的泛滥，对学生的心理和价值观产生进一步的负面影响。由于不必承担身份暴露的后果，部分网民在网络上肆意发表攻击性和侮辱性的言论，这些网络暴力行为对学生的心理健康和自我认同造成潜在威胁。学生可能因为匿名网络环境中的负面言论而形成对自己和他人不合理的认知，进而影响他们的人际关系和社会认同感。同时，匿名性使得虚假信息更易传播，这些信息往往混杂在大量真实信息之中，难以区分，给学生判断真伪带来困扰，进一步加剧了信息辨别的难度。在这样的网络环境下，思想政治教育面临的挑战不仅是帮助学生形成正确的价值观和理性思维，还要引导他们在复杂的匿名网络环境中保持对信息的独立判断力和责任意识。

（三）思想政治教育应对网络文化挑战的路径

1. 强化思想政治教育内容的网络化传播

为了效应对网络文化的挑战，思想政治教育必须适应网络传播的特性，主动将教育内容融入网络空间。教育者可以通过搭建符合学生使用习惯的网络平台，将思想政治教育的内容以学生乐于接受的方式呈现，使教育内容更加贴近学生的日常生活。教育者还可以利用社交媒体、短视频平台等新兴媒介，以生动、形象的方式传播思想政治理论，吸引学生的关注和兴趣。同时，还应开发和建设优质的在线思想政治教育资源，提升教育内容的权威性和吸引力，帮助学生在获取网络信息时能够接触到更多正向、深刻的思想教育内容。

为了增强网络化传播的效果，还可以通过互动性的教育模式来提高学生的参与度。通过网络直播、在线讨论、虚拟课堂等方式，学生能够与教育者进行实时互动，这有助于增加他们对思想政治理论的理解和内化。通过结合网络文化中学生喜欢的互动元素，思想政治教育可以有效打破单向灌输的模式，形成更加开放和交流性强的教育方式，进而提升教育的实效性。

2. 增强网络素养教育，培养学生的批判性思维

在网络文化中，信息的海量和多样性使得学生面临巨大的信息辨别压力，因此思想政治教育应加强学生的网络素养教育，帮助他们在纷繁复杂的信息中保持独立的判断力和批判性思维。网络素养教育不仅要让学生具备信息检索和技术操作的能力，更重要的是引导学生学会评估信息的真实性和可靠性，抵制虚假信息和偏激观点的影响。通过分析信息源和审视内容逻辑，培养学生对网络信息的批判性视角，帮助他们在信息繁杂的网络环境中辨别是非，形成理性、健康的思想观念。

此外，思想政治教育还应注重引导学生建立对社会和世界的整体性认识。在信息碎片化的网络环境中，学生的认知往往是零散的，缺乏系统性和深度。通过开展专题学习、案例分析等方式，教育者可以帮助学生从具体的事件中总结出普遍的社会规律，提升他们对复杂社会现象的整体认知能力，从而在多样化的网络信息中保持正确的方向。

3. 提升思想政治教育内容的吸引力与趣味性

网络文化中充满了娱乐性和趣味性的内容，思想政治教育若想在这种环境中有效传播，必须提高其自身的吸引力和趣味性。通过创新教育形式，利用故事化、情景化的手段，将深刻的思想理论转化为学生能够理解和共鸣的具体情境，能够使教育内容变得更加生动、有趣。例如，可以通过制作短视频、动画、漫画等形式来传播思想政治教育的核心思想，让教育内容更符合网络文化的表达方式，降低学生对严肃理论的抵触心理，从而引导他们主动参与学习。

思想政治教育还可以结合学生的兴趣爱好和日常生活，通过选择贴近现实的教育主题激发学生的学习热情。例如，结合当下的社会热点问题进行讨论，通过网络问卷、互动游戏等方式让学生表达自己的观点和进行思考，增强他们对教育内容的代入感和参与感。只有当教育内容能够与学生的生活体验紧密相连时，才能更好地引发他们的共鸣，增强思想政治教育的影响力。

4. 构建多层次的网络法治与道德教育

面对网络文化中的匿名性和自由度带来的挑战，思想政治教育应当注重网络法治教育与道德教育的结合，引导学生树立网络行为的法律意识和道德规范。网络空间中的匿名性常常使学生忽视了自身言行的责任，甚至参与到网络暴力、传播不良信息等行为中。为此，思想政治教育需要系统性地向学生普及网络法律法规，明确指出网络并非法外之地，任何人在网络上的言行都应受到法律约束。同时，通过分析典型案例，让学生意识到不负责任的网络行为可能带来的法律后果和社会影响，帮助他们在网络活动中自觉遵守法律规范。

网络道德教育同样是思想政治教育的重要组成部分。在网络空间中，学生的行为不仅要符合法律要求，还要符合道德规范。思想政治教育应弘扬网络道德，引导学生在网络中践行文明礼貌、尊重他人、理性表达等道德要求，树立网络空间的责任感和正义感。通过开展网络道德主题的讨论和教育活动，帮助学生认识到网络行为的道德意义，促使他们形成良好的网络行为习惯，为营造健康、和谐的网络环境作出积极贡献。

5. 建立网络与现实相结合的教育体系

面对网络文化的挑战，思想政治教育还应注重线上与线下教育的有机结合，构建一体化的教育体系。在网络环境中，学生更容易通过线上平台获取信息，但思想政治教育的深度理解和内化往往需要在线下进行深入探讨和反思。因此，线上与线下的结合可以发挥各自的优势，线上教育注重信息的广泛传播和即时互动，线下教育则注重深度讨论和思想内化的过程。

采用线上线下相结合的方式，思想政治教育可以形成更加立体的教育模式。例如，可以在线上发布教育视频和文章，引导学生了解基本理论知识，然后通过线下课堂的讨论和辩论等形式帮助学生深入理解这些知识。此外，还可以在网络上开展主题活动，激发学生的兴趣，并在线下组织实践活动，使他们将所学的思想理论运用于实际生活中，从而增强理论与实践的结合，提升思想政治教育的有效性。

6. 加强教育者网络媒介素养，提升教育效果

思想政治教育应对网络文化挑战的关键还在于教育者自身的能力提升。教育者需要具备一定的网络媒介素养，了解网络文化的特点和学生的使用习惯，才能更好地与学生沟通，增强教育的针对性和实效性。教育者不仅需要掌握网络平台的使用技巧，还需要对网络上的流行文化和热门话题有深入的理解，这样才能有效地将思想政治教育内容融入学生关注的话题中去，吸引他们的兴趣。

教育者还应通过自身的网络行为为学生树立榜样，展现出积极向上的网络形象和理性表达的态度。通过在网络空间中积极参与正面讨论，传播正能量内容，教育者可以在潜移默化中影响学生的网络行为和价值观念，形成积极健康的网络文化氛围，从而更好地开展思想政治教育工作。

7. 利用大数据技术进行精准教育

网络时代的大数据技术为思想政治教育提供了新的可能性。通过大数据

分析，教育者可以更准确地了解学生的兴趣爱好、网络使用习惯以及他们在网络上的行为特征，从而实现精准化教育。思想政治教育可以利用这些数据对学生的思想动态进行分析，了解他们在不同阶段的思想倾向和兴趣热点，进而有针对性地调整教育内容和方式，以提高教育的针对性和实效性。

大数据技术还可以用于监测学生在网络上的学习参与情况和互动情况，帮助教育者及时发现学生在思想上的困惑和问题，提供个性化的指导和帮助。借助技术手段，思想政治教育能够更有效地在网络环境中实现对学生思想动态的实时把握，做到有的放矢，提升教育的实际效果。

第三节 思想政治教育质量提升

一、建立科学的评价体系

思想政治教育质量提升的关键在于建立科学的评价体系。这一体系的构建需要全面、多维度的评价标准来衡量教育效果，以确保思想政治教育的各项目标得以实现。评价体系不仅是检验教育结果的工具，更是指导教育过程、优化教育资源配置的重要依据。

（一）明确思想认识水平的衡量指标

思想认识水平是思想政治教育中关键的评价内容之一。通过评价学生的政治认同、价值观念、道德判断等方面，我们可以了解他们在思想政治教育中的内化程度。衡量思想认识水平需要考虑学生对国家方针政策、社会责任感的理解程度，以及他们在面对社会热点问题时的分析能力和态度倾向。这些指标有助于教育工作者了解学生是否具备正确的政治意识和社会责任感。为了科学衡量思想认识水平，可以设计情境性问卷、开展主题讨论、组织辩论赛等活动，以检验学生对具体社会现象的认知、态度及价值判断。这种多样化的评价方法不仅能测量学生的思想认识水平，还能激发他们的思考，促进思想的深化。

（二）理论掌握程度的综合评价

理论掌握程度的高低直接影响学生思想政治素养的深度与广度。思想政治理论的学习要求学生不仅要掌握基本概念，还要理解这些理论背后的逻辑关系，以及它们在现实社会中的应用。因此，评价理论掌握程度需要综合考虑学生的记忆能力、理解能力和理论联系实际的能力。可以通过定期的知识测试、课后作业、论文写作等方式，全面评估学生对理论知识的掌握情况。此外，还应通过结合案例分析、理论应用等实践性考核，检测学生能否将学到的理论知识灵活运用于社会生活中。这不仅考量学生对理论的掌握，也是检验教育效果的有效手段。

（三）实践参与情况的客观衡量

实践参与情况是衡量思想政治教育成效的一个重要维度。通过实践活动，学生能在真实的社会环境中体会理论的实际意义。为了更好地评价实践参与情况，应综合考虑学生参与的深度、广度和效果。深度是指学生在实践活动中的投入程度，广度是指参与活动的类型和领域的多样性，效果则体现在学生通过实践所获得的体验和成长。实践参与评价的有效性可以通过观察记录、参与者自我报告、同伴和教师的反馈等方式来完成。例如，学生参与志愿服务活动的时间长短、具体任务完成的情况，以及在活动中的主动性、合作精神等，都是衡量实践参与的有力指标。同时，学生在实践活动后的反思与总结，也是评估其思想政治教育成果的重要依据。

（四）评价标准的动态调整机制

思想政治教育的评价体系不能一成不变，应根据社会发展、学生需求以及教育目标的变化而不断调整。科学的评价体系必须具备灵活性和开放性，能够适应新的教育内容和方法的变化。因此，建立动态调整机制显得尤为重要。这种动态调整机制可以通过定期的收集与分析数据，结合学生的反馈和教育效果评估，来不断优化评价标准。例如，随着网络文化和新媒体对学生思想的影响不断加深，评价体系也应逐步纳入对学生媒介素养的考量，以衡量他们在复杂信息环境中的判断能力和思辨能力。动态调整机制的建立不仅能确保评价体系的科学性，还能为思想政治教育提供有针对性的指导建议。

（五）评价过程的全面性与公平性

科学的评价体系需要确保评价过程的全面性与公平性。全面性要求评价应涵盖思想政治教育的各个方面，既包括思想认识、理论掌握，也包括实践参与、道德素养，全面反映学生在思想政治教育中的进步与不足。公平性则要求在评价过程中消除偏见，确保每个学生都能得到公正的评价。为了实现这一目标，可以采用多元化的评价主体，包括教师、学生自己以及同学之间的相互评价。这样不仅能减少单一评价主体可能带来的局限性，还能通过多角度的反馈提升评价的客观性。此外，在评价过程中，必须尊重学生的个体差异，给予他们充分展示自己成长与进步的机会。

（六）数据驱动的评价结果应用

科学的评价体系不仅是对思想政治教育效果的静态描述，更是改进教育内容和方法的重要依据。通过将评价结果与数据分析相结合，教育者可以获得科学的决策支持，从而提高思想政治教育的针对性与实效性。例如，通过对学生思想认识水平、理论掌握程度和实践参与情况的数据进行分析，可以发现教育过程中的薄弱环节，进而采取有针对性的改进措施。如果评价结果显示某些学生在理论掌握上存在困难，可以加强针对性的辅导和小组讨论，帮助他们更好地理解相关知识。如果发现学生在实践活动中的参与积极性不足，可以优化实践活动的设计，使之更符合学生的兴趣和需求。通过应用数据驱动的评价结果，能够有效提升思想政治教育的质量，并促进学生的全面发展。

（七）建立评价反馈与改进机制

评价的最终目的在于促进教育质量的提升。因此，建立科学的反馈与改进机制至关重要。对评价结果进行分析并及时将反馈信息传递给学生和教师，有助于他们了解自身的优点与不足，从而明确改进的方向。评价反馈的方式可以是面对面的沟通，也可以是通过书面报告、评价表格等形式进行。教师在与学生进行反馈交流时，应注重启发性和引导性，帮助学生认识到自身的问题，并提出改进的建议。此外，评价结果也应作为教师改进教学方法和内容的重要依据，使思想政治教育能够更加符合学生的实际需求。

（八）建立激励机制促进学生发展

科学的评价体系还应当具备激励功能，通过对学生思想政治教育成果进行客观评价，激发他们的学习热情和进取精神。在评价过程中，应注重表彰和鼓励学生在思想认识、理论掌握、实践活动中的进步与成就，使他们感受到自身努力的意义和价值。激励机制可以通过颁发荣誉证书、组织经验分享会等形式建立，促进学生之间相互学习、相互激励。此外，还可以设立思想政治教育的专项奖项，表彰在思想政治学习和实践中表现突出的学生，以激发更多学生的积极性和创造性。激励机制的科学运用，有助于形成良好的学习氛围，推动思想政治教育质量的不断提升。

二、完善教育内容与方法

提升思想政治教育质量需要不断完善教育内容与方法，确保教育内容既反映时代精神，又满足社会需要，同时贴近学生生活。教育方法应灵活多样，采用创新的教学手段以更好地激发学生的兴趣和提高他们的参与度。

（一）教育内容的动态更新

思想政治教育的内容必须紧跟社会的发展变化，反映当代的思想热点和社会议题。随着社会的发展，学生面临的环境和挑战也在不断变化，教育内容必须能够回应这些变化，以增强教育的针对性和现实性。为了确保教育内容的与时俱进，可以定期对教学大纲进行修订，将国家政策、社会热点以及新科技的影响纳入教育内容中，使学生能够在思想政治教育中获得最新的知识和理念。例如，可以将生态文明建设、社会公正、人工智能等主题引入课堂，通过讨论这些与学生生活密切相关的实际问题来深化他们的理解。这样不仅能够增强教育的时代感，还能够使学生更加主动地思考和参与到社会发展中。

（二）多样化的教育方法

为了提升思想政治教育质量，我们需要采用多样化的教育方法来适应不同学生的学习需求和兴趣爱好。传统的灌输式教育往往难以激发学生的主动性，教师应探索包括启发式、讨论式、参与式在内的多种教学方法，使学生能够在课堂上更好地发挥主观能动性。如通过启发式教学，教师可以提出开放性问题，引导学生进行独立思考和探索；讨论式教学则可以通过小组讨论、课堂辩论等形式，促进学生之间的思想交流和碰撞；参与式教学则可以通过情景模拟、角色扮演等活动，让学生在参与中体验和理解思想政治教育的内涵。多样化的教育方法能够使学生在学习过程中感受到更多的乐趣，从而增强他们的学习动力和积极性。

（三）情境化与生活化的教学设计

思想政治教育应注重将理论知识与学生的生活实际相结合，通过情境化和生活化的教学设计，使学生能够在具体的生活情境中理解和应用思想政治理论。情境化的教学可以通过案例分析、情景模拟等方式，让学生在特定的情境中运用所学的知识，从而加深对理论的理解。例如，在讨论社会公平与正义的问题时，可以结合现实生活中的具体案例，如社会保障制度的实施、公共资源的分配等，使学生通过案例分析来理解相关理论的实际意义。生活化的教学则可以通过将教学内容与学生的日常生活紧密联系，使他们在生活中找到理论的影子，从而增强思想政治教育的实效性。

（四）激发学生的主体意识

思想政治教育需要注重学生的主体地位，激发他们的主体意识，使其成为教育过程中的主动参与者而非被动接受者。教师应通过多种方式激发学生的好奇心和求知欲，鼓励他们在课堂上提出问题、表达观点、参与讨论。教师可以通过课堂提问、开放性课题研究等方式，让学生自主选择感兴趣的话题进行深入研究，并在课堂上分享自己的研究成果。这样不仅能够增强学生的主体意识，还能够使他们在学习过程中获得成就感，从而提高学习的积极性和主动性。

三、强化教师队伍建设

教师是思想政治教育的核心力量，强化教师队伍建设对于教育质量的提升至关重要。教师不仅是知识的传递者，更是学生思想的引导者和成长的陪伴者。提升教师的理论水平、教学能力以及对学生的引导能力，可以全面提高思想政治教育的质量，满足学生多样化的学习需求。

（一）提高教师理论素养

思想政治教育的有效性很大程度上依赖于教师扎实的理论功底和深厚的学科素养。教师需要全面掌握马克思主义理论体系、国家的基本政策和社会热点问题，以确保教学内容的科学性和权威性。提高教师的理论素养不仅有助于教学内容的准确传递，还能增强教师在课堂上的说服力和影响力。为了提升教师的理论素养，可以通过定期开展理论学习培训、组织专题研讨会、鼓励教师进修和参加学术交流等方式，使教师不断更新知识储备，紧跟时代发展。此外，还可以通过建立教师学术团队以加强教师之间的交流与合作，从而提升整体理论水平。

（二）加强教师的教学能力

教学能力是影响思想政治教育质量的关键因素。教师不仅需要掌握丰富的教学内容，还需要具备将理论知识生动、形象地呈现给学生的能力。教学能力的提升包括教学设计、课堂组织、教学方法的灵活运用以及与学生的互动等多个方面。教师可以通过观摩优秀教师的课堂教学、参加教学技能培训、进行教学反思等方式，不断提升自己的教学能力。例如，通过教学观摩，教师可以学习到不同的教学方法和课堂组织形式，从而丰富自己的教学手段。教学反思则有助于教师在每次教学后总结经验，发现问题并加以改进，以逐步提高教学质量。

（三）提升教师在网络文化环境中的适应能力

随着信息技术的迅猛发展，网络文化对学生的思想和行为产生了深远的影响。在这样的背景下，教师需要具备在网络文化环境中引导学生正确价值观的能力。提升教师在网络文化环境中的适应能力，不仅是应对新时代教育挑战的需要，也是推动思想政治教育创新的重要途径。为了实现这一目标，教师应积极学习和掌握信息技术，利用网络平台与学生进行有效互动，及时了解他们的思想动态。例如，教师可以通过建立班级社交媒体群组，发布思想政治教育相关内容，与学生进行线上讨论。还可以通过线上学习平台发布学习资源和任务，鼓励学生自主学习。通过这些方式，教师可以更加贴近学生的生活，增强思想政治教育的实效性。

（四）加强教师的教育情感与责任意识

思想政治教育不仅是知识的传授，更是情感的交流和价值观的引导。教师需要具备强烈的教育情感与责任意识，以真诚的态度关心和引导学生。教师对学生的关爱和责任感能够激发学生的信任和尊重，从而提高思想政治教育的感染力和影响力。教师应注重与学生建立良好的师生关系，关注学生的成长，理解他们的需求，激发学生的学习动力。例如，教师可以通过参与课外活动、进行个别谈话等方式，深入了解学生的思想和生活状况，给予他们必要的关怀和支持。教育情感与责任意识的培养，不仅有助于增强教师的教育影响力，还能够促进学生的思想成长和人格发展。

（五）培养教师的创新精神

思想政治教育需要不断创新，教师在教学过程中应具备创新精神，以适应学生的需求和社会的发展。教师的创新精神包括教学内容的创新、教学方法的创新以及教学形式的多样化。首先，在教学内容上，教师可以结合当前的社会热点问题，创新教学内容，使思想政治教育更加贴近学生的生活实际。其次，在教学方法上，教师可以探索利用新媒体技术、情境教学等多样化的手段，增强教学的趣味性和互动性。最后，在教学形式上，教师可以组织模拟法庭、角色扮演等活动，使学生在参与中体验和理解思想政治教育的内涵。通过培养教师的创新精神，思想政治教育可以变得更加生动、有趣，从而激发学生的学习兴趣和参与热情。

（六）建立教师的专业成长机制

教师的专业成长是思想政治教育质量提升的重要保障。建立系统的教师专业成长机制，可以为教师提供不断学习和提升的机会，促进他们在教育教学中的专业化发展。可以通过制定教师职业发展规划、设立专业发展基金、组织教师进修和培训等方式，支持教师的专业成长。例如，鼓励教师参加各类学术会议和培训课程，使他们能够获取最新的学科动态和教育理念。建立校内外的教师交流平台，促进教师之间的经验分享和相互学习。此外，还可以设立教师专业发展专项奖励，激励教师不断提升自身的教育教学能力。

四、加强实践教育环节

实践教育是思想政治教育质量提升的重要途径之一，通过组织社会实践、志愿服务等活动，让学生在实践中加深对理论的理解和认同。实践环节能够有效地将思想政治教育的理论内容转化为学生的实际行动，增强教育的实效性。

（一）社会实践活动的设计与实施

社会实践活动作为思想政治教育的关键环节，能够帮助学生将理论学习与实际生活紧密结合，从而更加深刻地理解思想政治理论的实际意义。在设计与实施实践活动的过程中，我们应注重活动的多样性和针对性，充分考虑学生的兴趣和社会热点，使学生能够在多样化的实践环境中体验、探索和成长。为此，学校和教师需要精心设计实践项目，将其与社会的实际需求以及学生的兴趣点相结合。例如，围绕环保议题，可以组织学生参与社区垃圾分类、河流污染治理等活动，让学生通过实际行动理解环境保护的重要性。此外，面对老龄化社会的现状，可以安排学生到养老院进行服务，陪伴老人，开展关怀活动，从而培养他们对老年群体的关爱之情和社会责任感。这样的活动不仅增强了学生的社会责任感，也使他们在实践中体会到思想政治教育中的爱与责任的内涵。

社会实践活动的有效性还在于其系统化的实施过程。教师应确保社会实践活动不只是单一的体验，而是涵盖设计、实施、反思等完整的学习过程。在实施阶段，教师需要为学生提供明确的活动目标和具体的任务分工，使每个学生在活动中都能找到自己的角色和责任。例如，在社区服务活动中，可以将学生分为宣传组、志愿服务组和调研组，各自承担不同的任务，以确保活动的有序进行和目标的实现。活动过程中，教师应扮演指导者的角色，帮助学生克服实践中的困难，鼓励他们主动发现和解决问题。实践活动结束后，反思环节尤为重要。可以通过撰写实践报告、组织反思讨论会等形式，引导学生总结在实践中的经验与不足，思考如何将实践中的收获运用于未来的学习和生活中。

此外，学校还可以通过成果展示活动，如实践成果汇报会、校园展览等，让学生展示他们在社会实践中的所学和所得，从而增强他们的成就感和自信心。这种系统化的实践教育过程，能够帮助学生在社会情境中逐步将理论内化为自己的思想观念，并将思想付诸实践，真正实现思想政治教育的目标。

（二）志愿服务的思想引领作用

志愿服务作为实践教育的重要组成部分，具有深刻的思想引领作用，能够有效培养学生的奉献精神和社会责任感。在志愿服务的过程中，学生通过直接为他人和社会提供帮助，体验社会运作中的多样性和复杂性，理解到个体行动对集体、对社会的积极影响。为了充分发挥志愿服务的思想引领作用，学校和教师应系统地规划和组织志愿活动。例如，学校可以与社区、福利机构、环境保护组织等建立长期合作，定期安排学生参与老人照护、社区卫生清洁、儿童辅导等志愿活动。这样的活动让学生从日常生活的小事做起，体会到帮助他人带来的满足感和社会价值。在这样的实践中学生可以深刻认识到，思想政治教育不仅是书本中的知识，更是对社会和他人关怀的实际行动。这种直接的情感体验能够帮助他们在实践中逐步将思想政治理论内化为自身的价值追求。

志愿服务不仅要注重学生在服务过程中的付出，更要通过系统的思想引导和反思环节，确保他们在志愿服务中真正获得思想上的成长。教师可以在志愿服务的不同阶段为学生提供相应的指导和支持。在志愿活动前，教师可以通过专题讲座或小组讨论形式引导学生理解志愿活动的意义和目标，使他们在参与前就具备明确的服务意识和社会责任感。在活动结束后，教师可以组织志愿者反思会，鼓励学生分享他们在服务过程中的感受和遇到的问题，并通过与同学和教师的交流，进一步深化对社会责任和奉献精神的理解。

此外，学校可以鼓励学生将志愿服务的经验写成心得体会，并通过班级、年级的展示活动向更多同学介绍他们的志愿经历，从而在全校范围内营造积极参与志愿服务的氛围。通过这一系列的具体举措，志愿服务不仅成为一种实践教育的形式，更成为思想政治教育的重要途径，让学生在奉献中感受到社会的温暖和价值，培养他们对社会的责任感和对他人的关怀，从而在思想和行动上得到全面的提升。

（三）实践反思与成果展示

实践教育的有效性不仅取决于学生的实际参与，还在于通过反思与总结来提升对实践经验的理解和内化。实践反思作为思想政治教育中的关键环节，是将实践与理论相结合的桥梁，可以帮助学生在活动中积累的感性经验上升为理性认识。为了促进这一过程，教师应在实践活动结束后引导学生进行深度反思，并撰写反思报告。具体来说，教师可以提出一些有助于学生深入思考的问题，如"在这次活动中，你遇到了哪些挑战？你是如何应对这些挑战的？"或"通过这次实践，你对社会责任感的理解有哪些变化？"等，引导学生从多个角度审视自己的实践过程和收获。

此外，教师还应为学生提供一些优秀的反思报告作为参考，帮助他们理解如何将个人体验与思想政治理论相结合，从而形成更加深刻和系统的认识。通过这一系列的反思活动，学生不仅可以总结自己的实践经验，还能在反思中进一步提升思想政治素养，深化对所学理论的理解和认同。

除了个体的反思，集体的成果展示和经验交流也是实践教育中不可或缺的环节。通过组织实践成果展示活动，如经验分享会、实践报告会、主题演讲等，学生能够将自己的实践体验以多样化的形式呈现给同学和教师，分享在实践中获得的体会与心得。具体的举措可以包括每个班级或年级定期举办实践经验分享会，鼓励学生以小组为单位展示他们在实践中的具体经历和成果，并在展示后进行开放式讨论，以激发更多学生参与讨论和反思的热情。教师在这些活动中应发挥引导作用，鼓励学生之间互相提问、交流，帮助他们在不同的实践体验中发现新的思考角度和理解深度。

此外，学校可以利用校园媒体平台，如广播、校园网站、微信公众号等，进行实践活动的成果展示，将学生的反思和优秀实践案例在更大范围内传播，增加他们的成就感和参与感。通过这种多样化的展示与交流，不仅增强了学生对实践活动的参与感和自豪感，还能让他们在集体学习中相互借鉴，进一步深化对思想政治理论的理解和应用。

实践反思与成果展示的有机结合，使实践教育真正成为一个完整的学习过程，有助于学生在实践与理论的交互中实现思想上的进步与升华。

（四）建立长效的实践教育机制

建立长效的实践教育机制对于提升思想政治教育的效果具有重要意义。实践教育不仅是课堂教学的补充，而应成为贯穿学生成长全过程的关键环节。为了实现这一目标，必须在实践教育的规划、实施、反馈和改进等各环节建立系统化的机制，以确保其长期有效性和持续改进性。

在规划阶段，学校应制定系统的实践教育方案，明确不同年级、不同阶段的实践活动内容和目标。例如，可以将实践活动与学生的学年安排相结合，制定每学期的实践活动主题，如"社会责任感培养""职业体验""社区服务"等，使每个阶段的实践活动都有明确的方向和任务。在活动实施过程中，应根据学生的实际需求和学校的条件灵活安排，例如组织社区志愿者活动、环保实践、企业参观等多样化的实践形式，确保所有学生都有机会参与并在不同的情境中获得实践体验。

为了建立实践教育的长效机制，反馈和改进环节也是不可或缺的一部分。每次实践活动结束后，应通过多种形式对活动效果进行评估，例如让学生撰写实践报告、进行小组讨论，或以问卷形式收集学生的反馈意见。教师应仔细分析这些反馈，了解学生在实践活动中的收获和遇到的困难，并根据反馈对未来的实践活动进行调整和优化。学校还可以通过定期举办座谈会，邀请学生、教师和家长共同讨论实践教育的实施情况和改进方向，确保实践教育的内容不断更新，形式不断丰富。此外，应建立与社会机构的长期合作机制，与社区、企业、公益组织等建立长期的合作关系，确保实践活动有稳定的支持和丰富的资源。

通过这些举措，实践教育不再是零散的、偶发的活动，而是成为贯穿学生整个学习过程的一部分，真正帮助他们在长期的社会体验中提升综合素质和思想觉悟，逐步实现思想政治教育的目标。长效的实践教育机制不仅为学生提供了多样化的成长路径，也为思想政治教育提供了一个持续改进、不断深化的实践平台，从而有效提升教育的质量和实效性。

五、注重学生个性化发展

思想政治教育质量提升还需要注重学生的个性化发展，根据学生的不同兴趣、能力和思想状况，提供有针对性的教育内容和指导，帮助他们在思想政治教育中获得个性化的成长体验。

（一）关注学生的个体需求

思想政治教育的有效性离不开对学生个体需求的关注。每个学生的兴趣、能力和思想状况各不相同，这意味着教育过程应具有高度的针对性和灵活性。教师应通过与学生的深入交流、问卷调查以及观察学生课堂表现等多种方式，全面了解学生的兴趣和关注点。这种了解不是简单的信息收集，而是对学生个性化成长需求的深刻洞察。例如，可以定期举办座谈会，让学生分享自己近期的兴趣和对社会事件的看法，教师通过倾听可以了解学生的心理变化和思想困惑，进而更好地调整教学内容。在课堂中，教师也应有意识地融入学生关心的话题，例如社会热点、校园生活、网络文化等，使思想政治教育的内容更符合学生的认知特点和兴趣倾向，从而增强学生的参与感和认同感。

除了在内容上关注学生的个体需求，教师还应在教育形式上进行创新，以更好地适应学生多样化的学习方式和心理需求。例如，对于那些喜欢通过实践学习的学生，可以组织社会实践活动，如参观社区公益机构或参加志愿服务，让他们在真实的情境中体验和思考思想政治教育的核心价值；对于喜欢阅读和思考的学生，可以推荐相关的书籍、文章，或鼓励他们撰写心得体会，帮助他们在个体思考中加深理解。同时，教师还应灵活运用现代化的教育手段，如在线互动、情景模拟等，使课堂变得更加生动和贴近学生的实际生活。

这些针对个体需求的调整和创新，不仅能激发学生的学习兴趣，还能帮助他们在思想政治教育中找到与自身生活的连接点，从而实现教育内容的内化和转化。通过关注和回应学生的个体需求，思想政治教育才能真正做到因材施教，推动每个学生在思想认识与人格发展上的全面成长。

（二）个性化的学习指导与支持

在思想政治教育中，提供个性化的学习指导与支持是确保每个学生获得最佳学习体验的重要手段。教师应根据学生的学习能力和理解水平，提供差异化的教学内容和方法，帮助他们在各自的节奏下逐步实现进步。为此，教师需要在教学设计中引入多层次的教学内容，针对不同学习能力的学生设置难易不同的学习任务。例如，对于理解能力较强的学生，可以提供更多的拓展材料和开放性问题，激发他们对社会与伦理问题的深入探讨，而对于基础较弱的学生，则可以采用循序渐进的方式，通过生动的案例和情境教学帮助他们加深对知识的理解。通过对教学内容的合理分层，学生能够在符合自身学习能力的层次中得到有效的引导与提升，从而增强学习的信心和积极性。

个性化的学习指导与支持还应包括在学习过程中对学生遇到困难时的及时帮助与指导。教师可以通过个别辅导、学习小组和一对一的沟通等方式，为学生提供有针对性的学习支持。例如，教师可以在课后时间安排个别辅导，解答学生在课堂上未能完全理解的问题，或者组织学习能力相近的学生组成学习小组，通过互相讨论与合作学习来共同克服困难。同时，教师应注重学生在思想政治学习中的情感体验，对那些在学习过程中表现出消极情绪或自信心不足的学生，教师可以通过积极的心理疏导与鼓励，帮助他们克服心理障碍。教师还可以利用现代技术手段，如在线学习平台、个性化学习 App 等，为学生提供灵活的学习资源和自测工具，帮助他们在自主学习中发现不足并及时改进。通过这些具体的举措，思想政治教育不再是单一的知识传递过程，而是涵盖个性化指导、情感支持与自我提升的综合性学习体验，真正帮助学生在学习过程中不断成长。

（三）创造多样化的成长体验

思想政治教育应注重为学生创造多样化的成长体验，使他们在多维度的学习与实践中获得全面发展。这种多样化的成长体验可以通过课外活动、社会实践和校内外交流等多种方式实现。例如，组织不同类型的课外活动，如志愿服务、校园公益活动、社团活动等，帮助学生在具体实践中理解社会责任与集体意识。这些活动不仅丰富了学生的校园生活，还让他们在实际参与中体验到思想政治教育的内容，增强对社会问题的认知与分析能力。社团活动、竞赛、讲座等各种形式的校园文化活动，也为学生提供了展示个性与特长的舞台，帮助他们在思想政治教育的过程中找到自我认同，增强自信心。

社会实践是思想政治教育多样化成长体验的重要组成部分，通过组织学生到社区、农村、企事业单位进行社会调研或劳动实践等方式，使他们在与社会各阶层的互动中获得更为真实的社会体验。例如，开展社区志愿者活动，鼓励学生在节假日走进社区，为老年人、儿童等需要帮助的人群提供服务，促使学生在服务他人的过程中感受到责任与爱心的价值。在校内外交流方面，可以与其他学校合作，组织跨校区的主题讨论会或演讲比赛，促进学生在与不同背景的同龄人交流中拓宽视野，理解多元化的文化和思想。通过这些具体举措，思想政治教育不再是单一、抽象的理论传授，而是转变为充满活力、富有成效的学习过程。学生能够在实际生活的方方面面中内化教育内容，从而在认知、情感和行为等方面获得全面而深刻的成长。

（四） 鼓励个性化的思想表达

思想政治教育的核心在于促进学生形成独立的价值判断和思考能力，而鼓励个性化的思想表达正是实现这一目标的有效途径。为此，教师应为学生提供一个开放、包容的讨论环境，通过多样化的教学形式激发他们的思想活力。具体来说，建立讨论课堂或辩论活动是一个重要举措，让学生针对某一社会热点问题或道德困境进行深入讨论，从不同角度表达个人看法，并在讨论中与他人进行思想碰撞。这种形式的活动，不仅能促使学生在参与中培养独立的逻辑推理能力，还能让他们学会尊重不同的声音，进而提升自身的认知水平与包容心。此外，教师应鼓励学生在课后以写作、绘画、短视频创作等多种媒介表达自己的思想，提供多样化的表达渠道，激发他们从不同的角度和方法去理解和表现所学内容。

在实际教育过程中，教师的引导与启发对于学生思想的不断完善至关重要。教师可以通过启发式提问的方式，在学生表达个人观点时帮助他们进行自我反思和观点拓展。例如，当学生在课堂上发表对某一社会现象的看法后，教师可以提出进一步的问题，引导他们从更深层次的角度进行思考，或是邀请其他同学对这一观点进行评论，促使学生在多方反馈中不断优化自己的思想表达。

同时，教师还可以通过个性化的反馈来帮助学生完善思想。对学生的发言或作品，教师应进行具体、建设性的点评，而不是一味地给予笼统的评价，这样的个性化反馈能够帮助学生找到自己思想中的优势与不足，并在此基础上进行自我改进。通过这一系列具体的举措，思想政治教育不仅成为学生知识的灌输过程，更是引导他们探索、表达与成长的过程，使得学生在自由与个性的氛围中不断丰富和深化自我思想。

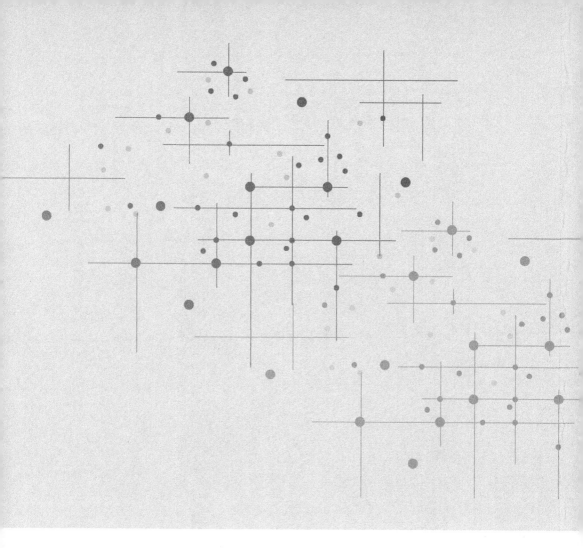

信息化时代
大学生思想政治教育的载体创新

第四章

第一节　大学生思想政治教育载体的内涵及发展

一、思想政治教育载体的基本内涵

思想政治教育载体的基本内涵在于其作为思想政治教育目标的实现途径，通过有效传递教育内容和深刻影响受众的思想观念，实现对大学生世界观、人生观和价值观的积极引导。载体的存在，使抽象的思想政治教育内容得以形象化、具体化，能够直观地呈现给受众。思想政治教育载体具有媒介性，它并不仅限于传统意义上的课堂和教材，还包括各种多媒体、网络平台、社会环境等，目的是最大限度地发挥思想政治教育的实效性。载体的选择与运用直接影响到教育内容的传递效果，因此需要结合不同的受众特点和教育目标，科学合理地进行设计和运用。教育载体通过创造和提供各种情境，将复杂的政治理论与生活实际紧密结合，使大学生能够更容易理解、感悟和内化教育内容，进而达到思想引导的目的。

二、思想政治教育载体的类型

思想政治教育载体类型的划分体现了教育实践在不同社会发展阶段的多样化需求。

（一）传统载体

传统载体是思想政治教育的重要基础，这些载体形式包括课堂讲授、教材、书籍、报纸、宣传栏等，通过语言、文本及静态图像的方式传递思想内容。课堂讲授是最直接的教育形式,通过教师的面对面讲解与师生互动,形成知识与情感的共鸣;教材和书籍作为系统化知识的载体,以其深度和逻辑性为大学生提供理论依据,帮助其理解和掌握马克思主义理论和社会主义核心价值观;报纸与宣传栏等媒介具备一定的时效性,它们通过对时事政策的阐释和宣传,及时引导大学生正确看待社会现象和事件,增强其政治敏感性与责任感。传统载体的优势在于结构的规范性、内容的权威性以及传播方式的稳定性,有利于建立系统的思想政治理论体系和培养学生的理论素养。然而,传统载体在形式上较为单一,学生多以被动接受的方式进行学习,缺乏自主探索与互动的空间,尤其是在信息量剧增、思想观念多元化的现代社会背景下,其传播力与吸引力显得相对不足。

(二)现代信息化载体

现代信息化载体是信息化时代思想政治教育的重要创新形式,其种类繁多,包括互联网、社交媒体、短视频平台等,具有传播快速、互动性强、覆盖面广等特点。这些载体的兴起,极大地丰富了思想政治教育的形式和方法。利用互联网这一工具,思想政治教育可以突破时间与空间的限制,将内容传播至更广泛的受众群体;社交媒体使思想政治教育的传递不再是单向的灌输,而是能够通过"点赞""评论""分享"等形式实现师生、生生之间的双向互动,极大地激发了学生的参与兴趣和增强他们的主体性,提升了教育内容的吸引力与感染力;短视频平台则通过生动、形象的呈现方式,将严肃的政治理论与生活实际结合,采用易于理解的语言与情境化的表达方式,使思想政治教育更加通俗化、趣味化和生活化,从而提升了教育的实效性。现代信息化载体在提供丰富教育资源的同时,也面临着内容真实性、教育引导力削弱等挑战。如何有效减少信息过载与低俗化内容对思想政治教育的负面影响,是信息化载体进一步发展的重要课题。

因此,现代信息化载体的运用需要与传统载体结合,以确保思想政治教育在具备现代化的传播优势的同时,也保持内容的严谨性和权威性,通过创新与融合,真正实现对大学生思想政治认同的深层次引导。

三、思想政治教育载体的功能

（一）信息传播功能

在信息化时代，思想政治教育通过多样的媒介向受众传递内容，以实现教育的广泛覆盖与精准传导。信息传播功能意味着载体是教育内容的媒介与通道，它通过不同的表现形式，如文字、图像、音频、视频等，将复杂的理论与抽象的政治内容转化为易于理解的信息，便于大学生理解和接受。例如，通过课堂讲授与教材这种传统载体，教育者能够系统性地将政治理论与核心价值观传递给学生，确保教育内容的权威性和逻辑性。而借助互联网、社交媒体、新闻网站等现代信息化载体，思想政治教育的信息传播突破了时间和空间的限制，增强了教育内容的即时性和互动性，使学生能够随时随地获取思想政治教育内容，满足他们的个性化学习需求。

通过信息的快速传播，思想政治教育能够有效应对社会热点问题与思想观念的变化，及时为大学生提供正确的认识与引导，有助于抵御错误思想和不良信息的影响，确保教育目标的实现。

（二）情感交流功能

情感交流是思想政治教育载体实现思想引导与共情的重要途径，载体通过图片、视频、互动等多种形式增强情感共鸣，激发学生对教育内容的情感认同。情感的共鸣是思想政治教育成功的重要基础，情感是思想观念内化的重要动力，只有当学生在情感上与教育内容产生共鸣时，他们才能从心底认同并自觉践行所学的思想政治内容。

通过多媒体、短视频、社交平台等载体，教育者可以用丰富的视觉和听觉刺激，直观地呈现思想政治教育的内容，将抽象的政治理论生活化、情境化。例如，在短视频平台上，通过情景再现、案例分享和生活故事讲述的方式，使学生能够感受到教育内容与自己生活的紧密关联，从而在情感上产生共鸣。社交平台的互动功能，如评论区的讨论、线上活动的参与等，为学生表达自己的情感和想法提供了空间，使他们可以与教师和同学进行互动，进一步深化情感认同。在这种互动过程中，学生不仅是内容的接受者，还是内容的参与者和建设者，情感交流与思维碰撞相结合，能够更好地促进思想政治教育内容的理解与内化。

（三）价值引导功能

价值引导是思想政治教育载体的核心目标，目的在于通过传递正确的价值观，引导大学生树立科学的世界观、人生观和价值观。载体的价值引导功能不仅体现在信息的传播上，更体现在如何影响和改变学生的价值判断和行为选择上。

思想政治教育通过载体对价值观念的长期渗透和潜移默化的影响，引导学生建立对国家、社会和个人的责任感与使命感。例如，教材与书籍能够为学生提供理论依据，通过系统的理论学习帮助学生深入理解社会主义核心价值观的深刻内涵。互联网和社交媒体平台则通过发布爱国主义教育视频、先进人物事迹等内容，潜移默化地影响学生的价值取向，激发其爱国情怀与社会责任感。在网络社区中，通过讨论热点社会事件并进行价值辨析，引导学生形成正确的判断，也是实现价值引导的重要方式。

价值引导的过程还需要不断强化学生对价值观的内化，这需要将理论与实践结合，通过社会实践、志愿活动等方式，把思想政治教育的内容从课堂内延伸到课堂外，从理论认知落实到实际行动，最终引导大学生成为具备正确价值观念和社会责任感的新时代青年。

四、信息化时代对思想政治教育载体的影响

在信息化时代，思想政治教育载体面临着新的发展机遇和挑战。

（一）信息传播的速度和广度

信息化载体的普及使得思想政治教育的信息传播变得更加迅捷和灵活。利用互联网、社交媒体、在线平台等工具，思想政治教育的内容能够在最短

时间内覆盖到广大学生群体，打破了传统课堂在时间和空间上的限制。社会热点事件、政策解读、重要讲话等信息能够在短时间内传播迅速到学生的视野中，这种实时性使教育者能够及时地将时事与理论相结合，增强教育的针对性和敏感性。例如，社会中的重要政治活动或突发事件，能够通过短视频、社交媒体推送等形式迅速传播到学生手中，这为思想政治教育提供了与现实紧密结合的契机，使学生能够在社会实际情境中感受到思想政治教育的意义和价值。教育者通过各种即时通信工具与学生保持沟通，能迅速了解学生对时事的态度与疑问，从而有针对性地开展教育工作，帮助学生形成正确的判断和认识。

信息化载体不仅提升了思想政治教育的时效性，也极大地拓宽了其覆盖面。现代网络技术的应用使得思想政治教育可以超越校园的边界，进入社会的各个角落，甚至覆盖全球范围内的华人和留学生群体。通过在线课程、公开讲座、网络直播等形式，学生可以随时随地获取教育资源，不受时间和场所的限制，这种开放式的教育方式让更多的人有机会参与思想政治教育，提高了教育的普及度和影响力。

广泛的覆盖面也为教育内容的多样化提供了可能。通过不同的网络渠道，教育内容可以根据受众的需求进行灵活调整和个性化呈现，以增强其吸引力和针对性。这种高速度和广覆盖的传播方式使思想政治教育的内容得以无缝地融入学生的日常生活，从而潜移默化地影响学生的思想和行为，推动其内化社会主义核心价值观与正确的政治信念，真正实现思想政治教育"润物细无声"的效果。

（二）信息来源的复杂性

信息化时代的到来使得网络上信息的来源变得极为复杂，思想政治教育不得不面对来自不同平台和渠道的大量信息。这些信息具有多样性、碎片化的特点，不同的立场和观点频繁交织，其中夹杂着虚假信息、偏激言论和消极内容，这些情况对思想政治教育的权威性和可信度带来了挑战。学生在互联网中接触到的信息并不总是可靠的，如果不加辨别地接受和吸收可能导致他们的思想受到不良影响，甚至产生错误的价值判断。虚假信息的广泛传播使得思想政治教育必须强化内容审核机制，确保传递的信息具备科学性和正向价值，从而在复杂的信息环境中保持其教育内容的公信力和影响力。为此，思想政治教育的载体需要更加严谨地审查和筛选内容，通过准确的信息源来保证教育内容的权威性，减少不实信息对学生思想的负面干扰。

面对复杂的网络信息来源，思想政治教育的一个重点是培养学生的批判性思维能力和媒介素养。信息的泛滥让学生在面对多元立场与观点时，可能会感到迷惑甚至误导，这对他们的判断能力提出了严峻考验。通过加强对学生的媒介素养教育，可以帮助他们提升甄别信息真伪的能力，正确理解和分析不同信息背后的立场与目的，从而在多元化的信息环境中保持清醒的认知和理性的态度。同时，思想政治教育应积极引导学生通过科学的方式来获取信息，鼓励他们使用权威的、可信度高的信息源，使其具备选择性获取有效信息的能力，进而形成独立判断和分析的思维习惯。在这一过程中，教育者需成为学生的引导者，帮助他们树立正确的价值观念和理性思考的能力，确保在自由言论和多元文化的冲击下，学生能够保持坚定的政治立场和清晰的认知方向，真正做到不被错误信息所左右。

（三）教育方式的多样化

信息化技术的发展使得思想政治教育的方式从传统的课堂教学向多样化和灵活性模式大幅度转变，如今，虚拟课堂、在线学习、互动式教育等形式逐渐成为教育的重要组成部分。虚拟课堂通过在线平台，使学生不再受限于实体课堂的时间和空间，能够随时随地进行学习，并且能够在课堂中实时参与讨论和交流，极大地提高了教育的灵活性与效率。在虚拟课堂中，学生可以直接参与教师的实时讲解，并通过视频、讨论区等方式与同学互动，促进了思想碰撞和理解深化。同时，在线学习平台为学生提供了自主选择学习时间、内容和进度的机会，极大地满足了个性化学习的需求。学生能够根据自己的兴趣点深入探索思想政治理论内容，使得学习过程更具主动性和针对性。这种灵活的学习方式，增强了思想政治教育的吸引力，有助于让学生在自主学习中形成更为深刻的思想认同和理论理解。

互动式教育模式通过引入多样的教学手段，将学生从传统的被动接受者转变为教育过程的主体，极大地增强了思想政治教育的趣味性和实效性。通过案例分析、角色扮演、网络辩论等方式，学生不再仅是理论的接受者，而是成为教育过程的积极参与者。在角色扮演中，学生可以通过扮演不同的角色，体验和理解思想政治教育中的抽象概念，从而在模拟情境中获得深刻的感性认知。网络辩论则提供了一个开放的平台，使学生能够就热点问题表达自己的观点，并与同学展开辩论。这种参与性的讨论不仅有助于学生提升语言表达和思辨能力，而且能够通过多角度的探讨，深化他们对思想政治教育内容的理解和认同。

这种教育方式打破了传统课堂单向灌输模式，促进了师生之间、学生之间的双向互动，使思想政治教育成为一个不断激发思考与自我探索的过程，从而推动学生将理论认识转化为实际行动，实现知行合一，提升思想政治教育的综合效果。

第二节　大学生思想政治教育载体 发展与创新的必要性

一、信息化时代思想政治教育面临的挑战

（一）信息传播的迅速性与多样性

信息技术的迅猛发展，使得信息传播速度显著加快，内容形式也愈加多样化。学生在日常生活中接触到的信息来源不再局限于传统媒体，如教材和讲座，而是广泛来源于社交媒体、视频平台和在线论坛等新兴媒体。但是，这种信息的快速传播使得教育者难以把控信息的质量，尤其是在思想政治教育中，权威性的教育内容往往与大量的虚假信息和偏激言论并存。这种现象不仅影响了教育内容的权威性，也对学生的判断能力提出了更高的要求。

（二）信息内容的复杂性

面对海量的信息，学生需要具备较强的信息筛选和分析能力。目前很多

学生尚未掌握必要的媒介素养，难以辨别信息的真伪。在信息来源多元化的背景下，虚假信息和极端言论频繁涌现，这不仅增加了学生的认知负担，而且可能导致他们形成错误的价值观和人生观。在这样的环境中，思想政治教育面临着如何有效引导学生进行正确价值判断的重大挑战。

（三）学生认知的多元化与复杂性

在信息化时代，大学生生活在一个多元文化交织的环境中，接触到不同的思想和观念。在这样的背景下，学生的思想和价值观变得愈加多样化，部分学生可能会受到错误信息和极端观点的影响，可能导致他们对社会现实产生误解。思想政治教育必须在这种多元化的环境中发挥引导作用，帮助学生树立科学、合理的世界观和人生观，以应对社会的复杂性和变化性。

（四）学生自主学习能力的不足

在信息化时代，学生获取知识的途径变得更加自主和灵活。然而，许多学生在面对丰富的学习资源时，往往缺乏自我管理和主动学习的能力。他们可能会因为信息的丰富性而感到困惑，难以确定学习的重点和方向。这种情况要求思想政治教育不仅要传授知识，更要培养学生的自主学习能力，帮助他们学会如何合理利用各种信息资源，养成自主学习的习惯。

（五）教育内容与实际生活的脱节

传统的思想政治教育往往存在与学生实际生活脱节的问题，教学内容未必能够真正引起学生的共鸣。在信息化时代，教育内容需要与学生的生活、社会热点和实际需求紧密结合。然而，很多时候，教育者在课程设计中未能充分考虑学生的兴趣和需求，导致教育效果不佳。因此，创新教育载体、更新教育内容，使其更具时代性和针对性，成为应对这一挑战的必然选择。

（六）引导学生形成正确价值观的紧迫性

思想政治教育在信息化时代的一个重要任务是帮助学生树立正确的价值观。在信息高度发达的环境中，学生面临的选择和诱惑日益增多，因此思想政治教育需要及时引导学生正确认识社会现实，帮助他们做出正确的价值判断。这不仅要求教育者具备深厚的理论功底，还需要他们在教育过程中展现出敏锐的社会洞察力，以便及时捕捉社会变化和学生心理的变化，从而灵活调整教育策略。

（七）社会热点事件的影响

社会热点事件的迅速传播，使思想政治教育的任务变得愈加复杂。当一些重要事件发生时，相关信息可能迅速在网络上传播，形成舆论热潮。在这一过程中，教育者需要及时介入，引导学生对事件进行客观分析，避免学生被误导，形成片面和极端的看法。教育者应当紧密把握社会热点，结合教育内容，引导学生在分析事件的同时，思考其背后的价值观和伦理问题，从而促进他们的全面发展。

二、传统载体的局限性

（一）单向传播模式的局限性

传统的思想政治教育载体主要依赖课堂讲授、教材和宣传栏等形式，这些载体通常采用单向传播的模式。在这种模式下，教师作为信息的主要传递者，学生通常处于被动接受信息的状态。这种教育方式虽然能够传达基础知识，但很难调动学生的积极性和参与感。教育过程中，学生的反馈和参与常常被忽视，导致教育内容的掌握程度和理解度较低。因此，学生往往感到枯燥，缺乏学习的动力和兴趣。缺乏互动和参与感，使得思想政治教育在吸引学生注意力和引导思维方面的效果大打折扣。传统教育载体未能有效营造生动活泼的学习氛围，教育的实效性从而受到严重影响。

（二）信息传播速度与范围的局限

在信息化时代，信息传播的速度和范围呈现出飞速发展的趋势。传统的思想政治教育载体在面对这种变化时显得相对滞后。课堂讲授和纸质教材的传播速度较慢，信息更新不够及时，难以迅速反映社会热点和时事变化。而现代学生生活在信息技术高度发达的环境中，他们习惯于快速获取信息，期望在第一时间接触到最新的内容和观点。当思想政治教育无法跟上这一节奏时，学生对教育内容的关注度和重视度将会下降。此外，传统载体的地理限制使得教育内容只能在特定的校园范围内传播，无法实现更广泛的影响力，这限制了思想政治教育的普及性和覆盖面。

（三）内容呈现的单一性

传统的思想政治教育载体在内容呈现上缺乏多样性和创新性，往往只通过文字、图片或单一的讲授形式传达教育信息。这样的单一化内容难以激发学生的学习兴趣，尤其是在当今多媒体技术日益普及的背景下。学生希望通过更加生动、有趣的方式获取知识，而传统载体的内容缺乏吸引力和互动性，无法满足这一需求。比如，课堂上的讲授可能包括大量的理论知识，但缺乏生动的实例和现实案例，使得学生难以理解理论与实际的联系。这种缺乏多样性的呈现方式导致学生对思想政治教育内容的理解和认同感下降，进而影响教育效果。

（四）教育反馈机制的不足

课堂上，学生通常处于被动接受知识的状态，这使得教师难以实时了解学生对教学内容的理解程度。这种信息的滞后使得教师无法针对学生的学习困难和疑惑进行及时调整和帮助，导致教学效果的低下。传统的考试和测评手段通常依赖于期末考试或定期测评，这些方式往往无法全面评估学生对思想政治教育内容的理解和吸收，可能导致部分学生的真实水平被掩盖，进而影响整体教学效果。

此外，缺乏有效的反馈机制也限制了教育者对教学内容的优化与更新，使得课程设置和教学方法难以适应不断变化的社会需求和学生的实际情况。缺乏有效反馈，不仅降低了教育的针对性，也妨碍了教师在教学过程中的反思与改进，从而进一步限制了思想政治教育的效果与发展。

（五）适应性不足

传统思想政治教育载体在适应性上显著不足，主要体现在对学生个性化需求的忽视。每位学生的学习风格、兴趣、背景和知识基础各不相同，但传统教育模式往往采取统一的教学方法，使用统一的教材和授课形式，难以满足学生的个体差异。这种单一化的教育方式使得部分学生在学习过程中感到困难，尤其是那些对传统教学模式不适应的学生，可能会因缺乏兴趣而失去学习的动力。教育者未能充分利用学生的兴趣和学习特点，导致教学内容和方法难以激发他们的内在积极性。在现代教育理念日益强调个性化和差异化的背景下，思想政治教育的传统载体显得愈加不合时宜。缺乏灵活性和适应性的教育模式限制了教育效果的提升和学生的全面发展，无法有效促进学生对思想政治理论的理解与内化。因此，进行载体创新、调整教学策略，以适应学生的多样化需求，是当前思想政治教育亟待解决的重要问题。

三、大学生思想政治教育载体创新的紧迫性

在信息化背景下，大学生的生活方式和学习习惯发生了根本性变化。社交媒体和互联网的普及使得学生接触到的信息呈现出多元化和即时性的特点，这使得传统的思想政治教育方式越来越不适应这种转变。课堂讲授和纸质教材的局限性，使得教育内容的传播速度和形式无法满足现代学生的需求。年青一代倾向于通过互动、参与和体验的方式来获取知识，因此，传统的单向教育模式难以激发他们的兴趣和主动性。为了增强思想政治教育的吸引力，必须对教育载体进行创新和升级，采用更具互动性和灵活性的方式，使学生能够在多样的学习场景中主动参与，从而提升教育的效果。

载体创新不仅是满足学生学习需求的必要手段，也是增强思想政治教育适应性的关键。通过引入在线课程、互动式学习和移动应用等新形式，可以有效提升教育内容的可达性和易用性。这些新载体能够打破时间和空间的限制，使学生在任何地点、任何时间都能接触到相关的思想政治教育内容。在线课程的灵活性允许学生根据个人的学习进度和兴趣进行选择，而互动式学习则通过讨论、角色扮演和团队合作等方式，增强了学生的参与感和实践能力。这种多样化的教育形式不仅提升了学生的学习积极性，还有助于他们在参与中深化对思想政治教育内容的理解，增强知识的内化。

在全球化和多元文化的冲击下，思想政治教育的载体创新显得尤为重要。现代社会充满了不同的价值观和文化背景，这使得大学生在获取信息时容易受到各种影响。在这种情况下，创新的教育载体可以有效引导学生进行合理的价值判断，培养他们的批判性思维能力。通过设计与多元文化相关的课程和活动，教育者能够帮助学生更好地理解不同文化之间的差异和共通之处，促使他们形成开放、包容的态度。这种教育形式不仅可以增强学生对思想政治教育内容的认同感，还能激励他们在面对复杂社会问题时进行独立思考，从而推动他们在思想上形成更为成熟的世界观和价值观。

第三节　大学生思想政治教育载体发展与创新

一、信息化背景下思想政治教育载体的创新方向

（一）数字化平台的应用

在信息化背景下，数字化平台的应用为思想政治教育的载体创新带来了深远影响。这些在线学习平台不仅提供了系统化的教育内容，还通过多样化的呈现形式满足学生的个性化需求。学生可以根据自身兴趣和学习节奏，自主选择课程，灵活安排学习时间，打破了传统课堂的时空限制。平台的设计通常包括视频讲解、音频讲座、图文资料等多种媒体形式，使学习内容更具吸引力和趣味性。丰富的视觉和听觉体验能够让学生在学习过程中更加专注，从而增强信息的记忆和理解。同时，平台还可以利用互动功能，让学生在学习过程中实时交流、分享观点和参与讨论。这种互动不仅能增强学习的参与感，还能促进学生之间的合作与思维碰撞，形成积极的学习氛围。这样一来，思想政治教育不仅是单向的知识传递，而是变成一种动态的、双向互动的学习过程。

数字化平台的另一大优势在于其数据分析能力。通过对学生学习行为和进度进行实时监测，教师能够获取关于学生理解情况的详尽数据。这种数据

不仅能帮助教师识别学生的学习困难，还能为其提供精准的指导与支持。教师可以根据数据反馈，及时调整教学策略，设计出更加符合学生需求的课程内容，从而提高教育效果。此外，数字化平台还可以集成多种评估方式，如在线测评和反馈机制，帮助学生及时了解自己的学习进度和知识掌握情况。这种即时反馈不仅有助于学生的自我调整和改进学习策略，也提升了教育的针对性和有效性。通过这样全面的数字化转型，思想政治教育不仅能够更好地适应现代学生的学习习惯，也为教育的普及与深化提供了强有力的支持，推动了思想政治教育的现代化进程。

（二）虚拟现实与沉浸式教育

虚拟现实（VR）技术和沉浸式教育技术的引入，为思想政治教育提供了创新的载体和丰富的学习体验。这些技术能够创造出身临其境的学习环境，使学生在虚拟场景中直观地体验历史事件、社会现象和文化背景，从而增强对教育内容的感知与理解。例如，在模拟历史事件的情景重现中，学生不仅能获取相关的理论知识，还能通过亲身参与感受事件中的情感和价值观。这种沉浸式学习方式使得学习过程变得生动有趣，有效吸引学生的注意力，并显著提升他们的学习积极性。通过参与虚拟体验，学生对思想政治教育内容的认同感和共鸣感显著增强，原来抽象的理论知识由此变得具体和易于理解。这样的教学模式能够帮助学生在实践中内化知识，形成更深刻的思考和理解，为思想政治教育的目标实现提供了新路径。

此外，VR 技术还为学生提供了跨文化交流的机会，拓宽了他们的视野。在虚拟环境中，学生可以与来自不同国家和文化背景的同学共同学习和讨论，分享彼此的观点和体验。这种跨文化的互动不仅能培养学生的全球视野，还能增强他们对多元文化的理解与包容。在面对复杂的社会问题时，学生能够从多角度进行思考，从而形成更加全面和深刻的价值判断。这种教育模式通过丰富的情景模拟与互动体验，使思想政治教育不再局限于理论传授，而是转为鼓励学生进行主动探索和深入反思的过程。这种全新的学习方式有效促进了学生的批判性思维能力、综合素养和社会责任感的全面发展，赋予思想政治教育更鲜明的时代特色和实际效果。通过这种沉浸式的学习体验，学生不仅能更好地理解思想政治理论，还能在真实世界中运用这些知识，增强自身的社会参与感。

二、多元化载体的整合应用

（一）"线上＋线下"融合的教育模式

"线上＋线下"融合的教育模式为思想政治教育的实施提供了全新的视角和实践路径。通过整合传统课堂与数字化学习资源，教育者能够创造一个更具互动性和灵活性的学习环境。在这一模式中，在线学习平台成为信息传播和知识获取的重要渠道。学生可以根据个人的学习节奏，选择适合自己的学习内容和方式，增强了学习的自主性和个性化。在这样的环境中，学生不仅能够在课后深入探索理论知识，还能够通过参与在线讨论和实时互动，加深对思想政治教育内容的理解。

课堂教学的转变在思想政治教育中同样扮演着不可忽视的角色。在面对面的课堂上，教师可以引导学生进行更深层次的讨论，并通过案例分析等方法，将理论知识与现实生活紧密联系。通过这样的教学方式，教师使学生能够将所学内容与自身经历结合起来，提升了学习的实用性和趣味性。教师的角色也从单纯的知识传授者转变为引导者和促进者，他们鼓励学生积极思考，提出问题。这种互动不仅提升了课堂的活跃度，还能够有效激发学生的批判性思维和创造力，使他们在学习过程中更具参与感。

为了有效实施这种融合模式，教育者需要积极设计课程内容和学习活动，使其适应多样化的学习需求。例如，教育者可以通过线上平台提供丰富的学习资源，如视频讲座、阅读材料和在线测验，鼓励学生在课外进行自主学习。同时，教师可以在课堂中运用这些资源进行讨论和分析，促进理论与实践的结合。这种双向互动的学习模式，不仅提升了教育的效果，还使思想政治教育能够更加贴近学生的生活实际，有效培养他们的社会责任感和公民意识。通过持续优化和调整这一模式，教育者可以更好地满足学生的多元需求，进一步提升思想政治教育的针对性与实效性。

（二）社交媒体在思想政治教育中的角色

社交媒体在思想政治教育中的应用为教育者提供了一个全新的传播和互动平台。其开放性使得教育者可以轻松分享各种思想政治教育的内容，包括视频、图文和直播等多媒体形式，吸引学生的兴趣。通过创建主题讨论组或话题标签，教师能够引导学生参与相关的讨论和活动，促使学生在参与中表达自己的观点。这种互动形式降低了学生的参与门槛，激发了他们的表达欲望和创造力，使思想政治教育不再局限于传统的课堂讲授，而是转变为一个多元化的交流空间。

在这个互动的环境中，学生能够在与同龄人的交流中拓宽视野，接触到不同的观点和声音。社交媒体的特性使得信息的传播更加迅速，讨论也更加实时。在这个过程中学生不仅是被动的知识接受者，更是积极的讨论参与者。他们可以针对热点话题进行评论，分享个人见解，进而在思想碰撞中深化对思想政治内容的理解。这样的互动过程帮助学生建立批判性思维能力，使他们在面对复杂的社会问题时，能够综合分析不同的立场与观点，形成更加独立和全面的价值观。

有效利用社交媒体进行思想政治教育的关键在于教育者的引导与设计。教师可以针对特定的思想政治主题，定期组织在线讲座或研讨会，邀请专家或社会实践者分享经验，促进学生的积极参与。此外，通过设置主题挑战或知识竞赛，鼓励学生在社交媒体上进行创意表达，也能进一步增强学习的趣味性和参与度。通过收集和分析学生在社交媒体上的反馈和互动数据，教育者可以不断优化教学内容和形式，提升思想政治教育的实效性与影响力。这种结合社交媒体的教育模式，不仅丰富了思想政治教育的形式，也为学生提供了一个更为广阔的成长与发展的空间。

三、个性化思想政治教育载体的发展

（一）大数据驱动的教育个性化

大数据技术在推动思想政治教育个性化发展中扮演着至关重要的角色。

通过对学生的学习行为、兴趣偏好以及知识掌握情况进行深入分析，教育者能够精准识别学生的个体需求。这一过程包括从学习平台、社交媒体和在线活动中收集数据，形成对每位学生全面的理解。在此基础上，教师可以设计出符合学生特点的学习路径和内容。例如，对于那些对特定主题表现出浓厚兴趣的学生，教育者可以推荐更深入的研究资料和相关书籍，以激发他们的学习热情。对于需要额外帮助的学生，教育者则可以量身定制基础知识的补习材料，确保他们在适合自己的节奏中有效学习。这种个性化的教育体验，不仅提升了学生的学习效率，也增强了他们的学习主动性和参与感，促进了他们在思想政治教育中的深入理解。

个性化教育的实现很大程度依赖于教学反馈的及时性和针对性。利用大数据技术，教师能够实时监测学生的学习进度和理解情况，从而灵活调整教学策略和内容。当教师发现某一知识点普遍难以掌握时，可以迅速采取行动，通过在线直播课或小组讨论进行针对性复习。这种灵活的教学方式提高了学习的针对性，确保学生在适当的时候获得必要的支持与指导。教师在课堂上利用大数据分析结果，能够进行更有效的引导，使每位学生都能在课堂中充分参与，体验到学习的成就感。在日常教学中，教育者可以设计定期的反馈机制，收集学生对学习内容的看法及遇到的困难，形成一个良性的互动循环，进一步优化教学效果。通过这种方式，思想政治教育能够不断适应学生的需求，为他们提供更为高效的学习支持，推动他们的全面发展与成长。

（二）人工智能技术的应用

人工智能（AI）技术在思想政治教育中的应用为个性化学习提供了新的可能性。通过智能学习系统，教育者能够根据每位学生的学习习惯和表现，制定出量身定制的学习方案。AI系统可以实时分析学生的学习数据，识别他们在知识掌握上的薄弱环节，从而为他们推荐相应的学习资源和练习题。例如，当学生在某一政治理论或概念上表现出困惑时，智能辅导系统能够即时提供详细的解释和补充材料，帮助他们更好地理解内容。教育者可以利用这些数据，不断调整教学策略，以适应学生的个体差异。通过这种智能化的学习支持，学生可以在自主学习的过程中获得针对性的帮助，不仅提升学习效果，也增强了他们的学习主动性和参与感。

AI 技术还可以通过分析学生的情感和心理状态，为思想政治教育提供更为人性化的支持。在课堂上，教育者可以借助 AI 工具监测学生的情绪变化，从而了解他们的心理状态。例如，通过分析课堂互动数据或在线学习行为，教育者能够识别出学生在学习过程中的情绪波动，并根据这些信息调整教学方式。当学生表现出焦虑或不安时，教育者可以采取更加包容和理解的态度，提供必要的心理支持，确保他们在良好的心理状态下参与学习。这种情感层面的关注不仅有助于提升学生的学习效率，还能促进他们在思想政治教育中的情感认同和价值观的形成。通过将 AI 技术与思想政治教育相结合，教育者能够更全面地关注学生的成长，打造出一个更加适应个体需求的学习环境，从而提高教育的整体质量和效果。

四、增强教育互动性和参与性的手段

（一）多媒体与互动内容的设计

在思想政治教育中，采用多媒体技术设计互动内容能显著增强课堂的互动性和吸引力。教育者可以利用视频、图表等多样化的表现形式，将复杂的理论知识转化为更直观易懂的内容。这不仅能有效吸引学生的注意力，还能激发他们的学习兴趣。通过设计互动环节，如即时问答、在线投票以及小组讨论，学生的参与热情也会随之提升。例如，教师可以在课堂上播放一段与思想政治主题相关的短视频，随后通过问答环节引导学生分享他们的看法。这种方法不仅加深了他们对视频内容的理解，也促使他们积极思考和表达自己的观点。将学习内容与学生的生活经验和兴趣结合，可以大大提升教育的有效性，帮助他们在参与中建立对思想政治教育的认同感。

教育者还可以结合现实生活中的社会事件和热点话题，设计针对性的互动内容。例如，可以组织辩论赛，让学生在实际场景中理解和分析不同的政治观点及社会问题。这样的实践活动能够锻炼学生的思辨能力和沟通技巧，同时提升他们对思想政治教育内容的兴趣。在这些活动中，学生不再是被动接受知识，而是主动参与到学习和讨论中，形成自己的观点。通过设置相关主题，让学生准备相关材料并进行研究，可以激发他们的自主学习意识。教师在这个过程中充当引导者的角色，为他们提供必要的支持和反馈，确保每位学生都有机会参与。这种参与式的学习方式不仅能增强课堂的活跃度，还能帮助学生在实践中深化对思想政治教育的理解，培养他们的社会责任感与公民意识。

（二）社群与网络社区的作用

社群与网络社区在思想政治教育中扮演着不可或缺的角色。通过创建多样化的学习小组和在线论坛，教育者能够为学生提供一个活跃的交流与互动平台。这一平台不仅可以促进学生之间进行知识分享，还能鼓励他们表达个人观点和体验。在这样的环境中，学生可以参与主题讨论，提出问题并获得同伴的反馈，这种互动不仅有助于加深对思想政治教育内容的理解，还能够培养他们的批判性思维能力。在此过程中，教育者需要定期组织在线活动，如知识竞赛、辩论赛和案例分析等，激励学生积极参与。在讨论中，学生可以探讨社会热点问题，分析不同的立场与观点，从而形成更加全面的认知。这种开放和包容的社区氛围不仅提升了学习的趣味性，还为学生提供了一个安全的表达空间，让他们在交流中感受到归属感和支持，从而增强了他们的社会交往能力。

为了充分发挥社群与网络社区的作用，教育者应积极引导社群活动的开展，设计多样化的互动环节，以确保每位学生都有机会参与其中。可以通过组织定期的线上讨论会，邀请不同领域的专家进行主题分享，让学生在交流中获得新的视角和知识。同时，可以鼓励学生建立个人微博或 Vlog（视频日志），分享他们对思想政治教育内容的理解和感悟，从而促进更广泛的讨论。这种个性化的表达形式不仅让学生的声音被听见，还能增强他们的自信心和自我表达能力。在社群中建立反馈机制也至关重要，如定期收集学生的意见和建议，可以帮助教育者不断优化社群活动的内容与形式。通过这种方式，思想政治教育的影响力将超越课堂限制，融入学生的日常生活，形成一个持续的学习与交流氛围，为学生的全面发展提供了更为广阔的支持与资源。

第四节　大学生思想政治教育载体
发展与创新的原则

一、政治性与方向性原则

大学生思想政治教育载体的发展必须始终坚持正确的政治方向，确保教育内容与国家的基本方针政策保持一致。教育者在这一过程中承担着重要的责任，他们不仅需要传授知识，更需要帮助学生建立起与国家理念相契合的价值观。每个教学环节的设计和实施都应体现国家的政治理念与社会主义核心价值观，确保学生在学习中理解和认同这些理念。

通过将这些核心价值观融入具体的教学活动中，教育者能够有效地引导学生思考国家和社会的问题，使他们在面对复杂的社会现实时能够保持正确的立场和观点。通过这种方式，学生在思想政治教育中自觉形成对党和国家的认同感，进而增强其对社会的责任感和使命感。

这一原则的落实不仅体现在教育内容的选择上，更体现在教学方法和手段的运用中。教育者需要通过多样化的教学形式，如讨论、辩论、案例分析等，鼓励学生深入思考与政治相关的问题。在这些互动过程中，学生能够自由表达自己的观点，并在相互交流中逐渐形成对国家和社会的深刻理解。这种积极参与的方式不仅增强了学生的政治意识和社会责任感，也提升了他们的批判性思维能力和解决问题的能力。贯彻政治性和方向性原则，确保了思想政治教育不仅是知识的传授，更是价值观的培养和人格的塑造，为学生未来的成长与发展提供了坚定的思想基础。

二、教育性与科学性原则

思想政治教育的载体必须具备明确的教育性和科学性，以确保其在学生发展中的实际效果。教育内容应以科学理论为基础，结合教育心理学、社会学等学科的研究成果，确保教学方法与手段的有效性和适用性。教育者在设计教育载体时，需要充分了解学生的认知特点和发展需求，以便制定出符合学生实际情况的教学方案。这种科学性不仅体现在教学内容的严谨性上，也体现在教学形式的灵活性与多样性上。通过采用多媒体、互动式教学等方法，教育者能够吸引学生的注意力，提高他们的学习积极性，进而促进知识的内化与应用。

在这样的教育环境中，思想政治教育才能真正发挥其育人的作用，帮助学生实现知识与能力的双重提升。通过采用有效的科学的教育方法，教育者能够有效引导学生的思维，促进他们对思想政治内容的深入理解与反思。在学习过程中，教育者还应通过及时的反馈和评估，了解学生的学习进展，调整教学策略以适应不同的学习需求。这种科学化的教育过程，不仅帮助学生掌握思想政治教育的基本知识，也培养了他们的批判性思维能力和解决问题的能力，使他们在面对复杂的社会问题时，能够运用所学知识进行理性分析和判断。通过这样的教育实践，思想政治教育将更加契合学生的发展目标，为他们的未来成长奠定坚实的基础。

三、学生主体性与互动性原则

在思想政治教育的载体发展中，强调学生主体性与互动性的重要性是至关重要的，这不仅能增强学生的学习体验，还能促进他们的全面发展。教育者应鼓励学生积极参与，让他们在学习中发挥主动性，成为知识的探索者和创造者。通过设计互动性强的教学环节，如小组讨论、案例分析和角色扮演，教育者能够有效地促进学生之间的交流与合作。在这种互动过程中，学生可以分享自己的观点，倾听他人的看法，从而形成更全面的理解。这种学习方式不仅提升了学习的趣味性，还使学生在实践中更好地掌握思想政治教育的核心理念。

互动性强的教学模式不仅能够激发学生的学习兴趣，还能有效培养他们的批判性思维能力。在参与小组讨论中，学生通过深入分析问题和表达观点，学会了如何理性思考和批判性评估不同的立场。角色扮演和案例分析等活动也促使学生在真实情境中运用理论，从而提升他们的实际操作能力与团队协作精神。这种体验式学习环境，不仅帮助学生加深对思想政治教育内容的理解，还培养了他们解决问题的能力和社交技能，进而鼓励他们在集体中的积极参与。通过这种注重学生主体性与互动性的教育方法，思想政治教育不仅能提高学生的参与感，还能激励他们在学习过程中不断探索和成长，形成更为成熟的价值观和社会责任感。

四、安全性与合规性原则

在大学生思想政治教育中，坚持安全性与合规性原则是确保教育活动顺利进行的基础。这一原则要求教育者在设计和实施各种教育活动时，始终关注活动的安全性与合规性。教育者必须确保教育内容符合国家法律法规，同时尊重学生的合法权益。这包括对学生隐私的保护、心理健康的关注以及对任何潜在风险的预判与控制。教育活动的组织者需要制定明确的规章制度，以指导教育活动的开展，明确各参与方的责任与义务，确保每位学生在一个安全的环境中自由表达和学习。通过加强制度建设，教育者能够有效避免不必要的法律风险和安全隐患，从而为学生创造一个有利于身心健康发展的学习空间。

在实践中，教育者应积极进行风险评估，识别潜在的风险因素，并制定相应的应对措施。例如，在进行户外实践活动时，应事先对场地进行安全评估，确保有充足的安全保障和急救措施。在网络教育活动中，教育者需要确保信息安全，防止个人信息泄露和网络欺诈。通过不断更新和完善相关规章制度，教育者可以增强思想政治教育的合规性，从而提高学生的安全感和参与度。维护安全和合规不仅体现了教育者对学生负责的态度，也能够提升教育活动的有效性与影响力。遵循这一原则有助于营造一个良好的教育氛围，使学生在思想政治教育中获得积极的体验和成长，增强他们的社会责任感和参与意识。

五、人文关怀与价值引导原则

在思想政治教育载体的发展与创新中，人文关怀与价值引导的原则至关重要。教育者需要深入洞察学生的情感和心理需求，尊重学生的个体差异，创造一个包容且理解的教育环境。通过关注学生的不同背景和生活经历，教育者可以设计出更具吸引力和实效性的教育内容。当教育活动融入人文关怀时，能够激发学生的情感共鸣，使他们在学习过程中感受到被尊重与理解。这种情感上的联系，有助于学生更深刻地理解思想政治教育的核心价值，进而增强他们的学习动力和参与意愿。

教育者营造温暖的氛围，不仅能够提高教育效果，还能够促进学生的心理健康，帮助他们在学习中感受到快乐和成就。在教育过程中，价值引导同样不可或缺。教育者应积极引导学生树立正确的价值观，让他们在思想政治教育中找到自我认同和人生方向。这意味着，教育者在传授知识的同时，要重视对学生价值观的培养与引导。例如，通过讨论社会热点问题、分享成功的榜样故事和开展团队合作活动，教育者可以引导学生思考人生的意义和价值。这种引导不仅帮助学生在思想政治教育中获取知识，更促进了他们的自我反思与成长。通过这种方式，学生能够在价值观的塑造中建立自信心和责任感，明确自己在社会中的角色与使命。最终，这一原则的落实不仅提升了思想政治教育的有效性，也为学生的全面发展和内心成长奠定了坚实的基础。

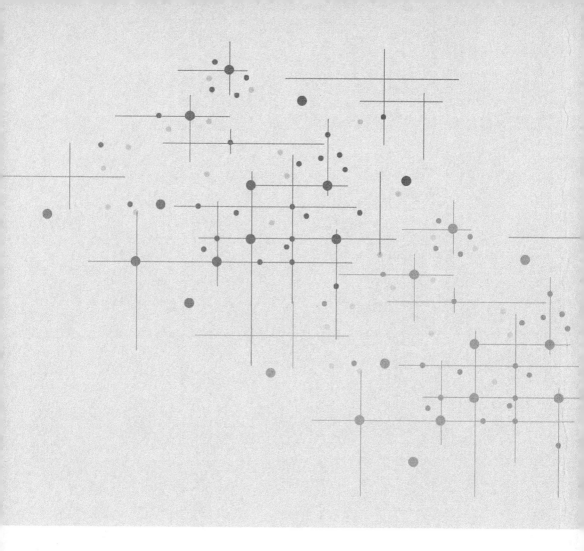

信息化时代
大学思想政治的教学

第五章

第一节　思想政治理论课信息化
教学的内涵及目标

一、思想政治理论课信息化教学的内涵

（一）信息技术与课程内容的融合

思想政治理论课信息化教学中的信息技术与课程内容的融合，是利用现代信息技术手段将思想政治教育内容有效传递给学生的一种方式。这种融合体现在将多媒体技术、互联网、虚拟现实等多样化的数字工具与思想政治理论课的具体内容有机结合，使理论知识不再局限于书本讲解，而是通过丰富的影像、声音、动画等多维度的表现手法以更直观的方式展现给学生。通过视频、微课、动画等多媒体手段的运用，能够将抽象深奥的马克思主义理论或社会热点问题形象地呈现出来，帮助学生更好地理解和掌握这些内容。此外，信息技术还为课程的实时互动提供了可能性，课堂上，学生可以通过电子设备即时回答问题、参与讨论，能够更直接地参与课堂教学，增强他们的学习积极性和思维能力。

在知识的传授过程中，教师可以利用信息技术实现课程资源的扩展，通过整合网络上的开放教育资源、新闻事件视频、学术讲座等丰富的在线内容，使学生能够以更广泛的视角理解理论知识的现实意义。这种融合不仅丰富了教学手段，还提升了思想政治理论课的趣味性和吸引力，让学生能够通过多样化的渠道更深入地理解课程内容。同时，信息技术的应用使课堂内容不再局限于传统教材，教师可以根据学生的学习需求灵活调整教学资源，因材施

教，提供更具针对性的内容传递和指导，实现个性化的学习体验。信息技术与课程内容的融合使思想政治理论课从静态走向动态，从单向灌输走向双向互动，使学生能够在多媒体浸入式环境中更好地构建知识体系，深化对思想政治理论的认同与理解。

（二）教学方式的多样化

在传统课堂教学的基础上，信息化手段使翻转课堂、混合式学习、项目化学习等多种教学模式得到广泛应用。在翻转课堂模式下，学生可以在课前通过观看视频、阅读电子教材等形式自主完成理论知识的初步学习，在课堂上则更多地参与讨论和互动，这种方式使学生的学习过程由被动转变为主动，从而更加深入地理解和掌握知识点。混合式学习模式将线上和线下教学结合起来，线上部分可以通过课程平台进行理论知识的传授，线下部分则侧重于问题讨论、案例分析等内容，这种方式不仅有效提高课堂效率，也让学生能够更充分地利用学习时间。此外，微课和慕课等形式也在思想政治理论课中得到应用，教师可以利用这些短小精悍的课程内容进行知识点的集中讲解，让学生在碎片化的时间内也能有效学习。

在课堂互动中，教师可以通过在线测评、实时投票、讨论区等多种信息化工具激发学生的参与热情，增强教学过程中的双向互动性，促使学生积极参与课堂活动，提升学习体验。项目化学习也通过信息化手段顺利开展，学生可以在线组队、交流和分享，围绕某一具体主题进行调研与讨论，增强他们的自主探究能力和合作精神。

教学方式的多样化有效解决了传统教学中存在的学生参与度不高、教学方式单一等问题，使思想政治理论课的教学效果得到了显著的提升，学生在多元化的教学环境中不仅能够掌握理论知识，还能够在多样化的实践过程中实现对理论的深度理解和应用。

（三）学习资源的丰富化

借助信息化手段，教师可以将课内外的各种资源整合到教学中，包括电子教材、多媒体视频、网络课程以及社会热点事件等，这些资源使课程内容不再局限于传统教材，而是能够从多个角度、利用多种媒介对理论进行补充和扩展。通过互联网平台，学生可以随时随地获取相关的学习材料，网络上的开放课程、文献资料、学术讲座等内容极大地拓宽了学生的知识视野，也为他们提供了个性化学习的条件。例如，马克思主义理论的教学不仅局限于经典文献的阅读，还可以结合当前的社会现实，通过新闻报道、纪录片等视频资源，让学生更具象地理解理论在现实中的应用和意义。多媒体资源的运用，使一些抽象的理论能够通过图像、音频和动画等形式生动呈现，帮助学生更好地消化和理解复杂的内容。

信息化手段还让一些原本难以接触的第一手资料得以进入课堂，学生可以通过数据平台查阅统计信息，通过在线图书馆获取经典著作原文，这种资源的丰富化极大地增强了学习的深度与广度。教师也可以根据教学需要对这些资源进行筛选和整合，将不同类型、不同深度的学习材料有机地结合在一起，形成具有针对性的教学内容，学习资源的使用更具科学性和灵活性。学习资源的丰富化不仅增加了学生的知识获取渠道，也提升了学习的灵活性和便捷性，思想政治理论的学习过程更加符合当代学生的学习习惯和需求，增强了他们对课程内容的兴趣和理解力。

（四）学生学习的个性化

通过数据采集和分析等信息化手段，实时监测学生的学习情况，记录他们在学习过程中的困惑点和兴趣点。教师可以根据这些数据有针对性地调整教学方案，对某些知识点进行强化或补充讲解，从而有效提升教学的精准性。学生也可以利用信息化平台，根据自己的学习进度选择合适的学习内容，安排学习时间和节奏，实现自我主导的学习体验，这种方式充分体现了以学生为中心的教学理念。例如，在某些理论较为复杂的章节，学生可以反复观看微课视频，直至完全理解相关内容，或者通过在线提问、讨论的方式获取帮助，而对于已经掌握的内容则可以快速浏览，节约时间，将精力投入未掌握的知识上，这种灵活的学习方式使学习过程更具主动性。

教师在课堂外也可以通过信息化教学平台为学生提供额外的学习资源，例如，推荐与学生兴趣相关的拓展阅读，或者设计符合不同学习能力的练习任务，以帮助他们加深对思想政治理论的理解。通过学习数据的分析，教师能够更清楚地了解每个学生的学习特点和薄弱环节，从而为他们提供个性化的学习建议和辅导，帮助他们克服学习中的困难。

信息化教学为学生学习的个性化提供了广阔的空间和可能性，使学生能够根据自身需求制订学习计划，在个性化学习的过程中提升对思想政治理论的理解和掌握，形成良好的学习习惯和积极的学习态度，实现"因材施教"的教学目标。

二、思想政治理论课信息化教学的目标

（一）提升学生的思想政治素养

信息化教学利用多媒体技术将马克思主义理论、社会主义核心价值观等抽象的思想内容转化为生动直观的音视频、动画和图像，使学生能够在视觉和听觉的双重刺激下更好地理解理论内涵和现实意义。借助网络资源，学生可以随时随地学习与思想政治理论相关的知识内容，并通过时事热点和案例分析，将理论与现实生活紧密结合，从而加深对思想政治理论的理解和认同感。在线教学平台提供的互动功能，使学生能够在讨论区或课堂实时提问，与教师和同学展开互动讨论，从多元视角对理论知识进行交流碰撞，这种互动使学生在学习过程中更有参与感，从而更加主动地思考和内化相关内容。

思想政治素养的培养需要理论与实践的结合，信息化手段使学生能够通过在线调研、参与虚拟社会实践活动等方式，将所学理论应用到实际生活中，增强对理论实践的感知，进而提升其思想政治素养的深度与广度。网络课程平台还可以根据学生的学习进度和兴趣提供个性化的拓展资源和学习活动，帮助他们深入挖掘思想政治理论的背景与应用场景，激发学习兴趣，并通过自我反思与团队合作的方式加深对理论的理解和认同，形成正确的价值观、人生观和世界观。

信息化教学通过这些多元手段增强了思想政治理论课的教育效果，使学

生在丰富多样的学习环境中逐步提升思想政治素养，将其内化为自觉的思想意识和行为准则。

（二）提高教学效果和效率

信息化教学引入了多样化的媒介手段，如视频、音频、图表、动画等，使抽象的政治理论知识更加形象化，帮助学生从多感官角度进行学习，加深记忆与理解，激发他们对课程内容的学习兴趣。信息化教学的另一重要方面在于优化课堂互动，打破传统"教师讲授、学生听课"的单向模式。通过在线平台，教师与学生之间的互动变得更加直接且频繁，学生可以随时提出问题，参与讨论，增加对课程内容的自主探索和思考，并增强课堂的参与度和互动性，这在一定程度上使教学效果得到质的提升。信息化手段还有效解决了课堂时间有限的问题，教师能够借助线上平台，将课前预习、课后复习与课堂教学紧密结合起来，从而实现教学的全过程覆盖与延展。

在教学效率方面，信息化教学为教师提供了丰富的数字化资源库，节省了查找和制作教学材料的时间，教学内容也能因信息技术而得到实时更新，使教学能够及时反映时代背景和最新动态，从而保持课程的鲜活性与现实性。在线平台提供的测试与评价工具帮助教师对学生的学习情况进行动态监测和实时反馈，使针对不同学生的差异化教学更为精准。信息化手段还使学习进度的安排和管理变得更加科学，教师能够根据学生的学习情况进行灵活调整，从而最大限度地利用教学资源，提高教学效率。

（三）培养学生自主学习能力

信息化教学提供了丰富的学习资源，学生能够根据自己的学习进度和理解能力灵活选择学习材料，随时随地进行学习。这样的个性化学习帮助学生逐渐掌握主动获取知识、分析问题和解决问题的能力。数字化平台上丰富多样的教学资源打破了时间和空间的限制，学生能够更好地把握自己的学习节奏，不必局限于课堂时间，也不再受传统教室环境的限制，这种自主的学习方式促使学生在不断探索中逐渐养成独立思考和持续学习的习惯。信息化教学还为学生提供了更多参与式和互动式的学习方式，通过在线讨论、虚拟课堂和合作学习，学生能够更加主动地融入学习过程，增强与教师及同学之间的交流，这种过程极大地激发了学生的学习兴趣，促使他们自觉地投入思想政治理论的学习中。通过在线测试、问卷调查等形式，学生能够实时了解自己的学习效果和不足之处，进而有针对性地进行改进和提高，在这种不断的反馈与调整中，学生的自主学习能力得到了显著提升。

在信息化教学环境中，学生不仅学会了独立制定学习目标和合理安排学习计划，还学会了在过程中反思和改进，这对于培养他们的自主学习能力具有重要的现实意义。通过信息技术与教学内容的深度融合，思想政治理论课不再仅是知识的传递，更为重要的是，它为学生提供了自主学习的机会和平台，使他们能够在信息化的环境中自我激励、自我提升，逐渐成长为具有自主学习能力和独立思维的个体。

（四）增强师生互动

通过信息技术的深度融合，教学过程变得更加开放、灵活，师生之间的互动方式也随之发生了本质的改变。传统课堂中师生互动大多受限于课堂时间与空间，教师的讲授往往是单向的，学生的参与感较弱。而信息化手段的引入极大地丰富了互动的渠道和方式，借助多媒体技术和在线平台，教师可以通过图文、视频、音频等多种形式开展教学活动，学生则可以借助信息化平台随时提问、参与讨论、分享心得，教学过程变得更加灵活且充满活力。

互动的增强不仅体现在课堂之内，更体现在课前与课后的拓展中，教师可以在课前发布预习材料和引导性问题，学生在完成预习后通过线上留言或参与虚拟课堂的形式与教师进行交流，教师根据学生的反馈调整教学内容，使师生互动贯穿教学的全过程。在课堂教学中，教师通过智能设备实时收集学生的学习反馈，根据这些反馈来灵活调整教学内容与节奏，学生的学习需求和问题可以在第一时间得到回应，这种快速响应的互动模式大大增加了学生的参与感和对学习的投入度。

信息化教学平台还为师生提供了更多个性化的互动机会，教师可以通过在线测试、调查问卷等手段了解每位学生的学习进展，并在平台上提供个性化的指导和建议，学生在这种密切的互动中不仅能更好地掌握学习内容，也能增强对教师的信任和依赖，从而使师生关系更加融洽。

通过信息化手段，教师不再是知识的单向传播者，而是学习的引导者和参与者，学生也不再是被动的接受者，而成为学习的主动参与者。在这种平等、开放的互动中，师生关系得到全面的改善和加强。信息化教学的应用，让思想政治理论课不再只是单向的知识传授，而是变成了师生共同探索、共同成长的过程。

第二节　高校思想政治理论课信息化教学需把握好的若干重要关系

随着计算机通信技术、网络多媒体技术、大数据和云计算技术在各个领域的广泛应用，教育信息化的程度也越来越高，其运用水平迅速提升。面对教育信息化发展潮流，高校思想政治理论课（以下简称"思政课"）教学也积极参与其中，主动赢得发展先机，推动思政课教学迈入信息化时代。目前，在高校思政课教学中，教师和学生已普遍使用多媒体教室、网络教学平台、数字图书馆、信息资源网等信息技术手段以及数字文献、电子图书等数字资源，思政课与信息技术的融合为思政课教学创造了新形态和新环境。

然而，在信息化教学活动中也出现了一些新矛盾和新问题，例如，过度使用信息技术，使信息手段成为替代教师教学的主角，一些学生沉浸于虚拟空间，忽视了现实课堂的重要性，甚至来到教室也成为"低头一族"，还有一些人期待着实体课堂的消失，这些现象不得不引起我们的深刻反思。如何科学地看待和正确地运用信息技术服务于课堂教学已经成为高校思政课教学中的重要理论和实践问题。

我们认为，要使现代信息技术在高校思政课教学活动中有效发挥支持和保障服务功能，必须理顺思政课教学主体、教学对象与信息技术资源的角色定位，厘清思政课传统教学方式与信息化教学方式的内在逻辑，形成科学的思想政治理论教育信息化观念。为了实现这一目标，我们需要在具体操作层面着力把握好以下重要关系。

一、现代信息手段与思政课教学目标的关系

云存储、云传输、云计算等网络信息技术的新突破与移动教学、移动课堂、在线学习等教学模式的新涌现进一步加深了高校思政课教学的信息化程度，给思政课教法学法、互动形式、评价机制等带来了革命性的影响。一方面，网络空间中数字教学资源的利用，超越了课堂教学的时空局限性，打破了传统模式下对优质教育资源的垄断，扩大了学生获取知识的范围，实现了教学形式由"一对多"到"一对一""多对一"的个性化转型，增强了教学的多元化与精准化。另一方面，现代信息手段的创新发展转变了传统教学模式下教与学的固有关系，提供了新式教育服务供给，打破了教与学的界限划分，创造出了新的教学生态环境，增强了学生学习的主动性和积极性，提高了学生获取知识的效率和质量。

现代信息技术在高校思政课教学中的广泛应用进一步完善了适应时代要求的教学方式，使思政课教学跟上了现代化的步伐。然而，在实际教学过程中也出现了信息技术被过度使用的现象。例如，用信息技术完全取代传统教学方法，将教学资源用视频播放的形式直接替代教学过程，这样的"机灌"方式占用了大量的师生互动交流与教师讲解时间，不仅没有改善思政课教学现状，反而抑制了教师魅力与教学技巧的有效发挥。这些信息技术"异化"的现象无疑影响了思政课教学的实效。

在高校思政课信息化教学过程中，出现问题的主要原因是没有把握和处理好现代信息手段与教学目标的关系。思想政治理论教育是集授知、育人、启行于一体的独特教育教学形式，有着清晰的目标取向和明确的具体要求。思政课教学要立足于对大学生进行系统的马克思主义基本理论教育，帮助学生掌握中国特色社会主义理论的科学体系和基本观点，指导学生运用马克思主义世界观和方法论去认识和分析问题。思政课教学要始终围绕着目标和要求进行，能否实现教学目标是衡量思政课教学成功与否的标准，因此，一切信息化教学手段都要以思政课教学目标的实现为旨归，任何偏离思政课教学目标的教育模式和影响教育有效性与教育质量的教学方式和手段都是不可取的。

现代高科技的发展为教育信息化提供了有效手段，但这些工具归根结底是为教学目标服务的。使用得当会提高教学实效，促进教学目标的实现；使用不当会影响教学实效，干扰教学目标的实现。因此，在大数据时代，思政课教学信息化资源获取和技术运用必须紧密围绕并服务于教学目标，避免在信息化教学过程中出现喧宾夺主和本末倒置的现象。要自始至终以思政课教学目标为导向，以信息手段与教学目标的相依相济、相辅相成为追求，坚持适度原则、适用原则和适变原则，发挥信息技术的资源优势和传播优势，实现信息化教学手段工具理性与价值理性的统一，使信息技术精准服务于思政课研发、备课、教学、互动、答疑等关键环节，确保教学目标与信息手段的立体互融与升级配合。只有致力于促进教学目标落细落实的现代信息手段才有意义和价值，如果偏离教学目标，单纯追求技术应用的思政课教学，即使技术再好也难以取得预期成效。

二、信息化教学形式与思政课内容的关系

实现思政课完整丰富的内容体系与灵活多样的信息化教学形式之间的合理匹配和融会贯通，对于思政课教学水平的提升与教学实效的强化至关重要，还关系到思政课主阵地的稳固与主渠道的畅通。因此，在思政课教学中，应妥善处理内容与形式的关系，并寻求思想政治理论教育与信息化教学的结合点与平衡点，着重考虑以下几个方面。

第一，根据讲授对象进行匹配。高校思政课信息化教学要依据授课科目分类与学科归属实现数字化资源的分类检索与存储，依据具体教学内容采取个性化的数字展示与技术展演。

第二，根据授课类型进行匹配。高校思政课大体分为理论讲授课、互动讨论课、实践探究课、自主学习课、问题答疑课五大类，每类课程内容和教学方式互不等同但互有关联，无论异类课型还是同类课型，在信息化手段的选择上要彼此适应，在表现手法与技巧的运用上追求丰富多样，充分实现思政课知识表征由静态向静态和动态相结合的转化。

第三，根据授课方法进行匹配。在思政课教学中，应避免过度依赖信息

化的教学技术手段，而应主动配合情景教学、问题启发、课堂讨论等具体方法，充分实现信息化教学技术手段与相应方法的无缝融合，把知识、方法、思想、精神等不同内容传授给学生。

第四，根据教师自身的实际情况选择适用的信息技术手段。术业有专攻，不同课程教师对数字资源掌握程度不一，运用信息技术的熟练程度有别，因此，在思政课教学中，既要结合教师自身专长选取熟悉的信息化资源和教学共享平台，又要坚持从实际出发选用教师能够掌控、运用自如的信息技术，还要提升教师信息处理、数据分析、知识聚合等能力，为信息化教学功能的合理有效发挥提供有力保障。

第五，根据学生的实际需求选择适用的信息技术手段。思政课教学要坚持以学生为本的理念，以"信息惠生"为落脚点，在信息技术选择、运用和信息资源的推送过程中要贴近实际、贴近学生、服务学生，使学生自觉理解和内化知识，主动迁移知识，在知识传播共享中实现倍增与创生。

第六，选择合适的信息手段对课堂教学进行动态优化。在思政课信息化教学中，要利用信息手段方便快捷的特性，结合思政课具体教学内容、教学进度、随堂考核成绩等数据进行分析，对教与学的效果做出科学的评价，及时反馈给师生，以便对教与学的方式方法进行优化调整。

普适性的信息化教学形式是不存在的，只有依据思政课内容实现信息技术的精准选用、有效配置、合理运用，使教材体系顺利转化为信息化教学体系，促进信息化教学的因课而谋、应需而动、顺势而为，才能充分发挥信息技术的高效能，全面增强教学效果，真正实现思政课教学的信息化发展。

三、虚拟空间与现实教学环境的关系

网络化、数字化、云存储等技术与介质构筑起了新的虚拟空间，成为大学生获取信息资源的重要渠道。同时，虚拟空间去中心化的传播特性对教师教学的主导性和权威性提出了挑战，缩小了教师与学生之间的信息代沟，在影响大学生思维方式、学习方式、生活方式的同时对思政课教学也产生了重要影响。因此，建设好、维护好、监管好网络虚拟空间，对于提升大学生思想政治教育的效果，以及确保主流意识形态宣传的制导权与话语权具有重要意义。这是一个社会各界广泛关注的问题。

那么，高校思想政治理论课师生如何应对外部虚拟空间生态环境呢？一方面要坚持"拿来主义"。在教学过程中，既要合理借鉴虚拟空间中丰富的案例、图片、影像等优质教学资源为我所用，充实课堂内容，提升教学吸引力；又要合理利用共享平台中的先进教学技术、教学技巧、教学方法，促使空间虚拟性向现实性转化，优化现实教学环境。另一方面要坚持"批判主义"。事实表明，虚拟空间对大学生政治立场、思维方式、文化理念、价值取向和行为习惯具有重要影响。大学生正处在思想观念确立的关键期，思想活跃，好奇心强，极易受到虚拟空间中各种错误思潮的干扰与误导，出现抵触思政课内容、排斥思政课教学的不良情绪，减弱了思政课实效。因此，教师要树立"主人翁"意识，主动参与网络空间的交流，掌握虚拟空间舆情，倾听学生心声，分析虚拟空间内容，判别真伪优劣是非曲直，批判错误思潮，结合授课内容引导学生运用课堂所学的马克思主义的立场、观点和方法辩证看待虚拟空间，合理利用虚拟空间中的信息资源，实现其价值的最大化发挥。

随着教育信息化建设的深入推进，虚拟空间与现实教学环境的关系日益密切。虚拟空间是社会现实的映射，是人们思想的反映，其存在和发展离不开现实教学环境，而教育信息化也离不开虚拟空间。因此，在思政课教学中，虚拟空间与现实教学环境的融合发展是现代化教育背景下高校思想政治理论教育的主流选择。因此，我们要以虚拟教学空间建设为抓手，"加强网络内容建设，做强网上正面宣传，培育积极健康、向上向善的网络文化，用社会主义核心价值观和人类优秀文明成果滋养人心、滋养社会，做到正能量充沛、主旋律高昂"。① 同时，还要广泛宣传互联网＋思想政治理论教育理念和模式，加快教学体系的数字化建设，积极改善网络生态环境，充分实现思想政治理论现实课堂与虚拟空间的统筹发展和有效对接，发挥虚拟空间正效能和现实课堂主阵地作用，打破教学资源共享的时空局限和教学内容交流的层阶限

---

① 习近平．在网络安全和信息化工作座谈会上的讲话［N］．人民日报，2016－04－26（2）．

制，捍卫主流意识形态在虚拟空间中的主导地位，逐步打造思政课教学环境改善、教学资源丰富、教学质量提升的虚实空间结合的教学新手段、新平台。

四、数字化"量"与大数据"质"的关系

数字技术的进步与配套设施的改善加快了信息化背景下教学资源、教学形式的数字化发展趋势，高校思政课教育教学也紧跟时代步伐，加快实施数字化工程。总体来看，我国高校思政课教学的数字化程度相对滞后，主要表现在已有数字化资源在数据库中占比不高，针对思政课进行的数字化开发项目相对较少，思政课数据挖掘、整理、分析团队建设与整体能力相对薄弱等方面。这一系列问题的凸显也成为制约思政课数字化的主要矛盾。

为了解决问题与化解矛盾，加大数字化开发力度是提升思政课数字化发展水平的关键之举。

一方面，要对原有的思政课资源进行数字化加工和整合。当前，思政课教学所采用的资源主要来自马克思主义经典文献、马克思主义论著、马克思主义理论教材、中国革命建设改革时期的史料史著、近代以来的革命文物和遗迹、相关影视作品及其他音频视频资料、教学录像和其他课堂教学辅助材料等，虽然部分资源已经数字化，但对于还没有数字化的资源，我们要加大数字化投入力度，通过数字资源整合，建成清晰流畅、使用方便、参考性强的专题性和模块化数据库。此外，还可以借助资源共享平台形成优质资源信息流。

另一方面，要注重数据库的扩容与更新。我们要主动探索利用思政课堂的生成性教学资源，挖掘吸收课堂外其他学科相关数字资源，收集整理人民群众中散存的相关资源，实现大数据的广泛采集与积极补充，构建类型齐全、资料翔实的网络思政教育数据库和大型门户网站，为思政课教学的数字化建设奠定"量"的基础。数字资源"量"的积累是思政课信息化教学的基本前提，但思政课大数据价值的发挥并非只是数据本身，基于数据"量"的基础上的"质"的挖掘与分析具有重要价值。

在大数据驱动下，教育教学已由 IaaS（基础设施即服务）、PaaS（平台即服务）、SaaS（软件即服务）过渡到现在的 DaaS（数据即服务）。借助大数据

和云计算等技术，通过系统整理、分析与思政课教学有关的数据信息，就可以了解到不同学科、不同专业、不同年级学生在学习中的疑问及问题类型、占比，提问频率；学生对思政课本身及课程内容、教学方式方法的偏爱或态度；学生的思想状况、行为习惯、兴趣爱好；学生对已有知识的理解度、掌握度和对新知识的期待度、接受度；教师对重点、难点的讲解状况及教学中遇到的困难、问题等。基于实际教学情况，思政课教师有针对性地调整教学方式方法、教学环节、教学进度，实现教学的科学预估、动态调控和量身定制，做到因人而异、因材施教、按需施教、精准施教。

大数据"质"对课堂的优化是数字化"量"积累的必然结果，只有不断强化数字化"量"的基础地位，丰富样本的数量、规模、种类，才能保证大数据"质"的真实性、准确性，确保大数据"质"的价值性，使教学计划制订得科学合理且有针对性。

因此，在思政课信息化教学中，需要充分动员各方力量，丰富思政课数据库。

首先，要加大数字化程度，深入挖掘和开发不同领域、不同方面的潜在数字资源，实现数字资源的全面整合与优化利用，为数据库建设与大数据分析提供丰富的数字资源。

其次，要发挥政府作用，积极落实共建共享机制，消除信息壁垒与信息"鸿沟"，打破"信息孤岛"，打通信息"大动脉"，构建思政课教育云资源池，实现除涉密和法律法规规定保密数据之外相关数据库的开放与联通，促进思想政治教育数字信息、资源在网络空间中的自由流动，构建人人参与、人人受益的数据网络。

最后，要提升思政课教师的数字素质，通过学习、培训等强化教师的数字意识与数据检索、采集、整理、分析能力，鼓励教师自觉搜集数据，主动共享数据。

五、微课与宏课的关系

互联网空间内交流平台的搭建、社交圈群的创立及云端服务的拓展也为微课的兴起提供了条件支撑。微课以见微知著为追求，以独特教技或核心知识为内容，以 PPT 录屏、讲课、情景剧为制作形式，以任意时间地点的便捷学习为方式，具有时间短、容量小、问题聚焦、主题鲜明、目的突出、针对性强、传播简易、结构紧凑的优点。加之其流媒体传播的特点与泛在学习的形式，激发了教师制作、模仿、迁移、创新微课的兴趣与热度，提高了在教师课堂教学的应用率。学生利用个人电脑、手机、平板等信息化移动智能接收终端设备也能随时随地自由地选择个人课程，突破了课堂局限性，实现了频繁的思想交流、信息沟通、共享发展以及学习的自适性、多样性、移动化、弹性化。微课成为教育信息化发展和网络信息化教学的新载体。

然而，微课在作为思政课的一种教学形式中也显示了自己的缺点，即零散化、碎片化等。高校思想政治理论课是作为一个整体来讲授的，要体现"马克思主义理论的整体性、马克思主义理论学科的整体性、思想政治理论课的整体性"。① 在思政课教学中，教师不仅要对课程内容进行系统讲授，还要积极引导学生从整体上认知思政课，既要明白思政课的每个具体科目都构成了一个相对独立的个体，又要认识到各个科目之间是相互联系、密不可分的有机整体，使学生从思想上形成对马克思主义、马克思主义理论学科以及思政课的整体性认知与理解。那么，而对快速发展的微课教学，如何处理微课的零散化、碎片化等特点与思政课的宏大课程体系和整体理论架构之间的关系呢？

要解决思政课信息化教学面临的这一问题，需要从这样几个方面着手。

首先，充分利用微课的优势。在思政课教学中，利用微课讲解典型案例、展现新颖教法、解读重点难点问题、拓宽视野等，能够有效提高教学质量和教学效果，加深学生对思政课的认知度与理解度。

其次，实现微课宏课化。通过制作相关内容的微课程，可以加强微课的连续性和体系化建设，形成相互关联的微课群，实现学生知识掌握的系统性、完整性。

最后，主动强化宏课建设。在微课教学中，零散化、碎片化的知识点讲

---

① 张雷声. 马克思主义整体性的三个层次［J］. 思想理论教育导刊，2008
（2）：44－47.

解可能会影响学生对思政课的整体把握，还应从整体出发，在使学生掌握知识的同时，加大对知识产生背景、现有意义、最新发展以及章节关联、课程关联等内容的讲解，强化对思政课的整体性认知。

只有妥善处理好部分与整体、微课与宏课、微观与宏观的关系，做到由整到零、由零合整，二者相互促进，才能与思政课教学规律和基本遵循相契合，实现对马克思主义理论体系完整系统地讲授和学习。

六、线上教育与线下教育的关系

线上思想政治理论教育是线上教育平台与思想政治理论教育深度融合的教育形式，即"互联网＋思想政治理论教育"，它是利用信息技术与在线平台，通过互联网全方位、全时段实施思想政治理论内容教与学的活动。它突破了线下思想政治理论教育的单一性，更新了传统教法学法，实现了教育的自由化、自主化、即时性和反复性。

随着线上教育平台开拓与技术研发，高校思政课线上教育热度迅速升温，慕课、翻转课堂等这些在互联网技术催生下的新型教学范式被思政课教师所采纳。2014 年，国内首个思政课"慕课"——"思想道德修养与法律基础"课在北京大学、复旦大学开讲，开启了多地多人直播学习的新模式。清华大学开设的"马克思主义基本原理概论"慕课则先后使校内外万余人受益。

在大规模、开放式、网络化的线上课堂中，学生能够充分利用网络教学超越时空、学习自主、公平开放、即时共享的优势及课程资源规模大、更新快、可定制、个性化的优势，根据个人兴趣爱好、学习进度、掌握程度，借助接收终端选择课程、单元进行集中学习、自主学习、点播学习、自由讨论、查缺补漏、重点强化、难点攻关等，有效弥补或克服了线下教育定时定地、计划性强、规模狭小、空间封闭、形式单一等限制，在调动学习兴趣、激发学习热情的同时，使思政课教与学的关系在一定程度上发生转变，由传统以教为主的"教—学"模式转变为以学为主的"学—教"模式，这一全新教学模式适应了信息化教育的时代要求，契合了学生个性化学习的心理诉求，有助于思政课教学实效的提高。

但是，思想政治理论教育有自己的特点和规律，不能因为线上教育的新颖性就可以舍弃线下教育，线上的虚拟教学难以独自承担思政课赋予的任务。

第一，从教学功能来看，高校思政课教学同时具备显性与隐性两大功能。课堂教学不仅涵盖显性知识传授，还内含默会知识及育人功能。前者来自教师的讲解，后者立足于教师的言教身教与情感交流，这一隐性的功能是线下教育的优势，决定了线下教育存在的必要性，有利于学生的人格塑造与全面发展。"教师必须了解学生，尽可能多地面对面与学生接触、交流、互动，了解学生的思想实际，掌握他们的思想动态，这是做人的思想政治工作具有的普遍规律，思政课提高教学有效性也必须遵循这条规律。"①

第二，从教学过程来看，一些基础知识与简单问题能够通过线上教育解决，但对于深层次的知识与问题还需要回到线下课堂，通过与教师面对面的交流互动来解决。面对网络世界海量的数字资源，学生难以做出选择，其查询与筛选也离不开线下教师的指导。只有实现与线下教育的师生直接接触，才能有效突破线上教育的"天然屏障"。

第三，从课程制作来看，线上思政课的录制来自线下课程，是线下课程的数字化、虚拟化、在线化，离开线下课堂的线上课堂犹如无源之水、无本之木，难以维系和发展。

第四，从教学方法来看，在线上教育中，教师尽管运用了一些新颖的教法学法，但是一些传统的教学活动和方法，如实践教学法、情景教学法、体验教学法等难以在虚拟空间进行。

第五，从教师方面来看，线上思政课教学多由"教学名师"担纲主角，难以覆盖所有教师，而每位教师的教学活动各具特色，需要学生在线下课堂认真体会。

由此可见，线下教育的存在是必要且重要的，线上教育不能取代线下教育。

高校思政课信息化教学需坚持线上与线下的有机统一，线下教育是线上教育的基础，线上教育是线下教育的延伸。在现实思政课教学中，需要

---

① 顾钰民. 高校思想政治理论课改革"慕课热"以后的"冷思考"［J］. 思想理论教育导刊，2016（1）：115－117＋122.

充分利用二者优势，实现互补、互促互进、综合运用，努力打造思想政治理论教育的 O2O 模式。同时我们还需要积极统筹好线下直观性教育与线上智能化教育，妥善处理好教师指导与学生自学的关系，把握好"教—学"模式和"学—教"模式之间的平衡，实现新旧教学模式的融合发展，构建双线思政课教学新生态，实现双线双赢新发展。

高校思政课信息化教学是顺应数字化浪潮和大数据技术发展趋势所做出的战略和战术选择，也是思政课教学改革的内在要求和有效手段。它是思想政治理论教育现代化的重要途径，必须高度重视和对待。要顺利推进这一工作，需要建立起科学的思想政治理论教育信息化观念，这就是要以促进思政课教学改革为导向和诉求，积极树立"用户思维"的观念，始终坚持以学生为本，以提高学生的思想道德素质和塑造健全人格为目的，通过教师供给侧的教学方式的结构性改革，处理好信息化教学技术与传统教学方式之间的关系以及信息化教学内部各方面、各要素、各环节之间的关系，使信息化教学贴近思想政治理论教育的实际，符合思想政治理论教育的规律，在促进思政课教材体系向教学体系转化过程中发挥重要作用，推动思政课教法学法的创造性转化和创新性发展，使高校思想政治理论教育出现全面、协调、可持续发展的新局面。

第三节　思想政治理论课信息化教学实践

随着"人工智能＋思政教育"模式的迅速发展，明确高校思政课虚拟仿真实验教学的建设要求显得尤为重要。高校落实立德树人根本任务，必须顺应教学信息化的发展趋势，营造智能化、数字化、个性化的教育教学环境，不断完善虚拟仿真实验教学的研发要求、一般要求和特殊要求，开辟新时代思政课虚拟仿真实验教学的新局面。

一、思政课虚拟仿真实验教学的研发要求

根据教育部印发的《高等学校数字校园建设规范（试行）》中的相关要

求，思政课虚拟仿真实验教学平台的研发和建设应体现数字教育发展的要求，在教学应用的强度矩阵、教学应用的深度矩阵等方面进行拓展和延伸。

（一）持续提升教学应用的强度矩阵

思政课虚拟仿真实验教学研发要求的一级指标"应用强度"可细分为技术运用、教学形式、教学设计和课程体系4个二级指标。技术运用指标重点考察实验教学信息化在思政课虚拟仿真实验教学中的总体规划，包括数据库建设的技术架构是否合理，实验平台的开放力度是否完备，教学工具的应用功能是否先进等；教学形式指标重点考察是否提高了原有线下教学的效率，是否增强了原有线下教学的效果，是否实现了线上线下相结合的教学模式等；教学设计指标重点考察是否坚持了能实不虚的教学原则，是否实现了"虚实补充、相互结合"的教学要求，是否合理设定了实验时数和操作步骤等；课程体系指标重点考察实验课程在整个思政课程体系中所占的比重，实验课程对于思政教学基础课主干体系的支撑程度，虚拟实验教学在思政课实验课程中所占的比例，虚拟实验教学对于思政课教育的刚性要求。一级指标"应用强度"的4个二级指标及分解每个二级指标的观测点如表5.1所示。

表5.1 应用强度矩阵

一级指标	二级指标	观测点
应用强度	技术运用	1. 大数据、云计算、5G技术、人工智能、虚拟现实、增强现实、人机交互等数字化和智能化技术手段的广泛运用 2. 选用的教学工具较为先进适用，具备完备的教学过程的数据统计分析功能 3. 数据库技术架构的研发满足教学资源的多样性需求，资源的开放性、共享性、兼容性强
	教学形式	1. 实验逼真度高，沉浸性、交互性强，能够满足教学原理清晰准确、深浅适度的阐述要求，增强了原有线下教学的效果 2. 增强了教师的信息素养，满足了学生的个性需求，提高了原有线下教学的效率 3. 采用启发式教学、互动式教学和线下设计线上实验相结合的混合式教学模式，教学效果良好，受益面广，响度高、号召力和吸引力强

续　表

一级指标	二级指标	观测点
应用强度	教学设计	1. 观察教学内容是否紧密结合实际应用，并评估其是否有效提升学生的实践能力和解决问题的能力 2. 评估教学过程中理论与实践的结合程度，包括课堂讲授与实验操作的配合是否顺畅，以及是否通过实际案例帮助学生理解理论知识 3. 检查实验环节所安排的时数是否足够，并考虑学生掌握知识的难度和实验操作的复杂性，以确保学生能够充分参与并完成实验 4. 观察学生在教学活动中的参与情况，包括课堂讨论、实验操作和小组合作等，以评估他们是否展现出积极性和主动性
	课程体系	1. 能够有效促进学生自主学习的能力，培养学生创新能力和协作能力，增强实验教学效果在思政课教学体系的比重和效果 2. 树立了学生的数据思维能力，符合思政课教学的培养目标和虚拟仿真实验教学的教学需求 3. 在教学规律遵循信息化条件下的基础上落实立德树人的根本任务

（二）持续深化教学应用的深度矩阵

　　思政课虚拟仿真实验教学研发要求的一级指标"应用效度"可分解为教学环节、教学效果和教学资源 3 个二级指标。教学环节指标重点考察通过使用虚拟仿真实验教学，是否提高了课堂教学环节的效率，是否丰富了教学手段，是否拓展了学生动手能力的培养方式等；教学效果指标重点考察通过使用虚拟仿真实验教学，学生对马克思主义理论知识点的掌握是否得到了有效的加强，学生对思政课教学原理、教学的基本流程是否得到了有效的掌握和领悟，对学生分析综合问题的能力和解决问题能力的培养效果是否得到了提升，学生对思政课教学的评价与反馈是否进行了有效的实施等；教学资源指标重点考察通过使用虚拟仿真实验教学，是否填补了原有教学体系的空白，是否更好地支撑了原有课堂教学的实效性等。强度、深度、效度三个维度上的研发要求是推动思政课教学体系改革创新的有力保证。思政课虚拟仿真实验教学的指标体系需要在新型的实践教学中不断进行完善和创新，从而更好地发挥指标体系在研发要求中所起的功能和作用，以此来促进实验教学的教学效果和教学质量。

二、思政课虚拟仿真实验教学的一般要求

思政课虚拟仿真实验教学不仅是一种教学手段，更是一种思政课的教学理念。为了更好地促进思政课虚拟仿真实验教学的有效开展，就必须在一般要求中要遵循"三结合"的教学原则，即实验过程与教学过程相结合、虚实互补与能实不虚相结合、"两性一度"金课标准相结合，以此来优化思政课的教学途径和教学策略。

（一）实验过程与教学过程相结合

第一，实验过程应以教学过程为导向，落实立德树人根本任务。"只有在把握和继承思想政治工作的课堂教学这一传统优势的基础上，才能谈及信息技术与高校思政课教学高度融合，实现思政课教学效果好起来与活起来的统一。"[①] 思政课虚拟仿真实验教学不仅要让学生系统地掌握科学文化知识，还通过实验过程培养学生积极向上、主动发展的良好心态，拓展学生的思维空间，丰富学生的精神世界，使学生树立科学的理论信仰。

第二，教学过程以实验过程为依托，提升教师教学能力和水平。思政课教学改革创新要把握内容与形式的辩证统一，只有"坚持内容为王也要追求最匹配的表达形式"才能增强思政课的亲和力和针对性。教学过程本应是一个情智相融、身心相通的过程，但思政课虚拟仿真教学过程并不等于实验过程。如果教师没有先进的教育教学理念、科学的教育教学行为和熟练的网络教学技能，将会影响学生学习的主体性和积极性。

因此，在高校思政课虚拟仿真实验教学中需要遵循实验过程与教学过程

---

① 吴雪. 信息技术与高校思政课教学高度融合：原则、困境与路径［J］. 未来与发展，2020（2）：96 + 104 - 107.

相结合的原则，这样才能有效凸显线上线下互动融合的教学效果，才能发挥思政课实验过程与教学过程的最大合力，达到高校思政课虚拟仿真实验教学的育人目的。

（二）虚实互补与能实不虚相结合

虚拟仿真实验教学给学生提供了一种无处不在、随时可学的学习环境，增强了学生的动手能力和创新思维意识，实现了思政课虚拟仿真实验教学中"虚实互补、能实不虚"的建设要求。从本质上说，虚拟实验教学是对现实课堂教学的一种虚拟，学生从不同教学模块获取的理论知识应符合马克思主义认识论原理的要求，即"实践—认识—再实践—再认识"的发展过程。"虚拟活动也应当是一种相对真实的实践，要符合'假的真'的内在要求。"① 考虑到对不同教学模块有不同的侧重，对于实现每门课程的重要目标，要做到专业基础知识以实为主，努力实现每个单元教学的具体目标，做到教学场景"能实不虚，虚实互补"。

从"虚实互补、能实不虚"的另一层建设要求来说，虚拟仿真实验教学虽然是依托于传统课堂教学开展的一种实践形式，但其不会完全独立于或替代传统课堂教学，它只是在虚拟空间开展的一种实践活动，这给教师带来教学上的机遇和挑战，同时也为学生创造"身临其境"和"实时互动"的实习体验。

因此，在思政课实际教学过程中，为了避免造成课程简单化、形式化，我们应该将两种教学方式有机结合，形成"线上线下"混合教学模式，打造虚拟仿真思政"金课"。只有如此，才能在教学中坚持守正和创新，破解实践、实习和实训的难题，实现立德树人、铸魂育人的教学目的。

（三）"两性一度"金课标准相结合

打造"两性一度"虚拟仿真实验一流课程，是一个扬弃与创新的实践过程。

---

① 王帆宇．高校思想政治理论课虚拟实践教学创新路径研究［J］．信阳师范学院学报，2020（6）：5－10．

第一，提升"高阶性"。就是指在思政课虚拟仿真实验教学的课程目标上把知识、能力、素质有机融合起来。学生可以沉浸在特定的思政课虚拟仿真实验教学场景中，按照实验流程、运用实验方法、完成实验考核、达到实验教学目的，有利于培养学生解决实验过程中遇到复杂问题的综合能力和学生独立思考的高级思维。思政课虚拟仿真实验教学在课程内容上强调广度和深度，突破学生固有思维认知模式，进而培养学生的多维分析方式、勇于质疑、勇于创新的精神和能力。

第二，突出"创新性"。就是指思政课虚拟仿真实验教学改变了传统的教学方式，其创新的教学方式体现先进性和互动性。一方面，教师授课内容反映学科前沿性和时代性，课程内容密切结合学生的疑难问题和教学的重点问题，使"形象展现抽象"进而彰显思政教育理论的时代价值；另一方面，发挥学生学习的个性化特点，通过"虚拟反映现实"进而再现科学问题，使学生具有探究意识和创新思维。

第三，增强"挑战度"。就是指思政课虚拟仿真实验教学课程的设置对教师和学生都具有一定的难度，需要学生付出一定的努力才能达到，对学生进行科学"增负"。对于教师而言，转变原有的教学方式，学习一门新的教学技能来进行授课，就需要花费一定的时间、精力甚至情感去学习和备课。对于学生而言，在课上课下需要花费更多的时间进行学习和思考。比如，课前预习，包括上网查阅资料、阅读文献、完成思政课虚拟仿真实验平台的思考题；课堂学习，包括聆听教师讲解、参与师生讨论及生生评疑、独立完成实验和自主进行实验延伸；课后复习和评价，包括重复进行思政课虚拟仿真实验操作学习、提出疑难问题、接受教师线上线下讲解疏通，并对学生进行综合性评价。

三、思政课虚拟仿真实验教学的特殊要求

习近平总书记在学校思政课教师座谈会上指出，建设好思政课需要"八个相统一"，这为思政课教学发展指明方向。在思政课虚拟仿真实验教学中，应着重坚持主导性与主体性相统一、灌输性与启发性相统一、价值性与知识

性相统一、建设性与批判性相统一的要求，不断增强思政课教学的思想性、时代感和吸引力。

（一）主导性与主体性相统一

习近平总书记指出："思政课是落实立德树人根本任务的关键课程，思政课作用不可替代，思政课教师队伍责任重大。"教师最重要的任务是教给学生正确的思想和理念，引导他们树立正确的价值观。教师的主导作用是不容忽视的，在强调教师主导作用的同时，也要注重学生的主体地位。一方面，在思政课虚拟仿真实验教学中，学生的角色定位发生了转变，由以往被动的客体转变为学习的主体，这充分释放了学生的积极性和主动性，使学生由"要我学"变成"我要学"；另一方面，由于学生可以在虚拟仿真实验教学中完成学习任务，很多人就认为教师的主导作用逐渐减弱，然而恰恰相反，虽然教师从"台前"隐居"幕后"，但是教师在整个思政课虚拟仿真实验教学过程中却起着重要的作用。

具体而言，第一，教师作为思政课虚拟仿真实验课程资源的策划者，需要在设置虚拟仿真实验教学课程资源时，应按照"兼用并进、持续迭代"的要求，根据学生的个性化需求，设计出不同层次学生所需要的虚拟情景和问题，并且应建立相关教学资源所需要的知识图谱来进行补充和延伸，以此来充分激发学生的学习积极性和主动性，更好地发挥学生的主体地位。第二，教师作为思政课虚拟仿真实验教学过程中的引导者，要用师生喜闻乐见的教学方式开展教学，强化学生的思想引领和价值塑造，把握学生的认知规律，帮助学生对思政课的理论知识从理性认识上升到感性认识，做到学思用贯通、知信行合一。

（二）灌输性与启发性相统一

坚持灌输性与启发性相统一，是思政课虚拟仿真实验教学必须遵循的一条基本原则，也是实现思政课虚拟仿真实验教学价值的基本途径。为此，在教学过程中既要注重在理论灌输上征服学生，又要注重在理论认同上启发学生，还要努力实现两者在价值引领上的有机融合，从而优化思政课虚拟仿真实验教学的效果，落实思政课虚拟仿真实验教学铸魂育人的根本目标，提升思政课虚拟仿真实验教学的实效性。

第一，因势而新，有利于思政课虚拟仿真实验教学"实"起来。以往成功的多种实验教学案例已充分证明，要想提高思政课虚拟仿真实验教学的实效性，就必须在实际的教学过程中注重"灌输性"和"启发性"的统一，并努力形成相互融合的教学形态。当然，坚持"灌输性"并不是把马克思主义理论知识"强灌""硬灌"给学生，而是引导和帮助学生在实验教学新型的实践手段基础上学懂、贯通基础知识；坚持"启发性"也并不是忽视思政课虚拟仿真实验教学主体转化后教师的主导作用，而是在教师知识容量、教学理念、教学构思的基础上启发学生掌握知识的宽度、深度和广度。因而，在思政课虚拟仿真实验教学形式下对灌输性和启发性进行结合有利于拓展教师思维、视野和人格的道德情操，有利于培养学生内化于心、外化于行的行动导向。因此，只有当思政课教师能够将马克思主义理论知识以生动、贴近生活的方式传授给学生，并且学生能够以启发性思维的教育方式将理论知识进行现实思考和理论分析，才能使思政课虚拟仿真实验教学真正发挥效果并具有实际应用价值。

第二，因事而化，有利于思政课虚拟仿真实验教学"新"起来。坚持思政课虚拟仿真实验教学的灌输性和启发性相统一，对于更新思政课的教学理念至关重要。合适的教学理念是培养学生成长成才的发展要求，通过更新教学大纲的设定、教学体系的构建和教学方法的运用，能够在促进教学价值引导和学生自主建构思维需求的基础上实现灌输性教育的传输和启发性教育模式的有机统一。

然而，随着网络信息技术的发展，灌输性和启发性的教学手段有很大的创新空间。比如，大连理工大学通过将人工智能技术应用于"习近平新时代中国特色社会主义思想情景教室"，并结合 VR 技术中的沉浸式教学方法，有效地强化灌输性和启发性的双向统一。这不仅在教学方式创新的基础上增强了思政课虚拟仿真实验教学的吸引力和针对性，而且在坚持灌输性和启发性的基础上提高了课堂的教育质量和育人目标。

由此可见，作为思政课虚拟仿真实验教学的两种基本属性，将灌输性教育和启发性教育统一用于思政课虚拟仿真实验教学中是切实可行的。

（三）价值性与知识性相统一

坚持"价值性"和"知识性"相统一是办好思政课虚拟仿真实验教学的本质要求，这不仅体现了思政课虚拟仿真实验教学的根本遵循，还指明了时代方向。思政课虚拟仿真实验教学的"价值性"不仅是由课程的自身属性决定的，还是由马克思主义理论的内在价值和学生在实验教学中的主体地位决定的。实验教学作为新型的实践教学手段，在传统思政课实践教学的基础上凸显了"课程价值引导"和"知识传授能力"双重职能，虚拟仿真实验教学在明确新时代思政课改革创新方向及主要任务的同时努力将思政课打造成为兼具"价值性"和"知识性"的优质"金课"，使其进一步突出思政课教学规律的重要地位和实践意义。

第一，坚持"价值性"是思政课虚拟仿真实验教学的方向引领。实现价值性和知识性相统一，对于学生成长发展多样需求的满足具有重要意义。思政课不是一般的简单课程，而是"课程中的课程"，是学校培养合格建设者和可靠接班人的第一课程。然而，思政课虚拟仿真实验教学作为实践教学的一种新型手段绝不是进行单纯的知识传授，而是"承载着价值引导和信仰确立的特殊功能。"① 思政课虚拟仿真实验教学的这一特殊功能，要求新时代思政课教学改革创新要坚持"价值性"这个根本属性。只有牢牢把握"价值性"是决定思政课虚拟仿真实验教学成为满足学生主体需求的关键属性，才能充分发挥思政课"价值性"的功能和"铸魂育人"的作用。因此，坚持"价值性"是思政课虚拟仿真实验教学的基本方向，有利于保障思政课教学效果取得良好的实效性。

第二，坚持"知识性"是思政课虚拟仿真实验教学的内在要义。思政课虚拟仿真实验教学既要突出思政课的"思想性"，又要突出思政课的"理论性"，这就要求思政课教师具备丰富的理论知识，不仅要在探索教学规律的基

---

① 洪晓楠. 思想政治理论课创新要坚持价值性和知识性相统一［J］. 思想理论教育导刊，2019（5）：29-30.

础上实现课程的知识育人功能，而且还要在学理阐释的基础上打造优质思政"金课"的知识体系。思政课的理论性充分体现了思政课程的"知识性"，坚持"知识性"是思政课虚拟仿真实验教学的基本要求，它强调是否满足学生对科学知识的不懈追求和渴望。在思政课虚拟仿真实验教学过程中，为了提升学生的综合能力，教师必须传授先进的理论知识，这在一定程度上也对思政课虚拟仿真实验教学的教学方式提出了更高的要求。思政课教师不仅需要运用多元化教学手段进行知识讲授，而且还要在教学内容形成严谨知识体系的同时彰显"知识性"的理论魅力。因此，坚持"知识性"是思政课虚拟仿真实验教学的内在要义，有利于教师在传授价值理论的同时，促进学生在知识中的深入反思。

总而言之，思政课虚拟仿真实验教学不仅要发挥价值性和知识性相统一的独特作用，而且还要从整体上坚持新时代思政课教学改革创新的"八个相统一"要求，同时在充分发挥"八个相统一"合力效应的基础上彰显思政课"立德树人"的主渠道作用。这样既保持思政课教师浓厚的知识性，又体现出思政课在铸魂育人方面的鲜明价值性。

（四）建设性与批判性相统一

坚持建设性与批判性相统一体现的是课程"破"与教学"立"的关系，只有通过课程"破"来促进教学"立"，才能使二者在教学目标的设置和教学方法的改革上实现有机结合和辩证统一。马克思在唯物辩证法视域中指出："矛盾的同一性不仅仅表现在对立双方的相互依存、相互渗透和相互转化上，更重要的是体现在对立双方的相互需求和相互补充上。"[1] "主流意识形态与各种错误观点和思潮是矛盾着的对立面"，[2] 为了加速错误观点和思潮的瓦解与转化，就必须在建设的同时又进行批判。正所谓，建设是具有批判性的建设，批判是以建设作为衡量手段的批判。因此，深入探究思政课虚拟仿真实

---

[1] 韩美群. 论马克思唯物辩证法的和谐内蕴［J］. 哲学研究，2014（4）：30－34.
[2] 梁涌，张敏雅. 坚持建设性与批判性相统一，推动思政课守正［J］. 高教论坛，2020（12）：13－17.

验教学坚持建设性与批判性相统一的内在意蕴和实现途径，具有重要的理论与实践意义。

思政课虚拟仿真实验教学坚持建设性与批判性相统一的必要性主要体现在以下几个方面。

第一，可以增强主流意识形态对学生的凝聚力和引领力。习近平总书记在全国宣传思想工作会议上指出："从意识形态领域看，思想文化相互激荡、价值观念多元多样，我们必须坚持以立为本、立破并举，不断增强社会主义意识形态的凝聚力和引领力。"① 这表明，增强主流意识形态对学生的凝聚力和引领力，不仅可以使学生的理论知识上升到思想上的认同和政治上的同步，而且可以培养学生的学理分析能力。有助于让学生意识到问题的解决思维不是单纯的批判，还应在建设性思维的基础上寻求问题的科学解释。

第二，可以引导学生关注重大理论和现实问题。习近平总书记在哲学社会科学工作座谈会上指出："坚持马克思主义在我国哲学社会科学领域的指导地位，把研究新时代重大理论和现实问题作为主攻方向。"② 这一重要论述指明了新时代思政建设性和批判性的主攻方向。思政课改革创新要想用马克思主义的真理力量去引导学生，用彻底的理论去说服学生，就必须采用生动的教学内容，切实解决现实生活中的问题。因此，引导学生关注重大理论和现实问题，不仅可以使学生勇于正视矛盾、批判错误思潮和观点，而且可以坚定学生对马克思主义理论的信仰。

第三，可以优化虚拟仿真实验教学的内容。优化教学内容是思政课虚拟仿真实验教学"建设性"与"批判性"的关键点，是从其思政课教学目标出发进行"课程内容建设"的选取和"教学批判对象"的规定，表面上看是解决"谁来建设、建设什么；谁来批判、批判什么"的问题，实质上这是"建设性"与"批判性"辩证统一的具体载体。从根本上来说，教学内容的优化是思政课虚拟仿真实验教学的魅力所在，因为它承载着教师的"教"和学生

---

① 习近平. 在全国宣传思想会议上强调举旗帜聚民心育新人兴文化展形象更好完成新形势下宣传思想工作使命任务 [N]. 人民日报，2018 – 8 – 22（2）.
② 习近平. 在哲学社会科学工作座谈会上的讲话 [N]. 人民日报，2016 – 5 – 19（2）.

的"学"。因此，优化虚拟仿真实验教学的内容，是"建设性"与"批判性"是否真正统一的目标维度。

第四，可以改革虚拟仿真实验教学的方法。教学方法的改进是思政课虚拟仿真实验教学"建设性"与"批判性"的突破口，思政课教学方法的多样性和革新度是虚拟仿真实验教学的价值理念。将"建设性"与"批判性"统一于思政教育方法探索之中，有助于依据不同教学内容的侧重点，合理预判不同教学方法的适用性，有利于组合立体的教学方法来明确课程的价值负载目标。因此，改革虚拟仿真实验教学的方法，是"建设性"与"批判性"是否真正统一的实践维度。

综上所述，思政课虚拟仿真实验教学要在不断发展中保持创新，坚持"建设性"与"批判性"相统一，有助于在揭示教育教学规律本质的同时促进学生的全面发展与进步，从而提升思政课建设虚拟仿真实验教学的实效性。

四、设定思政课虚拟仿真实验教学的目标

当前，国内部分高校在思政课中运用虚拟仿真实验进行教学，但对实验教学的认识仍存在局限性。一些人简单地将其视为网络信息技术在思政课中的运用，认为只需借助互联网技术就能完成思政课"铸魂育人"的任务。这种理解在一定程度上会对虚拟仿真实验教学的效果和效率产生影响，甚至导致虚拟仿真实验教学的前景受到质疑。所以，要想提高思政课虚拟仿真实验教学的实效性，这就要求在实际的教学过程中要重新构建和全面认识思政课虚拟仿真实验教学的目标，以此来提升思政课虚拟仿真实验教学的质量和水平。

（一）实现课程教学的重要目标

教育部在《关于一流本科课程建设的实施意见》中指出："课程目标符合学校办学定位和人才培养目标，注重知识、能力、素质培养。"因此，思政课虚拟仿真实验教学应坚持"学生中心、持续改进"的教学理念，对课程教学目标当中的单元教学目标和教学方式目标进行深入研究，以人才培养目标为导向，

构建持续发展并能够有效改进的思政课虚拟仿真实验课程教学目标体系。

第一，从教材入手，实现单元教学目标。这就需要教师深入挖掘教材和解读教材，全面掌握教学大纲，以单元章节为切入点，选取符合学生成长规律的课程内容，合理规划思政课虚拟仿真实验课程所占的教学课时。通过专题式学习，以教材大纲为目标导向，将教材中的章节内容根据每个单元侧重点的不同，分配不同的学时，以契合课程目标进行整个课程的学习。

具体而言，首先，在单元内容的组织上更加注重"层级递进"。通过沉浸实验，让学生了解历史环境；通过实验启发，指导学生了解历史过程、思想真谛和时代价值；通过实验交互，让学生掌握马克思主义理论的鲜明特征，增强学生学习和运用马克思主义理论知识的自觉性。其次，在单元背景的创设上更加关注"真实情景"。将教材中所涉及的知识点和教材中的思想内容，以图片、视频、音频、案例等方式形象、生动、逼真地展现出来，使学生有一种身临其境与实验对象互动的主观感受。最后，在单元活动的开展上更加倡导"探究学习"。通过思政课虚拟仿真实验教学将教材内容通过章节侧重点，以在虚拟实验中设立主情景和分支情景，让学生通过虚拟场景分解问题和完成任务，以此来减少学习的壁垒，从而在调动学习热情的基础上培养自主探究学习的意识。

所以，教师在确定讲授课程之前，要综合分析教材的知识结构，以学生为中心，基于学生已有的知识背景和学生成长规律，以实现其在单元教学内容、组织、开展上的一致性，从而在整体上把握学科的教学内容，完成以质量为目标的单元教学建设。

第二，从教师入手，实现教学方式目标。《2019 年教育信息化和网络安全工作要点》中指出，要实施"一师一优课，一课一名师"活动，明确在提升教师教学信息素养的基础上，要积极发挥"互联网 + 教育"，发挥网络教育和人工智能优势，创新教育和学习方式，以此来逐步实现思政课教师打造虚拟仿真实验教学"一人一空间、人人用空间"的面向每个学生、适应每个学生、更加开放灵活的教育教学体系。思政课教师教学目标的转换要求教师在教学方式上进行变革，传统思政课"注入式"和"填鸭式"的教学方式已不能满足当代大学生心理特点和成长规律的需求，正如习近平总书记所说："每一代青年都有自己的际遇，现在高校学生大多是'95后'。"那么，对"95后"大学生来说，最大的际遇就是网络已成为他们生活、学习的最终变量。所以，在思政课虚拟仿真实验教学课程目标的建设上，实现教师教学方式目标的转化更能体现思政课思想性、科学性和时代性的与时俱进。

具体而言，首先，在学生反思能力上，注重教学方式革新的重要目标。思政课虚拟仿真实验教学过程中，"提升学生反思能力的方式就不能仅仅局限于课堂"①，而是要求学生在课堂知识反思的基础上对日常生活实践有一定的思考和认识。其次，在学生探索能力上，注重教学方式革新的考量目标。在思政课虚拟仿真实验教学过程中，教师运用沉浸式教学方式，创设问题情景，让学生在主动、活跃的能动状态中进行学习，不仅唤起学生强烈的问题意识，而且激发起学生的探索能力。最后，在学生核心素养能力上，注重教学方式革新的最终目标。"防止单纯的'知识课堂'，把向核心素养靠拢作为常态课的底线。"②

基于此，思政课虚拟仿真实验教学依托丰富的教学资源，以个性化的教学方式把以往单纯的"知识课堂"转型为"自主学习的课堂"，以此培养学生在实践教学中提升核心素养的能力。所以，在思政课虚拟仿真实验课程教学目标的设定上，既不能缺失教师主导力量的存在，也不能丢失学生主体的意识；既不能忽略教师的价值坚守和精神引领，也不能忽视学生的核心素养和学习需求。总之，思政课虚拟仿真实验教学不仅是构建开放共享的优质教学体系，更是培养学生核心素养能力的重要渠道。

（二）实现实验教学的场景目标

教学场景的设计要以教学大纲和教学目标为依据，在仿真场景建设上要以受教育者为对象，选择合适的层面和角度，抓住教学的本质特征，采用能够激发学生潜力和学习兴趣的教学形式来进行思政课虚拟仿真实验教学。在

---

① 王健．基于学科能力发展的教学方式变革：目标、原则与模式［J］．黑龙江教师发展学院学报，2020，39（12）：11－13.

② 许大成．深耕课堂：思政课教师的专业成长密码［J］．思想政治课教学，2020（5）：82－86.

仿真场景呈现上，要以教材核心知识点为基础，以实现教学目的为出发点，真实反映实验场景，并且在符合教学客观规律的基础上，主动发挥教师的主观能动性来进行思政课虚拟仿真实验教学。

第一，实验环境的逼真度。通过虚拟仿真技术手段再现教学环境，对教材中的历史、人物、事件进行还原和重现，使学生沉浸在虚拟的历史场景。虚拟仿真技术生成的实验周边环境与教学教材所述的真实实践环境的一致性程度，将直接影响学生操作思政课虚拟仿真实验过程的体验。同时，简化和粗糙的三维建模和教学程序的设计也会直接影响环境场景的仿真度，从而间接影响学生进行思政课虚拟仿真实验教学的学习效果。所以，实时交互的效果和场景的逼真度，是实现场景目标的基础。

第二，实验对象的逼真度。通过虚拟仿真技术使课程的人物"活"起来、事件"亮"起来、理论"动"起来，不仅使实验对象场景更具有针对性，而且保持了实验对象的物理属性与真实实践对象的一致性。这就证明了实验对象在思政课虚拟仿真实验教学中能否真实呈现所需场景，将在一定程度上影响学生进行虚拟仿真实验学习的获得感和满足感。所以，为了保证学生以第一人称视角与实验对象进行场景互动体验，达到对象场景的科学真实性是实现场景目标的关键。

第三，实验现象的逼真度。数字教学工具通过整合大量真实的文献资料、纪录片、影视作品以及人物的语言、动作，场景的比例、颜色等材料，还原教学背景的历史现象，让学生近距离感受历史文物，深入研读马克思主义理论。虽然是虚拟仿真实验，但它虚拟的音响、动画、比例、颜色等应是与真实世界相符的，而不是使用声音过度失真的音响或过度夸张的特效和动画来展现与真实世界不符的现象。所以，保证思政课虚拟仿真实验现象的真实性，有助于提高学生学习的沉浸性和教学效果的时效性，同时，在一定程度上证明了达到现象场景的逼真度也是实现场景目标的核心。

五、开展思政课虚拟仿真实验教学的方式

教学方式是教学活动实际呈现的形式。坚持以教学方式的创新为重要环

节，充分发挥"先进教学技术手段的开发和运用，形成多形式、多渠道的社会实践教学方式。"[①] 思政课虚拟仿真实验教学改变了过去单一的教学方式，催生出新的教学范式，创新了教学内容，变革了教学方式，使课堂教学与实验教学深度融合，不仅增强了思政课教师的科技素养，而且提高了学生的学习效率。

（一）传统讲授与实验讲解相融合

"思想政治理论课为学生个人提供人生指导服务，是满足学生个人发展需要的幸福课程，其作用不可替代。"[②] 在教学过程中，传统讲授教学主要强调教师的教，教师授课的线索主要以教材上知识点的罗列顺序为主，这可能会导致学生存在"知其然而不知其所以然"的窘境，在非问题导向的教学模式下，学生通常以被动学习为主，学习效率与学习效果均有不足。

随着信息技术的进步与技术创造的融合，思政课的教学方式进行了重新定义，比如，实验讲解教学方式的出现。在虚拟仿真环境下，教师可以在虚拟仿真实验室结合教材知识点选取不同的典型案例进行系统讲解，使学生在虚拟环境中进行理论与实践的结合，加深对部分知识的深化认识。实验讲解教学方式对于知识点讲解清晰透彻，有助于打牢基础，这种喜闻乐见的教学方式，可以激发学生的趣味性，有效提升学生学习效率与效果。"线上线下相结合"的教学模式能达到融会贯通、知行合一的要求。因此，增设传统讲授与实验讲解相融合的教学模式，可以让学生对相关内容的掌握，不是只停留在"学"的方面，更多的是达到"用"的要求，有效实现"学用结合"，将传统教学中对"知识传授"的关注转变为在思政课虚拟仿真实验教学中对"知识应用"的关注。

（二）直观演示与任务驱动相融合

第一，思政课传统意义上的直观演示教学有三种形式：一是在教学过程

---

① 顾海良. 高校思想政治理论课程建设研究 [M]. 北京：中国人民大学出版社，2016：143.

② 曾文，张耀灿. 思想政治理论课作用不可替代 [J]. 学校党建与思想教育，2019 (7)：6-7.

中，教师把与课程内容相关的实物展示给学生观看；二是在教学过程中，给学生做示范性实验；三是在教学过程中，用动作进行形象表演。虚拟仿真技术为直观演示教学带来了全新的认知手段，"虚拟环境（Virtual Reality，VR）是以计算机技术为核心，结合相关科学技术，生成与一定范围真实环境在视、听、触感等方面高度近似的数字化环境"。① 这种技术以更加直观、形象的动画活化了场景中的人和事，使课本中的知识不再是被动的、禁止的、无生命的。这不仅拓宽了学生的认识视野，而且从某种程度上促进了学生从感性认识到理性认识的飞跃。

第二，任务驱动教学是以建构主义教学理论为基础，以富有趣味性的任务为载体通过设计既能激发学生学习动机又与教学内容紧密结合，"学习者通过完成某项任务获取知识与技能的一种开放式、探究式教学模式"。② 在思政课虚拟仿真实验教学中运用任务驱动教学方式，不仅使教学任务更加明确，而且使知识更加系统化。学生可以主动参与、自主协作完成课程任务。比如，在每个学生感兴趣的虚拟场景中都会提示学生进行知识点的学习，并提供相应的练习题目，真正驱动学生进行学练结合、考练结合，加深学生对相关知识点的理解和掌握。所以，直观演示教学方式是任务驱动教学方式的基础，只有把抽象的理论知识具体化、形象化、生命化，才能提高学生学习知识的渴望度；任务驱动教学方式是直观教学方式的保障，只有理解每一章节演示的内容，并结合考练，才能提高学生学习知识的满意度。

（三）教学引导与自主学习相融合

在思政课虚拟仿真实验教学过程中，如果把教师的引导和学生的自学融合起来，对双方均有益处：对于教师而言，有助于促进学生自主学习能力的提升；对于学生而言，使他们能在教师指导下更有效地进行自主学习，使教师的"教"能为学生的"学"做更为适切的服务保障。

---

① 赵沁平.虚拟现实综述［J］.中国科学，2009，39（1）：2-46.
② 刘红梅.任务驱动式案例教学法的构建与应用［J］.江苏高教，2016（4）：71-73.

教师在思政课虚拟仿真实验教学中的引导作用至关重要，具体体现在三个方面：导向、导思、导练。

第一，"导向"。就是制定明确的教学目标，精心组织虚拟仿真实验教学活动，引导学生进入虚拟化场景，利用声音、图画、视频剖析每一个知识点涵盖的内容，做到"形散而神不散"。

第二，"导思"。就是根据虚拟场景中出现的某一现象，进行讨论互动，引导学生理论联系实际，学以致用，让学生思考如何把学到的理论知识与自身实际及社会实际相结合，以应对未来遇到的困难和挑战。

第三，"导练"。就是针对每一虚拟场景出现的习题进行学练结合，引导学生把所学所思提炼升华，形成自己的认识，内化为自己的思想，使理论入脑走心。

在思政课虚拟仿真实验教学中增强学生的自学能力是关键，这包括精学、深学、会学。

第一，"精学"。即找准学习的重难点，抓住核心知识。利用思政课虚拟仿真实验教学平台找到适合自己的学习资源，用最短的时间学习最全的知识，留更多的时间供自己探究思考和消化吸收。

第二，"深学"。即学生的"深度学习"。在沉浸式教学中学生更容易学会倾听、思考，同时实现自身情感的体验；在交互式教学中学生更容易学会协调交流、迁移应用，同时实现自身获得感、存在感的体验。

第三，"会学"。即学习的"高度"问题。在思政课虚拟仿真实验教学过程中，不仅要尊重学生的个性需求，直面学生的成长需求和思想困惑，而且要创造一种学习体验，让学生通过努力能够达到学习目标。

因此，思政课虚拟仿真实验教学把教师的"教学引导"和学生的"自主学习"进行融合，有助于学生由"知识本位"的"被动学习"转化为"素养本位"的"能动学习"，有利于探索具有普遍指导性和可操作性的思政课教学创新之路。

（四）课堂讨论与实验互动相融合

第一，打破课堂沉默状态，更好倾听学生声音。课堂讨论包括师生讨论和生生讨论，课堂讨论是思政课教学的一种重要形式，它可以将教学过程进行得更具体、更完善。在思政课实践教学过程中，最普遍的讨论式教学模式是：教师提出问题—学生讨论回答—教师分析评价。然而这种教学模式是以教师掌控课堂讨论为主，学生只是参与发言被动应答，教师对所提问题的答案具有最终的裁判权。要在思政课虚拟仿真实验教学中实现教师在"论道"、学生在"悟道"，就需要"建构一种师生间积极互动、畅所欲言、知无不言、言为心声的讨论式民主课堂。"[1] 具体而言，选定课堂讨论主题，即教师的"论道"；提升课堂讨论质量，即学生的"悟道"。对于思政课教师来说，必须熟练掌握教学大纲，认真学习教材内容，从教材知识点、学生关注点、教学结合点三点契合的角度出发，选定适合学生的课堂讨论主题，以此来提升课堂讨论的质量。

首先，教材知识点就是教师选定的讨论主题必须是教学大纲要求解决的重难点问题。在对预设问题讨论的过程中，教师应鼓励学生从不同角度思考问题，引导学生在头脑中形成思维框架图，允许同学间进行修正、补充和完善，教师对讨论中出现的偏颇观点进行斧正。这种讨论方式不仅使教师在轻松的状态中完成教学任务和辐射教学内容，而且也使学生在乐学和愉悦氛围中牢记知识。

其次，学生关注点就是教师选定的讨论主题必须是紧跟时代发展、贴近学生实际。当代大学生是'网络原住民'的代表，由于他们成长于技术包围的环境，所以他们的思维方式与上一代'数字移民'（Digital Immigrant）有很大不同，尤其是学习方式发生了很大变化，对新鲜事物的热衷程度可见一斑。教师可以选取学生感兴趣、对学生有益的话题进行分组讨论，让学生发表自己的观点，并且引导学生指出话题的优缺点，对疑难问题征集解答，帮助学生形成辩证的思维意识，从而使学生立足现实，形成解决问题的能力。

最后，教学结合点就是教师选定的讨论主题必须是相关的社会热点问题。选取具有针对性的社会现实问题进行讨论，引导学生大胆提出质疑、勇于创

---

① 关振国. 让学生发声：高校课堂讨论式教学模式研究 [J]. 中国成人教育，2020 (12)：57–59.

新，让学生之间的思维进行碰撞、交流，最终产出知识的火花，讨论出新知。这种讨论主题充分体现了尊重学生教学规律，吻合学生实际成长需求，便于学生把解决自身困惑同解决社会现实问题联系起来，对学生学以致用、开启思想深度和广度、陶冶智慧具有一定的启发性。

因此，在明确讨论主题的思政课虚拟仿真实验教学过程中，教师的"论道"不仅能恰当地处理教材内容重复与衔接问题，而且更能激发学生学习思政课的激情和热情，加深学生对理论本身的科学性、学理性、逻辑性的认识。这样的教学才能真正培养学生"悟道"的能力，是教学过程中不可或缺的一环。

第二，实现教学解绑松绑，更好减轻学生压力。"实验互动"即翻转课堂，是思政课虚拟仿真实验教学的一种特殊表现形式。它营造了一种全新的学习环境，给学生带来了不一样的学习体验，给教师带来了不一样的教学挑战。

具体而言，首先，以问题为导向，转向知识探究学习。在传统思政课教学过程中，更多的是"教师针对问题在台上讲，学生带着问题在台下听"，这种教学方式在一定程度上扼杀了学生主动探索的能力，降低了教学的时效性。而翻转课堂的出现，真正实现了学生在学习中的主导作用，激发了学生的好奇心，鼓励学生主动发现问题、深入思考问题、大胆提出设想，充分发挥了学生的想象力和创造力。学生可以自己规划学习内容和学习节奏，也可以提前线上预习，线下整理归纳问题，然后线上带着问题听课，师生针对问题通过交流、双向互动的方式得出答案，促使从书本知识的学习转向探究知识的学习。这样不仅可以使学到的知识得到更好的转化，而且还可以激发学生的学习兴趣，培养学生独立思考意识、批判性思维和创新思维能力，营造一种思维无界限的人才培养生态。

其次，以过程为导向，建立对话互动课堂。在思政课虚拟仿真实验教学过程中，要想让教学"活"起来，最主要因素就是交流，对话交流是最有效的学习方式。有效进行交流与互动，具体而言，应从以下两个"维度"来进行：一方面，生生对话互动情况。教师应重点观察生生交流的内容是否有价值和意义，交流的内容是否有拓展性和挑战度等情况，自己应该如何进行有效的点播和引导。另一方面，师生互动对话情况。教师应注意交流的方式，具体来说，是采用教师提问、学生回答的方式，还是通过师生互动来共同得出答案，是教师单方面肯定或否定学生的回答，还是激活学生的思维，引导学生进行自我解答。

最后，以结果为导向，适应学生思想变化。思政课虚拟仿真实验的教学结果可以说是"以'翻转课堂'实现'需求侧'和'供给侧'的融通。"①所谓"需求侧"就是教师以交流互动的方式了解学生对思政课虚拟仿真实验教学的真实想法和需求，同时与学生建立亦师亦友的融洽关系，热心与学生共同研究、共同成长；所谓"供给侧"就是根据学生在思政课虚拟仿真实验教学中的理论需求来制订合理的教学方案，真正实现教书育人的根本目的。因此，翻转课堂作为思政课虚拟仿真实验教学的特殊表现形式，就是在满足学生"需求侧"的基础上实现教师"供给侧"的教学价值，使思政课的价值融入学生思想意识中，不仅达到了教学效果的实效性，而且使学生树立起对思政课理论的认同度和满意度。

因此，高校思政课虚拟仿真实验教学既不是简单的"教"与"学"的关系，也不是被动的传递知识、获取知识的过程，而是在更具深度的对话互动中拓宽理论视野，在吸收他人知识的同时更好地激发自己的学习潜能，只有实现这样的教学效果，才能更好地学好思想政治教育这门课程。

总而言之，课堂讨论的教学方式可以打破课堂沉默状态，更好地倾听学生声音；仿真模拟实验互动的教学方式能够让教学实现解绑松绑，更好地减轻学生压力。所以，要想重视学生的全面发展和强化现代信息技术与教育教学的深度融合，一定要坚持知识传授与价值引领相统一。基于此，为了推动思政课教学向深度、高度和广度发展，为了使传统思政教学与虚拟仿真实验教学相融合，为了提升思政课教学质量、创新教学模式，融合课堂讨论和实验互动的教学方式值得广大思政课教师进一步拓展和完善。

六、运用思政课虚拟仿真实验教学的方法

国务院发布《国家教育事业发展"十三五"规划》，支持各级学校建设

---

① 韩静. 新时代高校思政课"翻转课堂"三个维度探析 [J]. 黑龙江教育（高教研究与评估），2020（12）：58 – 59.

智慧校园，综合利用互联网、大数据、人工智能和虚拟现实技术探索未来教育教学新模式。无论是爱课堂（中国大学 MOOC）还是超星尔雅通识课平台，无论是发展虚拟仿真实验，还是体验和实践教学，其最终目的都是为了推动传统教学方法的变革和对未来教学方法的创新。

（一）推进沉浸式教学方法

沉浸式教学方法以无边界、愉悦性和具身性等特征，创造出"境身合一"的虚拟场景，给学生提供一种全新的学习空间和优质的教学资源。

第一，沉浸式体验的无边界。无边界是沉浸式体验空间的重要特性，它打破了传统思政课教学时间和空间的约束，体现了思政课虚拟仿真实验教学空间意义的延展性和动态完整性。无边界不仅表现为空间之间的叠加，而且还呈现多维性、开放性、多元化和自由性等特质，更涵盖了"科技理性与哲学理论的双重场域"，① 从而形成了学生与虚拟现实相互融合、情感目标与教学目标相互映衬、学生主体与虚拟场景动态映射出的一种崭新的学习空间。这种教学方法可以在"虚实融合、虚实叠加"的形态下，实现学生从"被动参与"转向"主动学习"的意识，激发学生学习的潜能和兴趣。

第二，沉浸式体验的愉悦性。虚拟仿真实验教学本身就具有广阔的想象空间，教学内容还可以根据学生的学习需求进行个性化定制，满足学生的个性化学习需求，并让学生在教学实践中获得不同于以往传统教学的感官享受。其中，虚拟仿真实验教学空间的想象性特点和学生获得满意知识的获得感是沉浸式教学方法愉悦性的重要基础，这也为学生探索未知领域的知识提供了不同的学习模式，既可以不受物理空间的限制，还可以完成现实世界中因种种条件约束而难以完成的事情，使学生的主观感受和内在的知识结构产生思想共鸣，有助于培养学生的探索欲和创造力，以此实现传统教学中难以获得的学习经验和知识需求，从而获得身心上、学习上难以言喻的获得感和愉悦感。

---

① 裴萱.从"赛博公民"到"空间分形"：赛博空间视域中的美学框架及话语流变 [J].文艺争鸣，2016（6）：99－110.

第三，沉浸式体验的具身性。沉浸式教学方法最明显的特征就是"身临其境"和"境身合一"。在沉浸式空间中，参与者必然需要具身化投入，对"虚拟场景内容进行全方位的观察、体验与感知。"① 然而，虚拟仿真实验教学的内容设计和理念建构呈现多样、多维的知识体验空间，提供了丰富的具身性资源和多样的表达方式。比如在环境、对象、现象场景的设计方面，打造出"以虚仿实，以实为基"的新环境，可使学生从三维角度的调动转向多维角度的调动，从而与建构的虚拟场景进行实时互动。这种独特的、完整的沉浸式体验教学方法，可以提升学生的具身认知能力，使之想象力和创造力的思维得以提升，从而可以更好地全身心沉浸在学习实践活动中。

因此，在思政课虚拟仿真实验教学中运用沉浸式教学方法，可以使学生将思政课抽象的知识理论可视化、具象化，以虚实结合的课堂模式和学习环境，将无边界、愉悦性、具身性的沉浸式课堂打造为学生自愿参与的实践课堂。

（二）开展交互式教学方法

教育部在《关于一流本科课程建设的实施意见》中指出："强化现代信息技术与教育教学深度融合，解决好教与学模式创新的问题"，② 是实现传统教学下的"无声课堂"向虚拟仿真实验教学下的"有声课堂"转变的重要途径。在思政课虚拟仿真实验教学过程中，交互式教学方法是影响虚拟仿真实验教学效果的关键环节。在"5G"时代，交互式的教学方法更多强调学生学习的主动性和自觉性，同时也强调要"充分利用网络通信技术、多媒体技术、人工智能技术、虚拟现实技术等创设交互式学习情景"，③ 以此来承载思政课的教学内容，并且通过三种交互方式来提高学生学习效率，即师生交互、生生交互、人机交互。

---

① 徐铷忆，陈卫东，郑思思，等. 境身合一：沉浸式体验的内涵建构、实现机制与教育应用——兼论 AI + 沉浸式学习的新场域 [J]. 远程教育杂志，2021，39（1）：28 - 40.

② 教育部.《关于一流本科课程建设的实施意见》[S].2019 - 10 - 24.

③ 赵秋红. 移动交互式学习平台在工程管理专业教学实践中应用研究 [J]. 科技经济导刊，2021（1）：136 - 137.

第一，师生交互。首先，课前。学生提前预习所要学习的课程，对所学内容进行一个适当了解，然后登录虚拟仿真实验教学平台进行自主学习，同时提出问题进行反馈，教师则时刻关注教学平台的反馈数据信息，对学生疑惑的问题进行在线答疑、在线指导。

其次，课中。教师可以将教学目标分为不同的场景来进行讲解，在每一场景的教学中与学生进行交流讨论，督促学生与教师的讲解思维进行同步交互，以此来活跃课堂气氛，提升学生学习的积极性和获得感。

最后，课后。教师对学生的作业进行线上批阅，对达不到评分标准的个别同学及时开展教学互动，做到因材施教。所以，交互式教学方法中的师生交互形式不仅解决了教学中的基本问题，同时也提升了学生自主学习的能力和知识框架的梳理意识。

第二，生生交互。首先，对话交流。每一个学生的知识水平和理解能力都是不相同的，面对学习中的疑难问题，同学之间可以探讨和交流，从而在交流碰撞中解锁新的知识。

其次，动态生成。以往的传统教学由于教学条件的限制，难以组织学生进行大规模的有效互动，而虚拟仿真实验教学平台突破时空的限制，使学生之间的互动学习成为一个动态的生成过程，有助于学生加深对知识理解的广度和深度。

最后，合作共享。通过人工智能技术、虚拟仿真技术等媒介，学生之间可以组成讨论小组，对于感兴趣的话题、疑难问题进行合作解决，实现资源的共享，提高学生之间的团队协作能力。所以，交互式教学方法中的生生交互形式不仅启发学生创新性思维能力、想象能力和团结协作能力，而且对学生思想共鸣的触发起到了重要的促进作用。

第三，人机交互。思政课虚拟仿真实验教学最本质的特征是实现人机交互的能力。首先，实时操作。学习者操纵虚拟仿真实验教学场景中设定的学习步骤，以完成教学目标规定的任务，解决实验场景中知识点穿插的考核项目，以此来验证学生是否达到实验教学的目的和能力的培养。

其次，多感官输入信息。学习者输入（动作）可使呈现界面（虚拟场景）发生相应的变化，这一变化将给学生的感官产生新的认知体验，重复进行感官信息的输入，直到学生对所处的虚拟环境感到满意，从而达到人机和谐的友好界面，这是启发学生以立体化的维度获取和理解知识的最主要途径。

最后，全身心体验。"虚拟仿真实验教学通过真实世界环境与虚拟场景的融合，给学习者建构了一个可视化的'真实环境'。"学生通过 VR 手柄、数据头盔等设备与虚拟场景进行"境身合一"的融合，以便学生进行精确的交互活动，实现身临其境、彼此相融的全身心体验。

所以，交互式教学方法中的人机交互形式不仅提升了学生自主学习的能力、创新性思维能力、想象能力和团结协作能力等，而且也给学生获取和理解知识搭建了更为宽广的平台，同时也促进了教师教学效果和教学质量的提升。

（三）深化启发式教学方法

习近平总书记在学校思政课教师座谈会上强调："注重启发性教育，引导学生发现问题、分析问题、思考问题，在不断启发中让学生水到渠成得出结论。"那么，在思政课虚拟仿真实验教学过程中，如何唤起学生的主体意识、开发学生的智力潜能、发展学生的主体精神、适应学生的成长规律，正在成为推动思政课教育变革的重要引擎。在实际教学过程中，教师要充分发挥"启发、点拨、指导、解疑"的主导作用，以此来激发学生的主观能动性，让学生"主动、探究、实践"地进行有意识的学习，使学生的智力潜能、主体精神在启发式教育的过程中得到提高和深化。

第一，三步式启发，即提出问题—思考问题—解决问题。

首先，提出问题。在思政课虚拟仿真实验教学过程中，"教师提出一个在当前知识背景下可能会出现的网络现象或网络事件"，进行讲解出现的原因及表现，生动地将学生带入情景化教学中，由此激发学生主动思考的积极性。但在教学过程中，教师提出的问题应基于教材知识的同时又要超越教材知识，既能衔接教材内容，又能引出新的知识面，这就要求教师不仅具备教学实践经验，而且要和教材内容融会贯通。

其次，分析问题。以师生交互、生生交互的形式，针对提出的网络现象和网络事件进行具体分析，教师则要发挥主导作用，担任引导者的角色，对问题进行深入的剖析，引导学生进行适时思考。

最后，解决问题。教师在学生进行交互讨论的同时要时刻关注反馈的信息数据，引导学生进一步运用发散性思维并结合理论知识，梳理出知识图谱和理论框架，总结出解决问题的思想和方法。所以，思政课虚拟仿真实验教学的三步式启发教学既是对传统思政课教学的合理改进，又符合"知识来源于实践，又高于实践的"马克思主义哲学观。

第二，情感渗透式启发。在思政课虚拟仿真实验教学形成初期，教学内容的设定应找准师生双方理解、沟通的心理基础，营造自由温馨的氛围，在情理交融、事例交融的过程中达到师生双方的"心灵沟通、情感共鸣、思想统一"。在思政课虚拟仿真实验教学过程中，要坚持学生的主体地位，在师生交互教学中，教师要以平等、友好的态度尊重和关心学生，使思政课虚拟仿真实验教学成为一门有"温度"的课程。通过人机交互的形式，使学生沉浸在具有声音、动作、视频、图片的虚拟场景中，以动态的感官交互来渗透情感力量带来的心灵震撼。情感渗透不仅丰富学生的情感体验，同时更为重要的是"唤醒"和"启发"学生以不同"视角"和"维度"去探求知识的热情和动力。所以，思政课虚拟仿真实验教学中运用情感渗透式启发教学方法，最主要的目的是改变传统思政课"冷""硬""无色""无声"的课堂，打造成师生在有"温度"、有"爱"的课堂中学习，从而进行马克思主义理论知识的深耕和播种。

第三，实践体验式启发。习近平总书记指出："本领不是天生的，是要通过学习和实践来获得的。"思政课虚拟仿真实验教学在本质上来说也是一种实践体验式教学，即利用虚拟环境，将知识得以产生的客观现象通过虚拟场景再现给学生，教师讲授知识要点进行概括和总结，让学生沉浸在虚拟情景中，通过多感官信息的输入来接受信息。这种全身心体验的方式能够激发学生的学习兴趣和学习潜能，进而启发学生发挥自己的想象力和创新的思维活动进行实验探索。在"虚拟仿真技术建立的特定教学情景和虚拟场景中，学生可以通过自我实验进行探索，利用仿真技术在场景中设定技术问题"，学生可以发现问题、分析问题，并在实验中得到启发从而掌握解决问题的方法。

所以，虚拟仿真技术构建了体验式的学习模式，强调学生自主学习的主体作用，并通过学生自主学习的体验让学生在实践过程中提升对知识的认知程度、经验总结和思维能力的培养。

（四）采用案例式教学方法

思政课虚拟仿真实验教学采用的案例式教学方法是对传统思政课教学的一种创新，它可以把"抽象的理论用生动鲜活的具体事例呈现出来"，使学生参与到教学活动中，以此来提升学生对理论知识的渗透力和认同度，激发学生学习的主动性和趣味性。在运用案例式教学方法时，应注意以下两点。

第一，经典案例的编选。教学案例的编选要具备思想性、关联性和时代性的特征。首先，思想性是思政课教学的核心和灵魂。思政课案例的选取不仅要坚持马克思主义立场、观点和方法，而且要立足于立德树人的教育目标。

其次，案例的选取要与课程内容具有关联性。比如，北京理工大学的"重走长征路——理想信念虚拟仿真实验教学"项目，通过三维虚拟仿真实验模拟红军长征历史场景，使学生身临其境体验围追堵截、生离死别的心酸和爬雪山、过草地的艰辛，能更深刻地帮助学生了解幸福生活的来之不易和坚定理想信念的重要意义，以此来培养学生的使命感、责任感和家国情怀。

最后，注重时代性。把教材中的重难点与体现时代气息、把握时代脉搏且与学生感兴趣、关注度较高的话题结合起来，引发学生的思考和探索，培养学生的使命感和责任感。

第二，课堂教学的组织。首先，课前准备。教师布置预习任务，使学生对所学内容和案例的切入点有一定的了解，为课堂顺利进行做好铺垫。

其次，精心设计互动环节。给予学生平等对话的机会，满足青年学生成长发展的期待，增强青年学生接受思想政治教育的内生动力。开展生生互动、师生互动的讨论和交流，对于学生偏离教学目标的讨论，教师结合教材所学理论和案例所蕴含的道理进行分析，引导学生养成主动分析问题、解决问题的能力。

最后，强调总结与提炼。教师对教学内容进行凝练和升华，梳理出学生在本节课中应该掌握的重难点和知识点，同时也引导学生对自己的学习过程进行反思，促使学生养成科学的思维方法。

当然，案例式教学方法在需要注意以上两点之外，还应具有以下两种特征。一方面，教学资源有机整合的关键。典型案例的选取不仅涉及的知识面广泛，而且还是教学资源有机整合的关键。比如，美国哈佛大学商学院的各门专业课在收集大量教学案例的同时，也进行多学科协同教学，这就意味着突破了学科之间的壁垒，使教学资源进行了共享和整合，进而才会创造出世界一流的教学水平，这一点是值得我们学习和借鉴的。另一方面，教学技术的先进性。典型案例的选取不再是教师空洞乏味的讲解、模具的示范，而是利用 5G 技术、互联网、人工智能、虚拟仿真技术等以真实、有声、有色、有温度的方式展现出来。比如，石家庄铁道大学"西柏坡+"思政课实践教学虚拟仿真体验项目，利用"西柏坡"这一典型事例，运用虚拟仿真技术就可以使学生足不出户就可以体验中国红色历史文化。

总而言之，一个好的案例就相当于一本好的教材。思政课虚拟仿真实验教学中采取案例式教学方法，既要使典型案例对应教学主体来实现"立德树人"的目标，也要确保典型案例的选取贴近真实生活，以便学生通过实践获得更为感性的知识和加深对课本知识的理解。只有这样，思政课虚拟仿真实验教学才能成为学生喜爱、终身受益的实用课程。

（五）善用混合式教学方法

思政课虚拟仿真实验教学采用混合式教学方法是"彰显时代性、把握规律性、凸显针对性、注重实效性的教学实践尝试。"① 该教学方法主张教师根据课程教学目标、学生的认知规律和接受特点，采用多种教学理论和多种教学方式，融合线上教学资源和线下实践经验来培养学生的综合素质，主张学生转变学习态度，化被动为主动，实现高效的自主式探究学习。

第一，"线上"与"线下"两种教学途径的混合。主要结合线上有资源、线下有活动的路径进行教学内容的融合。具体来说，思政课虚拟仿真实验教学打破了教育资源的壁垒、改善了教育不公平的现象，使线上教育资源的建

---

① 张润枝，梁瑶. 关于推进思想政治理论课混合式教学的若干思考［J］. 思想理论教育，2021（1）：65–69.

设充分满足了教学资源的需求，如清华大学推出的"雨课堂"就盘活了教育资源，实现了个性化教学。思政课虚拟仿真实验教学也注重打造"菜单式"的线下活动，即搭建师生实践教学的平台，通过参观红色旅游景点、革命老区、走访名人故居、参观博物馆等形式将虚拟场景展现的知识内化于心、外化于行。

第二，教师主导课程与学生主体参与两种地位的混合。在思政课虚拟仿真实验教学过程中，教师不是单纯把学生当作"容器"去灌输理论知识，而是在虚拟场景中进行引导、启发，培养学生深度分析问题的独立性思维。从这个视角来看，思政课虚拟仿真实验教学并不是简单把虚拟仿真技术融入教学中，而是把其构建成一个完整的思政课教学体系，以教师主导课程和学生主体进行参与的模式为出发点，包括师生线上"教"与"学"的交互、师生线下课堂改革的实践与创新、教师统计教学数据、学生完成实验报告的反馈等总体性任务来体现师生两种地位的混合教学。

总之，保障"线上课程"与"线下课堂"的有机衔接，是思政课虚拟仿真实验教学实现两种教学途径和两种教学地位混合的内在逻辑。换言之，推进思政课虚拟仿真实验教学混合式教学方法的构建，不仅是顺应信息化时代教育变革的必然要求，也是深化传统思政课教学改革的重要维度和现实要求。

第四节　思想政治理论课教师信息化教学能力培养

一、提升信息技术素养

（一）掌握基础信息技术

思想政治理论课教师要掌握基础信息技术，这是信息化教学能力培养的重要组成部分。教师应具备计算机操作的基本技能，能够熟练使用办公软件，如 Word、Excel、PowerPoint 等，进行课件制作和资料整理。此外，教师需要学习多媒体课件的制作技能，包括图像、音频、视频等多媒体元素的编辑与整合，以增强课堂内容的直观性和感染力。在现代课堂中，掌握在线教学平台的操作也是必不可少的，教师应熟悉各种网络教学工具的应用，如 Zoom、腾讯课堂等，能够进行在线授课、课堂互动及学习数据的分析，以提高教学的灵活性和有效性。

同时，教师需要具备信息资源的收集和筛选能力，通过互联网获取优质教学素材，以丰富课堂内容。信息安全意识也不可忽视，教师需了解网络安全的基本知识，以保障教学过程中学生信息和课程资料的安全。掌握基础信息技术是思想政治理论课教师顺应现代教育发展的必然要求，也是提高课堂教学质量和增强学生参与度的重要途径。

（二）学习教育技术工具

教师需要掌握多种教育技术工具的使用方法，包括熟悉在线学习平台的操作，如 MOOC、超星学习通等，并能够利用这些平台进行课程资源的发布、学生的学习跟踪与互动管理。同时，教师应掌握电子白板的使用方法，使课堂内容更具互动性和灵活性，通过手写标注、绘图、即时批注等功能，帮助学生更好地理解和掌握教学内容。信息化教学过程中，在线测试与反馈工具的运用也十分重要，教师需要学习如何利用 Kahoot、雨课堂等测试工具，设计灵活的课堂测验或在线考试，实现对学生学习效果的实时评估和反馈，激励学生的学习动力。

此外，教师还需掌握教学视频制作工具，如 Camtasia、剪映等，通过录制与剪辑制作高质量的教学视频，提供给学生使其课后复习使用，使学生能够在课后自主学习和查漏补缺。通过熟练使用这些教育技术工具，教师能够丰富教学手段，提升思想政治理论课的互动性和趣味性，从而激发学生的学习兴趣，真正实现信息技术与教学内容的有机融合。

二、信息化教学设计与实施

（一）结合信息技术进行教学设计

教师应将信息技术融入教学的各个环节，从教学目标的设定到教学内容的组织，再到教学过程的实施和评价，都应体现出信息化的特点。在教学设计时，可以充分利用视频、动画和交互式课件等数字化资源，将抽象的思想政治理论转化为具体生动的画面，使学生在形象直观的氛围中理解理论知识。教师应设计基于信息化平台的互动活动，例如通过在线投票、问卷调查等形式，激发学生的思考和参与，增加课堂的互动性和趣味性。教学过程中的问题讨论环节也可以借助在线论坛或讨论区进行，教师引导学生在线上表达观点和相互交流，突破了课堂时间和空间的限制，增强了思想的碰撞和交流的深度。在教学设计中，还可以结合虚拟仿真技术模拟历史事件或社会热点情境，让学生在虚拟环境中体验相关的社会现象，从而加深对理论知识的理解和认同感。教师应在教学设计中运用大数据技术对学生的学习情况进行分析，并根据学生的学习需求调整教学策略，实现个性化的教学辅导和反馈。这种信息技术的应用不仅增强了思想政治理论课的吸引力，也使教学更加高效和有针对性。

（二）案例教学与信息技术结合

在设计课程内容时，教师应选取具有代表性的社会热点或历史事件作为教学案例，并利用信息技术手段进行多角度、多层次的展示，使学生能够更直观地理解和分析这些案例。在课堂上，教师可以利用多媒体工具，将文本、图片、视频等形式的内容进行有机结合，将案例的背景、过程和关键节点呈现在学生面前，以增强学生的代入感和认同感。通过信息化手段展示的案例，不仅在视觉上具有强烈的冲击力，更能够通过生动的情景再现，帮助学生更深入地理解思想政治理论的实践意义。

同时，教师可以借助在线讨论工具或互动平台，使学生分组讨论这些案例，通过信息化平台引导学生积极发表自己的看法，促进观点的碰撞与思维的交流，使学生在讨论中逐步内化理论知识。教师还可以利用虚拟仿真技术进行案例教学，模拟现实中的社会情境，让学生在虚拟环境中体验决策过程和社会现象，以此来加深对案例的理解和对理论的应用能力。

通过这种案例教学与信息技术的结合，思想政治理论课不仅在内容上更加具体和生动，而且在形式上也更具互动性和创新性，真正达到了理论与实践的紧密联系，提升了教学的感染力和实效性。

三、运用信息化手段提高教学互动

（一）在线互动平台

在课堂教学中，教师可以借助在线互动平台，如雨课堂、钉钉、腾讯会议等，通过设置课堂提问、即时投票、随堂测验等互动方式，随时掌握学生的学习状态和知识掌握情况，及时调整教学内容和节奏，使教学更加符合学生的需求。通过这些在线工具，学生能够在匿名的情况下更加自由地表达自己的观点和疑问，减少了传统课堂中由于害羞或紧张而不敢发言的问题，营造了开放平等的学习氛围。教师还可以通过这些平台组织在线讨论或头脑风暴活动，将学生的观点实时展示出来，促进学生之间的交流和思维碰撞，激发学生深入思考和讨论的积极性。课后，教师也可以利用在线互动平台布置作业、发布学习资料、解答学生的问题，以及进行课堂总结等，实现课堂学习和课后复习的无缝对接，形成一个完整的学习闭环。

通过在线互动平台的灵活应用，思想政治理论课教学能够更加有效地提升学生的参与度与学习效果，实现信息技术与教学的深度融合，使课堂教学真正做到生动、灵活、有趣。

（二）虚拟仿真教学

在培养信息化教学能力中，思想政治理论课教师可以利用虚拟仿真教学有效提升学生的学习体验和课程的实效性。通过虚拟仿真技术，教师可以将抽象的理论概念转化为具体的情境体验，让学生置身于一个高度模拟的环境中感受所学内容。例如，教师可以通过虚拟现实技术再现重大历史事件、社会热点和政策制定过程，帮助学生更直观地理解这些事件的背景、原因和影响。在这样的教学过程中，学生不仅被动接受知识，还可以在虚拟环境中进行互动操作，探索不同决策所带来的结果和影响，这种深度参与有助于增强他们对思想政治理论的理解和认同感。

虚拟仿真教学的另一优势在于其灵活性，教师可以根据不同的教学目标和学生的兴趣设置不同的情境，从而为学生提供个性化的学习体验。这种方式不仅激发了学生的学习兴趣，还使得思想政治理论课变得更加贴近生活。学生在仿真的实践学习过程中，能够更好地理解理论与现实的联系，感受到理论的力量与实践的价值。教师通过虚拟仿真教学可以充分调动学生的学习积极性和创造力，让他们在探索和体验中深化对知识的理解，并培养他们分析问题和解决问题的能力。这种虚拟与现实的结合不仅提升了思想政治理论课的教学效果，也为现代教育模式的创新提供了新的可能性。

四、教师自主学习与合作交流

（一）参与在线学习社区

在提升信息化教学能力培养中，思想政治理论课教师参与在线学习社区是一个重要的学习和交流方式。通过加入各种教育技术和思想政治教育相关的在线学习社区，教师可以获得最新的教学工具和教学理念，从而丰富自己的教学方法。在这些在线学习社区中，教师不仅能与全国甚至全球的同行进行互动，还能分享各自的教学经验和案例，还可以了解不同地区和学校在思想政治理论课教学中的优秀实践。教师还可以通过社区中的资源共享获取丰富的教学资料和教学案例，例如优质的多媒体课件、在线课堂活动设计等，从而拓展课堂内容和创新教学手段。在社区中，教师不仅能够学习先进的教学经验，还可以就教学中遇到的实际问题向同行请教，获得多样化的建议和解决方案，使教学工作更加得心应手。社区的参与也促使教师保持持续的学习状态，不断提升信息化教学能力，以适应教育的发展和变化。

同时，在线学习社区也是教师进行自我反思和专业知识成长的平台，通过与其他教师的对话和互动，教师可以更好地认识到自己在教学中的优势和不足，进而调整教学策略，提升教学效果。思想政治理论课教师通过参与在线学习社区，能够不断丰富自己的专业知识和教学技巧，构建一个跨越时空的学习和交流网络，使信息化教学能力得以提升，最终为学生提供更加高质量的思想政治教育。

（二）教学案例分享

在教学案例分享过程中，教师通过展示自己在课堂中应用信息技术的具体做法、取得的成果以及遇到的困难，使其他教师能够从中获得启发和参考。在思想政治理论课中，教师可以利用多媒体工具生动展示历史事件、讲解社会热点，或者利用虚拟仿真技术进行场景再现。这些具体的教学设计都可以作为案例分享，以丰富其他教师的教学手段和资源。教学案例分享还可以通过在线平台进行，教师可以在教育论坛、微信交流群、专业教育网站等平台上，发布自己的教学案例和心得体会，接受同行的建议和反馈，这种互动性的分享形式使教师之间的交流更加及时和广泛。在分享的过程中，教师可以不断反思和改进自己的教学方法，同时也可以为同行提供切实可行的参考，激发更多创新的教学思路和想法。

通过教学案例的分享，思想政治理论课教师可以将信息化手段更好融入课堂教学，提高整体教学质量和水平，使思想政治理论课的课堂更具吸引力和感染力，从而增强学生的学习效果和兴趣。

五、开展信息化教学评价与反思

（一）教学反思与反馈

在每一次课后，教师可以利用在线测试、问卷调查等方式收集学生的学习情况和课堂体验，将学生的反馈作为教学反思的重要依据。在教学反思中，教师需要仔细分析课堂上信息技术的使用是否达到了预期的教学目标，互动环节是否激发了学生的参与热情，所采用的多媒体资源是否真正有效地辅助知识点的讲解。通过这些具体的教学细节，教师可以识别到哪些方面是有效的，哪些需要改进。在这个过程中学生的反馈尤为重要，教师可以通过学生在平台上提出的问题、测验结果以及课后的讨论情况来判断教学内容的难易程度是否合适，教学手段是否能吸引学生的兴趣。在线反馈工具如教学平台的互动数据也为教师提供了详细的分析，帮助教师了解每个学生的学习进度和知识点的掌握情况。

通过这样的教学反思和反馈，教师能够深刻认识到信息化教学过程中存在的问题，进而在后续的教学中进行调整，使教学过程更加贴合学生的实际需求和认知特点。不断进行教学反思与反馈，有助于思想政治理论课教师提高信息化教学的有效性和针对性，从而打造更具吸引力和感染力的课堂。

（二）反馈机制

教师需要通过多样化的渠道收集学生在学习过程中的意见和建议，从而了解学生的需求和课堂教学的不足。在线测评工具是重要的反馈手段，通过课堂即时测试和课后作业的完成情况，教师可以及时掌握学生对知识的理解程度，并根据结果调整教学内容和进度。通过问卷调查或者在线互动平台，教师可以让学生匿名发表对课堂内容、教学节奏、教学工具使用等方面的看法，鼓励学生提出改进建议，使教师更准确地了解学生的学习体验。教师可以利用在线讨论区或者班级微信群进行互动反馈，教师在课堂结束后向学生提出开放性的问题，引导学生分享自己的理解与疑惑，借此了解学生对教学内容的掌握情况。

在信息化教学中，数据分析工具也能够为教师提供有效的反馈支持。通过分析学生在线学习平台上的学习时间、互动频率、测评成绩等数据，教师可以发现哪些学生在学习上存在困难，并及时给予针对性的辅导。建立这样的反馈机制，不仅有助于教师更好地优化教学设计，也有助于提升学生的学习体验和课程参与度，让思想政治理论课的教学真正做到以学生为中心，实现教学的针对性和实效性。

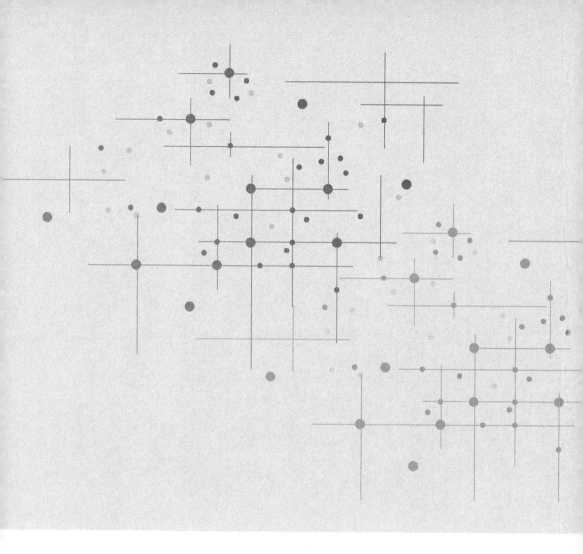

大学思想
政治教育信息化的建设

第六章

第一节　大学思想政治教育信息化建设目标

一、增强思想政治教育的实效性

（一）精准分析学生思想动态

利用大数据分析技术，通过日常生活中的数据采集，如课堂表现、社交媒体互动和学习行为等，进行实时动态监测，能够精准捕捉学生的思想变化趋势。通过数据挖掘和人工智能分析，教育管理者可以及时发现学生群体中存在的思想问题和潜在的心理困扰，采取有针对性的教育干预措施。同时，通过匿名调查和在线问卷等方式获取学生的真实想法，构建学生的思想画像，为制定个性化的思想政治教育方案提供科学依据。教师可以基于这些分析结果开展定向辅导和个别交流，针对不同学生的思想状况提供适合的教育内容和形式，提升思想政治教育的有效性和针对性。

精准分析不仅是数据的积累与分析，还包括结合实际情况，及时跟进和反馈，确保思想政治教育能够做到因材施教，真正融入学生的日常学习与生活之中，促进学生的全面健康成长。

（二）优化教育内容呈现

优化教育内容呈现需要以学生的接受习惯和兴趣为出发点，通过多样化的方式使思想政治教育内容更具吸引力。结合多媒体技术，将复杂的理论知识生动化，利用视频、动画、互动课件等形式，使抽象的内容变得具体化和形象化，帮助学生更好地理解和记忆。在内容呈现中，应增强教育内容的情境感和故事性，利用真实的案例和生活中的实例，使教育内容更具说服力和感染力，帮助学生将所学内容与自己的实际生活相联系，增强代入感和认同感。同时，灵活运用互动式的在线工具，让学生可以参与到内容创作和讨论中，激发他们的主动性和创造力。教学过程中，教师应根据课堂互动和学生反馈，不断调整内容的表达方式，使之更符合学生的认知水平和学习需求，从而提升思想政治教育的吸引力和有效性。

优化教育内容呈现不仅是技术手段的应用，更是教师教学理念的创新，旨在通过富有创意和灵活多样的呈现方式，让思想政治教育更具影响力和感染力。

（三）建设实时反馈机制

建设实时反馈机制旨在通过信息化手段实现师生之间的及时互动，确保教育过程中能够迅速回应学生的疑问和需求。通过构建在线学习平台和移动端反馈工具，学生可以在学习过程中随时提出问题，教师也能够及时查看并给予有针对性的解答，促进双向交流和理解的加深。实时反馈机制的建设需要整合多种沟通渠道，例如在线讨论区、即时通信工具和课堂内的互动答疑系统。这种整合使学生的想法和困惑能够第一时间得到回应，提高了反馈的时效性和有效性。在课堂中，教师通过在线互动工具实时了解学生对知识的掌握程度。针对共性问题，教师应及时调整教学策略，确保教育内容的有效传达。实时反馈不仅涉及知识的传递，还包括对学生思想动态和心理状态的了解，通过即时互动，教师可以及时掌握学生的情绪变化，适时进行心理疏导和思想引导。

通过建立这种机制，使思想政治教育能够真正实现动态化管理和个性化辅导，帮助学生更好地融入学习过程，提高思想政治教育的参与度和效果。

二、丰富教学资源和形式

（一）多样化线上教育资源

多样化线上教育资源的建设旨在通过丰富的数字内容和多样化的学习形

式，使学生能够以灵活的方式获取思想政治教育的知识。通过建立全面的线上资源库，涵盖电子教材、视频讲解、音频资料和互动课件等多种类型，满足不同学生的学习习惯和兴趣，让他们能够自由选择合适的学习材料。借助线上教育平台，学生可以随时随地获取所需资源，突破时间和空间的限制，提高学习的自主性和便利性。视频课程可以将抽象的理论具体化，音频资料使学生能够在日常生活中随时进行学习，互动课件则能让学生在实践中掌握知识点。在线测验和学习任务的设置，可以帮助学生检验学习效果，增强对知识的理解与掌握。线上教育资源的多样化不仅提供了丰富的学习材料，还通过形式的多样性激发了学生的学习兴趣，帮助他们更好地融入思想政治教育的过程。建设这样一个多样化的资源体系，需要不断创新内容形式，并结合学生的反馈进行优化，使思想政治教育的内容更贴近学生的实际需求，从而实现更好的教育效果。

（二）线上线下结合的教育形式

线上线下结合的教育形式旨在通过将数字化教育手段与传统课堂教学相结合，为学生提供多样化的学习体验。这种形式不仅能够将网络资源引入课堂，让学生通过视频、音频等方式预习课程内容，还可以通过线上讨论和互动提高学生的参与度。线下课堂则为学生提供了面对面的交流机会，教师可以根据线上学习的数据更有针对性地进行线下辅导。

线上平台为学生提供了无限的学习资源和便利的学习条件，而线下课堂则强调实践操作和师生之间的情感交流，两者相辅相成，相互促进。学生可以在课前通过线上资源进行自主学习，课堂中参与讨论和实际操作，加深对知识的理解和掌握，课后通过线上平台进行复习和知识拓展。这种灵活的线上线下结合的教育形式不仅可以提高了学习效率，还能够实现因材施教，充分发挥学生的主动性和创造力。线上线下的有效结合让思想政治教育不仅停留在理论层面，更在实践中得以深化和巩固，从而实现思想政治教育的真正价值。

（三）虚拟现实技术的应用

虚拟现实技术的应用旨在通过沉浸式的体验为思想政治教育带来全新的

方式，让学生更深入地理解和感受教育内容。通过虚拟现实技术，抽象的理论知识能够转化为具体情景，学生可以在虚拟环境中亲身体验历史事件、社会现象以及道德选择等，这种身临其境的方式能够激发学生的情感共鸣，加深对教育内容的理解和认同。

在虚拟现实环境中，学生可以通过角色扮演参与到不同的情境中，例如模拟历史人物的抉择、社会实践中的道德困境等，从而更直接地面对问题和思考解决方法。虚拟现实技术不仅增强了思想政治教育的互动性，还通过多感官的刺激使教育内容更具吸引力，改变了传统单向灌输的教学方式，转而成为学生主动探索和体验的过程。教师可以通过虚拟现实的场景设计针对不同教学目标创设多样化的教育情境，从而实现个性化的教育内容和体验。

通过这种技术手段，思想政治教育不再局限于课堂中的理论讲授，而是延伸到虚拟场景中的实践体验，帮助学生更好地将理论知识内化为自身的价值观和行为准则，从而达到更加深入和持久的教育效果。

三、提升教育管理效率

（一）数字化教育管理平台

数字化教育管理平台的建设旨在利用信息技术提升思想政治教育的管理效率和质量，实现教育资源的高效配置和共享。平台将学生、教师和管理者紧密连接在一起，提供统一的数据管理和沟通工具，便于教师了解学生的学习进度、思想动态以及教育效果。

通过数据采集和分析，平台能够自动生成学生的学习情况报告，帮助教师快速掌握每个学生的思想状况和学习成果，制定个性化的辅导方案。学生可以通过平台随时查看学习任务、提交作业、参加在线讨论，增强学习的互动性和主动性。管理者则可以利用平台实现对教育过程的全面监控和管理，提高工作效率。平台的建设不仅能够打破时间和空间的限制，还能够优化教育过程中的各个环节，使思想政治教育的组织、实施和评估都更加科学、规范和便捷。

通过整合多种功能模块，数字化教育管理平台成为师生交流、资源共享、个性化辅导和教育评估的重要工具。这种整合提高了思想政治教育的整体效果，让管理变得更加透明、高效，为学生的全面发展提供有力支持。

（二）自动化数据处理和评估

自动化数据处理和评估的应用使思想政治教育的各个环节都实现了智能化和高效化。通过技术手段自动收集、整理和分析学生的学习情况和思想动态，减少了教师在数据处理上的时间消耗，使他们能够将更多精力投入教育内容的优化和学生的个性化辅导中。平台能够对学生的参与度、学习效果、思想变化进行动态监测，并自动生成相关的分析报告和评估结果，教师可以据此精准了解学生的学习状态，发现共性问题和个性需求，从而实现更有针对性的教学。自动化的数据处理不仅提高了数据的准确性和实时性，也避免了人为因素可能导致的偏差。通过系统化的评估，教师可以及时调整教学方法和内容，实现因材施教的目标。

在这样的评估体系下，学生能够获得更加客观的学习反馈，有助于他们了解自己的不足和进步之处，从而激发学习的动力。自动化评估系统还能为教育管理者提供科学的数据支持，优化思想政治教育的整体规划和实施效果，让教育过程更加透明、科学，为实现个性化和精细化的思想政治教育提供坚实保障。

四、加强师生互动

（一）线上互动学习社区

线上互动学习社区的建设旨在为学生提供一个开放、活跃的学习和交流平台，在这里，学生可以与教师和同学进行思想交流、学术探讨和问题解答。这种互动社区的核心在于打破传统课堂的时空限制，让思想政治教育的影响力延伸到学生的课余生活之中。学生可以在互动社区中分享自己的学习心得，对社会热点问题发表看法，或提出对课程内容的理解和疑惑。教师也能够在社区中积极回应学生的问题，引导讨论，提供针对性的帮助。通过多样化的互动方式，如讨论组、在线问答、实时聊天等，线上互动学习社区激发了学生的参与热情，让他们在交流中碰撞思想、加深理解。

互动社区的设计鼓励学生的自主学习和思考，提升他们的批判性思维和表达能力，同时也为教师提供了一个了解学生真实想法和需求的重要渠道。通过这种方式，思想政治教育不仅是课堂中的知识传授，更成为一种持续性的、生活化的学习体验，帮助学生在互动中形成正确的价值观念和社会责任感，从而促进思想政治教育目标的实现。

（二）移动终端互动

移动终端互动旨在通过移动设备的广泛使用为思想政治教育提供更加便捷和即时的交流方式。学生可以通过手机、平板等移动终端随时随地与教师进行沟通，参与到各种思想政治教育活动中。这种互动方式能够打破传统教学时间和空间的限制，使学生在学习过程中遇到的问题得到及时的回应。

移动终端互动可以利用即时通信工具、移动应用程序以及在线学习平台，使教师与学生之间的沟通更加紧密和高效。学生可以在任何时候提出问题、发表意见或分享他们的学习心得，教师则可以快速地给予反馈和建议，这种实时的互动机制极大地增强了学生的学习积极性和参与度，提高了教育的互动性和实效性。移动终端的互动还可以通过推送功能向学生传递最新的教育资源和思想政治内容，确保学生能够第一时间接收到重要的信息。

利用移动终端的灵活性，思想政治教育可以更好地融入学生的日常生活，激发他们的学习兴趣，并促使他们不断反思和提高自我，真正实现思想政治教育的即时性和高效性，帮助学生在碎片化的时间中也能够有效地进行学习和交流，从而达到更好的教育效果。

（三）课堂外的辅导交流

课堂外的辅导交流旨在为学生提供课后持续的支持和指导，帮助他们能够更好地理解课堂内容，解决学习中的疑难问题。通过在线辅导平台，学生可以在课后提出课堂上未能解决的问题，教师能够及时给予解答和帮助，增强学生对知识的掌握程度。课堂外的辅导不仅限于知识的传授，还包括对学生思想和心理的关怀。教师可以通过个别交流的方式了解学生在生活中的困惑，给予适当的指导和建议，帮助他们更好地应对学习和生活中的各种挑战。

此外，辅导交流也可以采用多种形式，如线上一对一的辅导、学习小组讨论以及与教师的在线互动，确保每位学生都能获得个性化的支持和帮助。这样的辅导交流不仅有助于提升学生的学习效果，还能增强他们的学习自信心和主动性，使思想政治教育真正融入学生的日常生活中，帮助他们形成正确的价值观和良好的学习习惯。

课堂外的辅导交流将思想政治教育拓展到课后，为学生在理解和掌握知识的过程中提供持续的支持。教师与学生之间的沟通不再局限于课堂，这种延伸到课外的交流进一步拉近了彼此的距离，有助于建立更加信任和融洽的师生关系，促进教育目标的顺利实现。

五、个性化与智能化教育服务

（一）智能学习分析与个性化推荐

智能学习分析与个性化推荐旨在利用人工智能和大数据技术为学生提供高度个性化的学习支持。智能学习分析系统通过实时采集学生的学习行为和表现数据，包括学习时长、掌握程度、兴趣偏好等，能够深入分析每个学生的学习习惯和需求。系统可以生成学生的学习画像，并根据分析结果为每个学生推荐最适合的学习资源和路径。这种个性化推荐不仅体现在教材和学习内容的推送上，还涵盖了学习方式的选择，帮助学生在学习过程中找到最佳节奏和方法，从而提升学习效果。智能学习分析工具还可以及时识别学生在学习中遇到的困难，并提供有针对性的辅导建议，确保学生能够有效解决问题。

通过持续的学习数据分析和反馈，智能学习分析与个性化推荐的机制使学生在学习过程中获得充分的自主性和支持，帮助他们更好地理解思想政治教育的内容，增强学习的深度和广度，最终实现思想政治素养的全面提升。

（二）思想行为预测与预防系统

思想行为预测与预防系统是利用大数据分析和人工智能技术对学生的思想动态和行为趋势进行前瞻性分析，帮助教育管理者提前识别潜在问题并采取有效的预防措施。通过对学生在课堂学习、社交互动、在线活动等方面的数据进行持续收集和分析，系统可以建立学生的思想行为模型，预测可能出现的思想波动或行为异常，从而为思想政治教育提供科学的预警信号。教师可以基于这些预测信息，及时了解哪些学生可能面临思想困惑或行为偏差，并针对具体情况开展定向辅导和心理干预，避免问题的进一步扩大和恶化。思想行为预测系统还能够对学生群体的整体思想状况进行评估，识别共性问题，制定针对性的教育方案，以提高思想政治教育的覆盖面和有效性。

通过智能化的思想行为预测与预防系统，教育管理者和教师还能做到未雨绸缪，在问题萌芽阶段就采取相应的措施，帮助学生树立正确的价值观和行为规范，推动思想政治教育更加精准化和前瞻化，确保学生的身心健康和全面发展。

（三）智能问答与虚拟助手

智能问答与虚拟助手的应用为思想政治教育提供了高效、便捷的智能化支持。通过自然语言处理和人工智能技术，学生在学习中遇到问题时可以获得即时解答。智能问答系统可以处理学生在学习过程中提出的各种问题，涵盖课程内容、时事热点和思想困惑等多个方面，确保学生在需要时能迅速获得准确的信息和指导。虚拟助手的功能不仅限于回答问题，还包括为学生提供个性化的学习建议、学习路径规划，以及根据学生的需求进行互动式的引导，帮助学生更深入地理解思想政治教育内容。虚拟助手可以通过对学生提问的分析，判断学生在学习中遇到的困难，并主动推送相关学习资源和建议，支持学生的自主学习。

智能问答与虚拟助手的结合，使思想政治教育从单一的课堂教学拓展到全方位的学习支持。无论学生身处何时何地，都能得到及时的帮助和引导。

这种智能化工具的应用极大地提高了思想政治教育的响应速度和服务质量，使教育过程更加个性化和人性化，推动学生思想政治素养的不断提升。

六、构建智能化思想政治教育生态

（一）智能学习支持系统

智能学习支持系统通过整合人工智能和大数据技术，为学生提供个性化和有效的学习支持。系统能够实时监测学生的学习进展和行为数据，分析他们在思想政治教育中的优势与不足，自动生成个性化的学习方案和建议，帮助学生以最适合自己的方式进行学习。智能学习支持系统不仅限于知识点的推送，还通过交互式的学习体验激发学生的学习兴趣。系统可以根据学生的学习习惯和需求推荐相关的学习资源，调整教学节奏，确保每个学生能在最佳状态下学习。教师也可以通过系统及时了解学生的学习状态，对需要帮助的学生进行个性化辅导和跟进。

智能学习支持系统能够提供在线测评、互动答疑、学习路径优化等多种功能，使学生在学习过程中始终得到及时的反馈和指导，这种全方位的支持，确保学生能够持续进步，全面提升学习效果。通过这样的智能化支持，思想政治教育的过程变得更加灵活和个性化，让每个学生都能够在适合自己的节奏中不断进步，全面提高思想政治素养和自主学习能力。

（二）线上线下资源整合

线上线下资源整合的目标在于充分发挥数字化教育资源与传统教学资源的协同效应，确保学生能够在多样化的学习环境中获得全面的支持。通过将丰富的线上资源与线下教学相结合，教师可以在课堂上利用网络平台为学生提供更为生动的教学内容，学生也可以在课后通过在线学习平台进一步巩固所学知识。线上资源包括电子教材、视频课程、互动课件等，能够为学生提供灵活的学习方式，而线下资源则包括面对面的课堂教学、实践活动等，为学生提供更为直观和实践性的学习体验。

整合的重点在于打破时间和空间的限制，让学生能够随时随地接触到高质量的学习内容，并且在需要的时候能够及时获得教师的辅导和帮助。教师可以通过线上平台了解学生的学习进展，针对每个学生的需求进行针对性的线下辅导。这种个性化的教学方法确保每个学生都能在适合的节奏中学习。线上线下资源的有效整合，能够增强学生的学习兴趣，提高学习效率，并帮助他们在多样化的学习场景中不断提升思想政治素养，从而实现思想政治教育的真正价值和目标。

第二节 大学思想政治教育信息化建设原则

一、育人为本

（一）目标导向

思想政治教育信息化建设必须充分考虑学生的思想道德发展和综合素质提升，依托信息技术有效实现教育目标的深化与拓展。目标导向要求高校在信息化建设中严格把握思想政治内容的正确性、合法性，确保信息化教育平台传递的内容符合社会主义核心价值观。通过互联网和新媒体平台进行思想政治教育时，必须注重教育内容的科学性与系统性，做到内容设计紧扣教育目标，杜绝表面化和形式化，真正把教育的价值内涵融入信息化载体中。同时，目标导向还要求教育内容的设计和推送要有针对性，应充分考虑学生的认知特点和思想实际，将思想政治教育融入学生日常学习与生活中，通过信息化手段增强思想政治教育的吸引力与实效性，使学生在潜移默化中受到教育和引导。

（二）素质提升

在信息化建设过程中，要充分利用现代信息技术的优势，构建丰富多样的教育内容和互动形式，激发学生的学习兴趣和积极性，将思想政治教育融入学生的学习和生活中。素质提升要求信息化教育平台的建设应突出思想引导功能，着力培养学生的社会主义核心价值观，帮助他们形成正确的世界观、人生观和价值观。信息化手段的运用需要关注学生的个性化需求，通过数据分析与智能推送，为每个学生提供个性化的教育内容，更好地促进他们的思想发展和价值观塑造。

素质提升还应体现为教育形式的创新，通过虚拟仿真实验、网络课程、在线讨论等形式，思想政治教育不再局限于课堂，而是扩展到网络空间。这种扩展打破时间与空间的限制，让学生能够在任何时间、任何地点接受思想政治教育的熏陶与指导。信息化手段的有效运用能够帮助学生在互动和参与中深刻理解教育内容，使其思想素质得到实质性提升，真正做到学有所获、学有所思、学有所行。

二、以人为本

（一）个性化服务

思想政治教育的信息化建设应充分考虑每位学生的兴趣、需求和发展特点，利用大数据和人工智能等技术手段，为学生提供有针对性的教育内容和辅导方案，体现教育的人性化与灵活性。

在信息化建设过程中，个性化服务要求基于学生的学习轨迹、兴趣偏好、心理状态等信息，分析并了解学生在思想、学习、生活中所面临的不同问题和挑战，从而在思想政治教育中推送适合学生的学习资源和教育内容，使教育内容更加贴合学生的思想实际和生活需求。个性化服务的运用还需要增强教育的互动性与参与感。通过智能化教学平台，为学生提供在线测评、个性化学习路径规划、实时反馈等服务，使学生能够在学习过程中更好地掌握自身的成长状态，并在需要时及时获得帮助。个性化服务还强调与学生沟通的多样性与灵活性，利用信息化手段实现从单向灌输式教育到双向互动式教育的转变，使教育过程成为学生主动参与、自我引导的过程。在这个过程中应充分尊重学生的个性差异，激发他们的学习积极性和自主性。

通过这一原则，信息化建设能够实现对学生思想的精细化引导和深度服务，促使思想政治教育真正融入学生的日常生活与成长历程。

（二）增强参与感

信息化手段的运用可以打破传统教学模式的局限，通过网络平台、在线论坛、互动式直播课程等形式，为学生提供表达思想、交流观点的机会，让学生在讨论中更深入地理解教育内容，并在分享过程中增强对社会主义核心价值观的认同感。

增强参与感的一个重要方面是通过虚拟仿真实验和情景模拟，让学生在实践中体验道德选择和价值判断的过程，从而在"沉浸式"的教育体验中加深对思想政治理论的理解。信息化教学平台还可以通过积分、徽章、挑战任务等激励机制，鼓励学生积极参与学习活动，增强他们的成就感和参与动力。通过开展在线投票、问卷调查和案例分析等多样化的互动形式，使学生在讨论社会热点、分析时事案例的过程中，学会主动思考社会现象，锻炼他们独立思考和批判性思维的能力。

增强参与感的目的在于使学生在思想政治教育中不仅是被动的受教者，更是主动的学习者和思考者。通过参与教育过程，学生能够更好地内化思想政治教育的核心价值观，使思想政治教育真正成为推动他们成长和成才的重要力量。

三、系统性原则

（一）整体设计

思想政治教育的信息化建设应立足于长远发展的需要，结合学校的教育理念、办学特色以及学生的实际情况，系统设计整体框架。这要求明确信息化平台的功能定位和使用目标，形成贯穿各年级、覆盖多领域的教育体系。整体设计要求高校在信息化建设中综合考虑教育内容的科学性与时代性，确保教育资源的多样性和广泛性，使思想政治教育既具有深度的理论内涵，也能满足学生的多样化需求。同时，要注重各类信息化教育工具之间的协同作用，通过系统化的资源整合，使线上教育平台、课程资源库、虚拟实验室、移动端应用等相辅相成，共同服务于思想政治教育的目标。

整体设计不仅包括硬件设施与软件平台的搭建，还包括教育内容的体系化设计，确保从课程设置、学习资源到教育活动都有明确的主题和逻辑，避免教育内容的重复和空泛。通过整体设计实现思想政治教育线上线下的有效衔接，让学生在课堂内外、网络与现实中都能得到一致的教育体验，在各个环节相互贯通、互为补充的教育环境中，逐步实现思想政治素养的提升与价值观的塑造。

（二）资源整合

通过资源整合，可以将校内外各种优质教育资源进行系统化管理和共享，形成内容丰富、层次多样的教育平台。信息化建设中，资源整合要求高校有效调动教师的专业优势，将不同学科的知识与思想政治教育有机结合，打破学科壁垒，推动知识的跨界融合，使思想政治教育内容更加生动和多元。此外，整合线上线下的教学资源也至关重要，这包括将网络课程、视频教学、在线讨论与线下课堂教学相结合，构建起全方位的教育体系，从而拓展学生学习思想政治理论的渠道。

资源整合还涉及与校外社会资源的联动，通过与社会团体、企事业单位的合作，引入社会实践项目和志愿活动，增强思想政治教育的实践性和感染力，帮助学生在实践中领悟理论的价值。信息化建设中的资源整合不仅要关注内容的优化和拓展，还应确保技术平台的统一和兼容，以实现资源的无缝对接和高效利用。

通过整合各类资源，思想政治教育能够形成协同效应，让学生在丰富的教育内容和广泛的实践机会中得到全面的思想引导和价值观教育，从而更好地塑造正确的思想品德与社会责任感。

四、创新性原则

（一）内容创新

面对当代大学生的思想特点和信息化社会的发展需求，思想政治教育需要突破传统内容的局限，融入更多与时代脉搏同步的元素，使教育内容具有鲜明的时代特色和现实意义。内容创新应紧扣社会热点与大学生的生活实际，围绕国家发展、社会变革等主题，设计出贴近学生需求和关切的教育内容，引导学生进行深入思考和正确判断。同时，借助信息技术手段，内容创新应注重图文、视频、音频等多媒体形式的综合运用，使教育内容的呈现方式更加生动有趣，激发学生的学习兴趣与积极性。通过虚拟仿真实验、互动游戏、情景模拟等创新手段，思想政治理论知识能够有效融入学生的日常生活中，打破传统课堂教育的严肃性和枯燥感，增强教育的感染力和渗透性。

内容创新不仅体现在教育主题和形式上，也体现在教育内容的生成方式上。利用人工智能、大数据分析等技术，精准把握学生思想动态，及时调整和优化教育内容，使思想政治教育始终保持鲜活和有效。在这一过程中，思想政治教育通过不断的内容创新，能够更好地满足学生的成长需求，让他们在充满时代气息和互动性的教育氛围中，获得深刻的思想启迪与精神成长。

（二）教学方法创新

信息化技术使教学方法创新能够充分利用人工智能、大数据和虚拟现实等科技手段，构建互动性强、体验感足的教学场景，有效激发学生的学习兴趣。课堂教学可以引入在线互动、情景模拟等方式，让学生在虚拟情景中体验道德选择和价值判断，从而更深入地理解思想政治教育的核心理念。通过直播、讨论区、实时测评等多样化的线上互动功能，教师可以即时了解学生的思想动态，并针对他们的困惑和关注点进行有针对性的引导和教育。

此外，混合式教学的应用也是教学方法创新的重要体现，它结合线上学习与线下讨论，通过网络资源的灵活调配，打破时间和空间的限制，使思想政治教育能够适应学生个性化的学习节奏和需求。游戏化教学也是一种值得探索的方式，通过设定挑战任务、积分奖励等机制，使思想政治教育变得更加生动活泼，激发学生的主动参与。教学方法创新还体现在对案例教学的灵活运用上，选择具有典型意义的社会热点事件或历史案例，通过多角度分析和讨论，引导学生对社会现象进行深入思考，培养他们的独立思考能力和正确价值观念。

通过不断创新教学方法，思想政治教育能够更加贴近学生的生活和思想实际，使教育过程变得更加有趣和有效，真正实现思想引导与价值塑造的目标。

五、导向性原则

（一）确保正确导向

在信息化背景下，思想政治教育具有信息量大、传播速度快、受众广泛等新特点。在这种环境下，确保教育内容的正确导向显得尤为重要。信息化建设过程中，必须始终坚持马克思主义的指导地位，坚守社会主义核心价值观，把握好教育内容的政治方向和思想立场，防止不良信息对学生思想的侵蚀。

首先，要通过严格的内容审核和管理机制，确保所有通过信息化平台传播的思想政治教育内容科学、合规、积极向上。

其次，对于互联网时代涌现的各种新兴热点和社会现象，高校在信息化建设中需要及时解读与分析，引导学生形成正确的思想认识，培养明辨是非的能力。

最后，高校在思想政治教育信息化过程中要确保正确导向，充分发挥党组织的领导作用和教师的示范作用。教师要增强政治敏感性，确保每一个教育环节、每一条信息传递都符合社会主义核心价值观的要求。

此外，信息化平台的技术支持和管理部门也应切实担负起责任，建立有效的内容监管和舆情监测机制，对潜在的思想偏差和不良导向进行及时干预和纠正。

确保正确导向，思想政治教育信息化建设才能真正起到正确引导学生、激发爱国热情、培养社会责任感的作用，使学生在丰富的教育资源和多样化的学习体验中，始终保持正确的思想方向和积极的社会价值观。

（二）传播正能量

在信息化建设中，首先，要充分发挥网络和新媒体的影响力，将正能量的内容以多样化的形式渗透到教育过程的各个方面。思想政治教育应着重选择那些鼓舞人心、激发进取精神的故事与案例，通过网络课程、视频讲座、互动平台等方式进行广泛传播，使学生在潜移默化中感受榜样的力量和社会的美好。信息化平台可以通过设计主题活动、发布励志视频、开展在线讨论等方式，提升学生对正能量的感知和认同，激励他们树立正确的人生观和价值观。

其次，要注重对热点事件的积极引导。面对社会中出现的复杂现象，高校应利用信息化手段及时发布客观、正面的分析和评论，引导学生形成理性、积极的判断。传播正能量还需要通过互动环节，激发学生的参与感和表达欲望，让他们在表达自己观点的过程中，也感受到群体的力量和集体的温暖。

最后，要将思想政治教育与社会实践活动相结合，推动学生在现实生活中践行正能量。高校应鼓励他们参与公益活动、志愿服务等，以实际行动诠释所学内容，将正能量内化于心、外化于行。

通过信息化手段的创新运用，思想政治教育不仅能丰富传播形式，更能使正能量在学生群体中广泛传播，真正起到引导思想、激励行动的效果，使学生在积极正向的环境中健康成长。

六、协调性原则

（一）技术融合

在信息化背景下，大数据技术的有效融合可以打破传统教学的时间和空间限制，让思想政治教育不再局限于课堂，而是渗透到学生的日常生活中。通过虚拟现实、人工智能、大数据等技术手段，思想政治教育可以构建丰富的教学场景，提供更加直观、沉浸式的教育体验，让学生能够在互动过程中深刻理解理论内容。大数据技术能够帮助教育者精准掌握学生的学习习惯、兴趣爱好和思想动态，从而根据学生的特点制定个性化的教育方案，实现精准教育的目标。信息化平台的建设可以将文字、图片、视频、游戏等多媒体形式有机结合，打破传统单一的教学形式，让教育内容更加生动活泼，提升学生的学习积极性与主动性。

技术融合还需要体现在管理与服务的优化上。利用智能化教育管理平台，教育者可以为学生提供方便快捷的学习资源获取、在线答疑、测评反馈等服务，使教育的每一个环节更加高效化和智能化。教育技术的融合不仅是形式上的变化，更是教学理念的创新。通过技术的有效运用，思想政治教育能够与时俱进，使教育内容与学生的生活场景紧密相连，使思想政治教育更具吸引力和感召力。

通过深度融合现代技术，思想政治教育能够适应信息化时代学生的学习需求，使教育过程变得更加灵活、多样和富有成效，真正实现教育效果的最大化。

（二）多部门合作

在信息化建设中，思想政治教育的目标和效果需要各个部门通力合作才能得以实现。教务部门、学生管理部门、信息技术部门等应协同工作，从不同角度为思想政治教育信息化建设提供支持。教务部门负责将思想政治教育有机融入课程体系，确保教育内容的系统性和规范性；学生管理部门应掌握学生的思想动态和实际需求，为信息化建设提供可靠的基础数据，确保教育内容具有针对性；信息技术部门则负责提供必要的技术支持，建设和维护线上教学平台、虚拟课堂等信息化工具，确保教育活动的顺利进行。多部门的协作还需要与外部社会资源相结合。通过与政府、社区、企业等社会各界的合作，为学生提供更多社会实践机会，将思想政治教育与社会生活紧密联系在一起，增强教育的现实意义和实践价值。

多部门合作的有效性不仅在于资源的整合与共享，更在于各部门之间形成共识，共同制定信息化建设的长远规划和实施方案，避免各自为政的情况，形成信息化育人的合力。通过多部门的协同努力，思想政治教育信息化建设才能真正实现资源利用最大化、教育内容多样化以及教学效果的最优化，使学生能够在多方支持的教育环境中健康成长，培养正确的思想意识和社会责任感。

七、安全性原则

（一）平台与数据安全

在信息化建设中，平台的安全性是思想政治教育活动顺利开展的基础，信息平台需要具备高度的技术防护能力，确保教育过程中的所有数据和信息免受外部攻击和不法侵害，防止数据泄露和篡改的风险。思想政治教育平台应采取多层次的安全保障措施，包括身份认证、访问权限控制、数据加密等，以保障学生和教师的个人信息和教育内容在网络传输和存储过程中的安全。与此同时，数据的安全管理也必须得到高度重视。所有学生的思想政治测评、学习成果、互动记录等数据都应按照严格的规范进行管理与存储，避免因管理不当而造成信息泄露或误用。此外，高校还应建立完善的安全应急机制，一旦发生安全威胁，能够迅速响应，及时采取有效的补救措施，减少安全事故带来的影响。平台与数据安全的保障还需要定期对信息系统进行安全性评估和检测，及时更新和修复系统中的安全漏洞，以应对不断变化的网络安全威胁。

通过高度重视平台与数据安全，思想政治教育的信息化平台才能为学生提供一个可靠、可信的学习环境，让思想政治教育在信息化时代中实现有效传播，同时确保所有教育活动的合法合规和学生权益的有效保护。

（二）隐私保护

在思想政治教育的信息化平台上，学生的学习记录、思想测评、个人反馈等数据都是极其敏感的信息，必须严格保护，确保学生的隐私不被泄露和滥用。隐私保护需要从技术和管理两个层面进行保障。在技术上，平台应采用数据加密、身份认证和访问控制等手段，确保学生数据在存储和传输过程中的安全性，防止未经授权的访问和窃取。在管理上，必须制定和落实严格的隐私保护政策，明确数据收集、使用和存储的范围与权限，确保学生的个人信息仅用于思想政治教育的正当目的，杜绝任何形式的非法数据共享或滥用。

隐私保护还要求教育平台在收集学生信息时遵循"最小化原则"，只收集与教育目标直接相关的数据，减少信息过度收集带来的风险，并尊重学生对个人信息的知情权和选择权，让他们能够对自己的数据使用有充分的了解和控制。高校需要定期对信息化平台进行安全审计和隐私保护评估，及时发现并修复隐患，确保系统的隐私保护措施能够应对不断变化的安全威胁。

只有通过切实有效的隐私保护措施，才能为学生提供一个安全、可信的思想政治教育环境，增强学生对教育平台的信任，使思想政治教育在信息化时代下真正发挥应有的作用，促进学生的全面发展。

第三节　大学思想政治教育信息化建设要求

一、网络与设备优化

（一）优化网络环境，确保信息化教学顺畅

优化网络环境是思想政治教育适应时代发展的基础，也是提高教学质量、提升学生学习效果的重要保障。网络环境的优化不仅涉及硬件设施的完善，还包括网络稳定性和数据传输速度的提升，确保思想政治教育能够以更加高效的方式进行。具体而言，应加强校园网络基础设施的建设，提升网络带宽，减少网络拥堵，确保在教学活动中视频、音频资源的流畅播放。同时，还需要重视网络安全，防止信息泄露以及不良信息的传播，为思想政治教育提供一个健康、安全的网络环境。

通过不断完善网络环境，师生能够更加自由地使用信息化手段进行教学和学习，教师可以通过直播、视频课程等多种方式灵活授课，学生也能够随时随地访问教育资源，参与讨论和交流，提升思想政治教育的实效性。优化的网络环境还应能支撑大规模的在线教育活动，使思想政治教育的覆盖面更广，真正实现教育公平化，确保每一位学生都能享受到优质的教育资源。

（二）提供多媒体设备，满足教学与活动需求

多媒体设备的引入，不仅为课堂教学提供了丰富的手段，也大大提升了教学的互动性和生动性，增强了思想政治教育的吸引力和影响力。通过高质量的多媒体设施，教师能够更好地利用图像、视频、音频等形式传递知识和理念，使学生能够直观、深刻地理解教育内容。思想政治教育不同于其他理

论学科，它要求在传授知识的同时，实现情感的共鸣和价值的引导。多媒体设备的应用能够有效激发学生的兴趣，帮助他们更好地参与课堂讨论和活动，使思想政治理论的学习不再只是单一的文字灌输，而是成为一种多感官、多维度的理解和体验。这些多媒体设备，包括投影仪、智能白板、视频录播系统等，能够在课堂上实现动态演示、现场讨论记录和互动反馈，大大提高了教学的效率和学生的参与度。除了课堂教学，多媒体设备在课外活动、主题教育、报告会等场合也发挥着重要作用，可以通过丰富的展示形式吸引学生的注意力，让他们在轻松愉快的氛围中接受思想政治教育的熏陶，从而达到润物无声的教育效果。设备的充足性和现代化程度直接关系到思想政治教育的实效性，因此在学校的建设中必须重视这一点，确保每个教室和活动场地都能够配备齐全，并且定期更新与维护，保证其正常使用。

二、教学资源数字化

（一）开发符合院系和专业特色的数字化思想政治教育资源

思想政治教育需要结合不同院系和专业的特色，以确保教育内容具有针对性和实效性。开发数字化资源时，应充分考虑院系的学科特点和学生的专业背景，制作符合学生实际需求的教育内容，将思想政治理论与各专业领域的知识紧密结合，从而增强学生的认同感和兴趣。通过设计针对性的教学视频、音频讲座、互动课件等多种形式的数字化资源，教师可以更加灵活地将思想政治教育融入不同专业课程中。例如，对于理工科学生，可以结合科技发展和工程伦理等主题，将思想政治教育内容与他们的专业学习紧密联系，使学生认识到专业技术与社会责任的关系；对于文科学生，则可以借助历史故事、文化传承等内容，引导他们在专业学习的过程中形成正确的世界观、人生观和价值观。

开发数字化资源时还应注重多样性和创新性，利用虚拟现实技术、动画演示等方式增加教育的趣味性和互动性，打破传统教学中枯燥单一的缺陷，帮助学生更好地理解和接受思想政治理论。数字化教育资源应根据不同专业的发展需求不断更新和丰富，确保教育内容始终与时代同步、与学生需求同步，从而在思想政治教育中起到更好的引导作用。

（二）建立电子教材、教学视频和在线测验库

电子教材的建立可以将传统纸质教材中的知识内容进行数字化，便于学生随时随地查阅和学习，减少对传统纸质教材的依赖，增强了学习的灵活性和便捷性。

教学视频的制作则使思想政治教育更加生动形象，通过图像和声音的结合，学生能够更直观地理解抽象的理论概念。视频内容涵盖理论讲解、案例分析、社会热点解读等多个方面，不仅帮助学生在短时间内获得对问题的深刻理解，还能让他们通过反复观看进行巩固学习。

在线测验库的建立则为学生提供了一个自我评估和不断提升的机会，通过练习自测题目，学生能够及时发现自己在学习过程中的不足和薄弱环节，从而进行有针对性的复习和巩固。在线测验还可以与教学视频和电子教材相结合，形成一个闭环的学习系统，使学生在学习知识的同时得到有效的评估和反馈。

教学资源的数字化和测验库的建设，使思想政治教育不再局限于课堂之内，能够融入学生的日常生活中，形成一种随时学习、不断提升的学习氛围。这种数字化的建设方式不仅有助于知识的传播和学习的深化，还能增强学生的学习自主性和积极性，有效促进思想政治教育目标的实现。

三、教师信息化能力提升

（一）开展信息化教学技能培训，提升教师的信息化素养

通过信息化技能培训，教师能够更加熟练地掌握各类现代教育技术手段，并有效地运用到思想政治教育的实际教学中。信息化教学的核心在于将传统教学模式与信息技术结合，教师的素养直接决定着这种融合的深度与效果。技能培训应包含多方面内容，包括对多媒体设备的使用、在线教学平台的操

作、数字化资源的开发与应用、虚拟仿真实验的开展等，帮助教师全面提升教学的科技含量和互动性。在教学过程中，教师熟练掌握信息技术，可以将课程内容更加直观地呈现给学生，增强教学的吸引力和感染力，激发学生的学习兴趣和参与度。在思想政治教育中，这种转变尤为重要，能够将抽象的理论形象化、复杂的概念简明化，使学生更容易接受和理解。

提升教师的信息化素养，不仅是为了适应教学方式的变革，更是为了满足新时代学生的学习习惯和需求。教师的信息化素养是推动信息化教学顺利开展的关键因素，是实现教学手段多样化、教学效果最优化的重要基础。通过不断的技能培训，教师的信息化素养得以持续提升，最终将信息技术与思想政治教育的目标紧密结合，形成富有时代特色和实效性的教学方式，真正达到以信息化推动教育现代化的目的。

（二）鼓励教师参加校内外的教学竞赛和研讨会，促进经验交流

鼓励教师参加校内外的教学竞赛和研讨会，对推动思想政治教育的信息化发展至关重要。通过参与这些活动，教师能够与同行进行深度交流和切磋，分享教学经验，了解当前教育信息化的最新进展，进而将这些新的理念融入自己的教学实践中。在教学竞赛中，教师可以通过对信息化手段的创新运用，提升课程的互动性和吸引力，展示出思想政治教育中信息化应用的多样可能性。研讨会则为教师提供了广泛的交流平台，使他们能够从不同学科和角度获得启发，从而丰富自己的教学内容，使思想政治教育在信息化背景下更具时代性和针对性。这些竞赛和研讨活动为教师提供了不断自我提升的机会，通过对比与反思，教师能够明确自身教学中的优势和不足，进一步优化课程设计和教学方法，增强教学实效性。鼓励教师参与这些活动，还能够营造浓厚的教研氛围，促使教师在思想政治教育的课程中不断探索信息化的新模式，激发学生的学习兴趣。

通过竞赛和研讨交流，不仅提升了教师个人的教学技能，也为整体教育水平的提高做出了积极贡献。在思想政治教育的信息化建设过程中，教师通过这些途径不断增强自身的专业素养，推动教育理念的革新，为培养具备信息化思维的新时代大学生打下坚实的基础。

四、学生思想动态监测

（一）利用信息化工具实时监测学生思想动态，及时进行数据分析

利用信息化工具实时监测学生思想动态，并及时进行数据分析，是推动大学思想政治教育现代化的重要举措。通过先进的信息化手段，学校可以建立起一套敏感且精确的动态监测机制，确保在学生群体中发现任何思想波动或倾向时能够做出迅速响应，并进行有针对性的教育引导。信息化工具的使用，能够多方面把握学生的思想情况，从课堂到网络活动再到课外生活，全方位获取学生思想动态的立体化数据支持。分析这些数据，不仅可以帮助教师及时发现个别学生的思想问题和需求，还可以揭示出班级、年级乃至全校层面的整体思想状况。

通过对数据的深入挖掘和整理，教育工作者可以更好地了解学生群体在思想政治方面的共性问题，制定出更具有针对性的教育措施。在数据分析的基础上，教师可以有的放矢地调整教育内容和方式，使思想政治教育更加贴近学生的实际需求，实现对学生思想的有效引导。实时监测与数据分析相结合，使思想政治教育的管理过程更加科学化、精准化，将信息化技术融入教育的每个环节，以实现对学生思想发展状态的全面了解和有效干预，为促进学生全面发展提供坚实保障。

（二）针对个性化需求提供思想辅导和反馈

在信息化背景下，通过精准的数据收集与分析，可以全面掌握学生的思想状态，进而有针对性地开展思想政治教育工作。针对每个学生在成长过程中的独特需求和个性化问题，思想辅导需要因人而异，采取灵活而多样的方式进行。通过信息化手段，教育者可以深入了解每个学生的思想特点及兴趣爱好，从而在思想辅导过程中采取更贴近学生实际的交流方式，以实现更好的沟通效果。反馈同样需要个性化，教师应根据学生的具体情况给予鼓励、引导和建设性建议，使思想政治教育不仅停留在课堂理论的传授上，更渗透

到学生日常生活和学习的方方面面。个性化思想辅导和反馈能够帮助学生更好地认识自我、塑造积极的价值观念，并且让他们感受到学校对自己成长的关注和关怀，从而增强对思想政治教育的接受度和参与感。

通过这种精细化的思想辅导模式，教育者能够更有效地帮助学生解决困惑，树立正确的思想理念，使思想政治教育真正融入学生的成长和发展，促进学生的全面进步和综合素质的提升。

五、信息化互动平台建设

（一）建立院系和班级的师生交流平台，方便在线沟通

通过信息化手段搭建的师生交流平台，可以有效打破时间和空间的限制，促进教师与学生之间的紧密联系。教师可以通过平台及时了解学生的思想动态、学习状态以及遇到的困惑，并给予及时的解答与指导。对于思想政治教育来说，这种即时、便捷的沟通机制有助于教师深入学生的内心世界，从而更好地开展有针对性的思想政治教育工作。学生可以在平台上自主向教师提出问题，不论是学习上的疑惑还是生活中的困惑，都可以得到及时的回应。这样的互动方式让学生在思想上感受到关怀与支持，增强了师生之间的信任感和亲近感。平台的建立，使思想政治教育的过程不再局限于课堂时间，而是延伸到学生的日常生活之中，实现了教学时间和空间的双重拓展。

通过这种在线沟通，思想政治教育可以更加灵活地适应学生的个体需求，教师与学生之间的交流也更加个性化和深入。借助信息化交流平台，师生之间的互动更加顺畅，思想政治教育的实效性也得到了明显提升，促进了学生的健康成长和全面发展，为新时代背景下思想政治教育信息化提供了有力支撑。

（二）通过在线论坛、班级群等方式增加学生的参与度，促进交流

利用在线论坛，学生可以就思想政治课程中的某些话题展开讨论，分享自己的见解和观点，同时也能够看到其他同学的不同看法，从而在多元的视

角中不断反思和完善自己的思考。这种讨论方式不仅拓宽了学生的思维，还提升了学生对思想政治教育内容的理解和接受度。班级群的建立则为学生与教师之间提供了一个开放而即时的沟通渠道，教师可以通过班级群分享一些与课程相关的热点新闻、时事政策等，引导学生进行深入思考，并及时解答他们的疑问。班级群中的讨论往往更加活跃和灵活，学生可以随时发表看法，提出自己的问题和想法，教师也可以根据学生的兴趣点调整教学内容和形式，使教学更加具有针对性和吸引力。

通过这些信息化手段的引入，思想政治教育从传统的单向传递变为双向互动，极大地激发了学生的参与积极性，使他们能够更加主动地融入思想政治学习中。学生的积极参与不仅增强了他们对思想政治教育的认同感，也使他们在交流互动中提升了批判性思维和合作能力，为思想政治教育信息化和现代化的发展注入了新的活力，助力思想政治教育真正实现"润物细无声"的育人效果。

六、多元化教学方式

（一）运用信息化手段开展多种形式的教学活动，如主题班会和虚拟仿真实验

在信息化环境的支持下，主题班会不再局限于传统的面对面形式，教师可以利用线上会议工具，结合多媒体资源，为学生呈现更加丰富和生动的内容。线上主题班会可以融入视频、图片、数据图表等多种信息化元素，让讨论内容更具直观性和感染力，帮助学生更好地理解相关的思想政治议题。在这一过程中，学生不仅可以随时参与讨论，还能通过在线互动工具进行实时提问和表达自己的观点，极大地提高了他们的参与积极性和课堂互动性。虚拟仿真实验是另一种创新的教学形式，通过先进的信息化技术，教师可以为学生创造逼真的虚拟场景，让他们在模拟的社会情境中体验和理解思想政治教育的核心理念。这种体验式的学习方式能够打破理论与实践之间的隔阂，让学生在"沉浸式"的学习中直观地感受到思想政治内容的实际应用，增强

教育的实效性和吸引力。

主题班会和虚拟仿真实验等多种信息化手段的有机结合，使思想政治教育不再是单纯的说教和灌输，而是转变为丰富多样、充满互动和体验的学习活动，让学生在趣味中领悟思想政治教育的深刻内涵，从而有效提升思想政治教育的实效性和影响力。

（二）结合线上问答、互动课程等增强学生的学习体验

通过线上问答形式，学生可以在学习过程中随时提交自己的疑问，教师则可以根据学生的提问情况进行有针对性的解答。这种即时的互动方式打破了传统课堂中时间和空间的限制，使学生能够在学习的任何阶段得到及时的反馈，有效提升了他们的学习积极性和参与感。

同时，互动课程的引入使思想政治教育不再局限于单向的知识传递，而是转变为学生与教师之间的双向交流。通过运用多媒体教学资源，教师可以在互动课程中设计一些针对课程内容的讨论环节或在线测试，引导学生主动参与、思考和表达自己的见解，使他们在学习中更加积极投入。互动课程通过丰富的形式和生动的内容，让学生对思想政治理论有了更加深刻的理解，也能够在互动过程中激发他们对社会问题的关注与思考。

线上问答与互动课程的结合，使思想政治教育的学习过程变得更加个性化和灵活化，学生可以按照自己的节奏进行学习，教师则可以通过在线互动精准把握学生的学习需求和思想动态。这种双向互动的学习模式，极大地增强了学生的学习体验，让思想政治教育真正融入学生的生活，帮助他们树立正确的价值观和人生观，为培养全面发展的新时代大学生奠定坚实的思想基础。

七、信息化实践活动

（一）开展结合专业特色的思想政治教育实践活动，如视频竞赛和主题征文

结合各专业的特点，思想政治教育可以与学生的专业学习紧密相连，使

学生在实践活动中学习思想政治理论，并将这些理论运用到自己专业的实际问题中。视频竞赛让学生运用所学专业技能，围绕思想政治主题进行创作，将自己的思想认知和专业特长结合起来，用影像的方式表达对社会问题的理解和思考。这样的竞赛不仅提升了学生的创意表达能力，也让思想政治教育内容更加具体和生动，贴近学生的兴趣和专业方向。主题征文则为学生提供了展示自己思考深度和写作能力的平台。通过征文的形式，学生可以将思想政治教育的内容与专业知识相结合，用文字深入探讨理论在实践中的应用，阐述自己在学习中的所得与思考。这种方式能够激发学生在思想政治教育中主动思考，促使他们在专业学习中形成对社会责任的深刻认知。

视频竞赛和主题征文等实践活动，将思想政治教育从单纯的课堂理论延展到学生的专业生活中，帮助他们在专业学习的同时培养正确的价值观和社会责任感，真正实现思想政治教育与专业教育的融合，推动学生在德、智、体、美、劳全面发展。

（二）引导学生将思想政治教育与专业学习相结合，增强应用性

通过信息化手段，教师可以将思想政治教育的内容渗透到专业课程的学习中，使学生在学习专业知识的同时深刻理解和认同社会主义核心价值观，培养积极的社会责任感。在专业课程中融入思想政治教育的内容，可以通过案例分析、情景模拟、项目实践等多种形式，帮助学生理解理论与实际的联系，培养他们用科学的世界观和价值观来看待专业知识和社会问题的能力。比如，在工程类专业的教学中，教师可以引导学生思考如何在工程设计和建设中优先考虑绿色环保和社会效益，强调专业技术与社会责任的结合。在医学专业中，思想政治教育可以渗透到临床技能和医学伦理的学习中，让学生认识到救死扶伤背后的社会责任和人道精神。

通过这些具体的专业结合，学生不再把思想政治教育看作与专业毫无关联的独立课程，而是能够在专业学习的每一个环节中都感受到思想政治教育的存在和影响。这种结合增强了思想政治教育的实践性和应用性，使学生能够在学习和实践中将理论内化为自身的价值观和行为准则，从而在未来的职业发展中更加注重社会责任，成为全面发展的新时代人才。

八、学生自主管理与激励机制

(一) 推动班级和学生活动的自主管理,通过信息化平台实现有效管理

通过构建信息化平台,可以为学生提供自主管理的便利条件,鼓励学生主动参与到班级事务和活动组织中,培养他们的自治能力和责任意识。在信息化平台上,班级的事务(如日常考勤、学习安排、活动计划等)都可以实现透明化管理,学生通过平台可以实时了解班级动态、活动安排以及个人的学习任务,并进行自我管理。这样,学生在自主管理过程中不仅能够提高时间管理和自我规划能力,还能够通过参与班级事务,体会到集体管理的责任和价值。学生活动的自主管理同样可以通过信息化平台实现,从活动的策划、宣传到报名、组织,学生都可以通过平台进行全流程管理和监督,实现自我管理和协作。平台使信息传递更为高效,活动管理更为有序,学生可以更好地协调与分工,并通过组织活动提高自己的综合能力。

在推动班级和学生活动自主管理的过程中,信息化平台为学生提供了一个有效的管理工具,使他们能够在实践中锻炼自治能力和团队合作意识,同时也能够增强对班级和学校的归属感和责任感。通过这种方式,思想政治教育不仅能够传授知识,还可以让学生在自主管理的过程中,培养他们的责任感和独立能力,推动其全面健康成长。

(二) 通过积分和荣誉展示等形式激励学生积极参与活动

积分制度为学生参与各类思想政治教育活动提供了明确的激励机制。学生通过积极参与课堂讨论、主题班会、志愿服务等活动积累积分,既记录了他们在思想政治教育中的付出,也成为他们成长和进步的体现。积分的累积过程能够激励学生不断超越自我,提高对活动的主动性和参与热情。荣誉展示则是对学生努力的认可和鼓励。通过信息化平台,学校可以将学生在思想政治教育活动中的优秀表现进行展示,设立"优秀思想政治参与者"等荣誉

称号，并对表现突出的学生进行公开表彰。这样的荣誉展示，不仅给学生带来被认可的成就感，也为其他学生树立了榜样，营造出积极参与思想政治教育活动的良好氛围。

积分与荣誉展示相结合，形成了一种有效的激励机制，不仅提高了学生对思想政治教育活动的重视程度，也使他们在参与过程中更加投入和主动。这种方式将思想政治教育从被动接受转变为学生主动参与，让学生在活动中获得更多的自我成长和价值认同，同时也推动了思想政治教育的深入发展，使教育效果更加显著和持久。

第四节　大学思想政治教育信息化建设创新对策

一、数字化资源与智能化平台建设

（一）多媒体教学资源创建

为了提升教育内容的吸引力和感染力，教师需要制作丰富多样的多媒体教学资源，如视频、音频、动画等。这些资源的核心在于利用多感官刺激，帮助学生更好地理解和内化思想政治理论，激发学生的学习兴趣。在实践中，教师可以通过多媒体模拟历史事件，让学生沉浸在事件发生的情景中，以更生动的方式理解历史中的思想政治价值观。此外，教师可以通过录制讲授重大理论的微课视频，将抽象的理论问题形象化、具体化，使其更易于被学生接受和掌握。结合动画技术制作演示动画，展示关键概念和思维过程，也能帮助学生更直观地理解复杂的政治理论体系。音频资源则可以制作成"理论讲堂"或"时事点评"类型的音频节目，让学生利用碎片化时间进行学习。通过整合这些多媒体资源，思想政治教育的内容更加丰富立体，教学效果得以显著提升，学生的学习体验也因此更加深刻和全面。

（二）优质在线课程建设

通过开发高质量在线课程，教师可以将思想政治理论与丰富的多媒体内容进行深度融合，使知识的传递过程更加生动有趣。教师应根据课程内容的特点，设计出符合学生认知规律和兴趣的在线教学视频。这些视频不应仅限于讲授理论知识，还应通过真实的案例分析和多角度的探讨，帮助学生理解理论背后的社会意义。教师在录制课程时，应注重通过情景再现和案例故事激发学生的共鸣和参与感，让学生在观看视频的过程中产生沉浸式学习体验。

此外，优质的在线课程还应具备互动功能，如在线测试、讨论区等，能够增强学生的参与感，使他们能够主动思考和反馈学习过程中的问题。在课程设计过程中，教师可以将复杂概念分解，内容模块化，从易到难逐步推进，帮助学生系统掌握思想政治理论体系。每个知识点的讲授都可以结合具体的时事热点，使学生能够理解思想政治理论在现实生活中的应用价值。通过在线课程的有效运用，思想政治教育可以突破课堂的限制，让学生能够根据自己的学习节奏自由学习，达到灵活、高效的教育目的。

（三）智能化学习平台建设

构建智能化学习平台，可以有效实现思想政治教育的精准化和个性化。利用人工智能、大数据等技术手段，平台能够对学生的学习行为进行实时追踪和分析，深入挖掘学生在学习过程中的兴趣点和薄弱环节，从而为每一位学生提供量身定制的学习路径和内容推送。智能化学习平台应具备智能推荐功能，依据学生的学习进度和学习偏好，主动推送适合的教学资源，激发学生的学习积极性。平台通过积累学习过程中的数据，可以为教师提供学生详尽的学习报告，帮助教师清晰掌握学生的知识掌握情况和思想动态，为教学提供数据支持，进一步优化教学方案和教学内容。

智能化平台还可以通过设立在线讨论区和互动式学习模块，增强学生与教师、学生与学生之间的交流与互动，营造良好的学习氛围，促使学生在交流中加深对思想政治教育内容的理解和认同。智能化学习平台可以打破时间和空间的限制，使思想政治教育真正做到"因材施教"，在提升教学效果的同时，也让学生在自主学习中形成独立思考和批判性思维的能力。

二、互动式学习方式

（一）在线讨论与互动问答

在线讨论区为学生提供了一个开放的平台，让他们可以就课程内容、社会热点、时事政治等多种话题展开讨论，学生在表达自己观点的同时，也能听取他人不同的意见和见解，从而在思想观点碰撞中深化对问题的理解。教师通过在线讨论可以发现学生的思想动态，及时进行引导和补充，确保讨论深入并朝正确的方向发展。互动问答则可以使学习过程更加灵活生动，学生在学习过程中遇到疑问时，可以随时通过平台向教师提问，教师的解答不仅能够帮助提问者解决问题，同时也对其他有相似疑惑的学生起到答疑解惑的作用。互动问答的过程不仅加深了学生对知识的掌握，还拉近了师生之间的距离，使思想政治教育从"灌输式"教学转变为互动式学习。

通过智能化学习平台上的互动功能，教师还可以设置问题挑战环节，学生可以通过回答问题参与其中，获得及时的反馈和鼓励，这种方式能够很好地激发学生的竞争意识和学习兴趣。在线讨论与互动问答在思想政治教育中的应用不仅能够提升课堂的活跃度和学生的学习体验，也能够让学生更深刻地理解思想政治内容，提高其对社会热点问题的关注和思考深度。

（二）利用社交媒体平台

社交媒体平台如微信、微博、抖音等凭借其广泛的用户基础和强大的传播力，成为思想政治教育内容的有效传播载体。教师可以通过社交媒体发布与课程相关的微视频、文章、图片等多样化内容，将思想政治理论融入日常生活，让学生在碎片化的时间中潜移默化地受到教育影响。社交媒体的互动性也使思想政治教育变得更加立体和多样，学生可以通过点赞、评论、分享等方式参与其中，表达自己的观点，并与同学和教师进行深入交流。在社交媒体平台上，教师还可以设置专题讨论、热点话题互动等活动，结合当下社会热点和学生关心的问题，引导学生思考和讨论，激发其兴趣和思辨能力。

通过社交媒体平台，思想政治教育的内容可以突破课堂的限制，学生可以在课外随时随地进行学习和思考，学习的空间得到极大拓展。同时，社交媒体平台也为教师与学生之间建立更紧密的联系提供了可能，教师可以在平台上了解学生的思想状态和兴趣动态，及时发现学生在思想政治学习中的困惑并进行有针对性的引导，帮助学生更好地理解和内化思想政治教育的核心内容。利用社交媒体平台的灵活性和广泛性，思想政治教育可以更加贴近学生的生活，实现寓教于乐的效果，使学生在日常生活中不断提高思想水平和政治素养。

三、虚拟现实与增强现实技术应用

（一）虚拟现实技术在历史与革命故事教育中的应用

通过虚拟现实（VR）技术，历史与革命故事得以更加生动地呈现在学生面前，使他们能够身临其境地感受历史事件的氛围，增强学习体验的真实感和代入感。在学习过程中，学生可以通过 VR 设备"走进"历史场景，沉浸在特定历史时期的环境中，例如，参与到红军长征的行军途中，目睹井冈山斗争的艰苦岁月，或者置身于开国大典的庄严现场。通过这种身临其境的方式，历史事件不再是简单的书本描述，而是以可视化和感官化的形式呈现，增强了学习的趣味性和情感冲击力。VR 技术还能将一些关键的历史人物的形象和语录生动再现，让学生有机会与"虚拟人物"进行互动，增强对历史人物的理解和情感联系。在革命故事的教学中，VR 技术还可以重现革命战争中的重要战役场景，让学生感受到革命先烈们英勇无畏的精神，从而激发他们对革命精神的敬仰和对国家的认同感。

通过虚拟现实技术的应用，学生不仅能够在视觉、听觉等多重感官体验中加深对历史的记忆和理解，还能够通过与虚拟场景的交互，主动参与到历史的再现与探究之中，从而形成对革命精神更加深入的认识和情感上的共鸣。VR 技术在历史与革命故事教育中的应用，不仅丰富了思想政治教育的形式，也为学生提供了独特的学习体验，使他们在体验历史的过程中受到深刻的思想洗礼。

（二）增强现实技术辅助教育内容立体呈现

增强现实（AR）技术使抽象的思想政治理论与历史事件可以更加直观、立体地展示给学生，使教育内容不再局限于书本和文字，而是通过三维场景和动画形式更具表现力地呈现。教师可以利用 AR 技术将历史事件中的地标性建筑、人物、场景等立体呈现在课堂中，学生可以通过手机或平板等设备看到革命根据地的虚拟模型，观察到不同历史时期重要事件的变化，甚至可以从多个角度对这些模型进行查看和操作，从而加深对历史背景的理解。在讲授重大理论和抽象概念时，AR 技术还能够通过三维图形和动态模拟，将复杂的逻辑关系和思想体系更加形象地演示出来，帮助学生突破平面教材的限制，更清晰地掌握知识脉络与内在联系。AR 技术还可用于展现当前社会发展的成果和形势，通过立体图表、模拟场景等方式，将时事热点与政治理论相结合，让学生能够直观感受到国家发展带来的变化。

这种全方位、多层次的立体呈现使学生在学习过程中能够更加主动地参与和探索，以被动接受知识转变为在沉浸式的互动中形成深刻的认知和体会。AR 技术辅助教育内容立体呈现，既拓展了思想政治教育的内容表现形式，也增强了教育的趣味性和互动性，使学生在生动的视觉体验中理解知识点，在探索中培养思辨能力和爱国情感。

四、跨学科与综合实践

（一）思想政治教育与其他学科结合

在学科交叉的背景下，将思想政治教育融入其他学科的教学中，不仅能够打破传统思想政治教育的单一性，还能够将政治理论与实际应用紧密联系，使其更加贴近学生的专业和日常学习。结合历史学科，教师可以引导学生从历史事件中挖掘思想政治内涵，让学生在了解历史进程的同时，认识到国家的变革和社会的进步背后的政治意义；结合文学课程，学生可以通过阅读中外经典文学作品，体会作品中蕴含的价值观和时代精神，从而加深对不同社会制度和文化背景下人类共同追求的理解；在与理工科课程结合时，思想政治教育可以强调科技发展与社会责任、科技伦理的关系，帮助学生树立正确的科学观和价值观，使他们在追求技术进步的同时，更好地理解自身的社会责任与担当。思想政治教育与艺术学科的结合可以通过艺术作品展现时代精神，例如通过影视作品、绘画作品等形式，使学生在艺术欣赏中感受到爱国主义和集体主义精神的力量。

学科的交叉融合有助于学生在不同的知识领域中深化对思想政治理论的理解，使思想政治教育不再是独立的理论灌输，而是与学生的专业知识、日常生活紧密结合。通过丰富的学科融合实践，可以激发学生的综合素质，培养具备多维度视角的新时代人才。

（二）第二课堂与社会实践活动

在第二课堂的建设中，学生可以参加形式多样的活动，例如主题讲座、读书会、思想政治辩论赛等，将理论学习与趣味性活动结合起来，激发学生的学习兴趣，并加深对理论知识的掌握。社会实践活动则是架起思想政治教育与社会现实的桥梁。学生深入社会，通过开展调查研究、志愿服务、公益活动等形式，能够切身体验社会中的问题和需求，将课堂上学到的理论知识应用到实践中，体会理论的现实意义和社会价值。通过参与社区服务活动，学生可以直接与群众接触，了解国家政策在基层的实施情况，从而理解国家发展战略的具体意义；通过参观红色教育基地和革命遗址，学生可以加深对中国革命历史和文化的认同，增强爱国主义情怀。在社会实践中，学生不仅学习知识，更培养了责任感和使命感，使思想政治教育的内容从书本和课堂拓展到实际生活之中。学生通过社会的真实体验，促使其在思想上更加成熟和坚定。

第二课堂与社会实践活动的结合，能够有效增强思想政治教育的感染力和实践性，引导学生在丰富多样的实践中理解和内化核心价值观，使思想政治教育真正落地生根，发挥其应有的育人作用。

五、教师信息化素养提升与评价机制

（一）信息化培训与现代技术使用

在信息化培训中，教师可以学习如何运用多媒体技术制作生动的教学内容，将枯燥的理论知识以图文并茂、音视频结合的形式呈现出来，提高教学的吸引力和感染力。同时，掌握大数据分析技能可以使教师对学生的学习行为和思想动态进行更精准的把握，及时了解学生在学习过程中的问题和需求，从而进行有针对性的教育引导。现代技术还包括虚拟现实（VR）、增强现实（AR）等新兴科技，教师在信息化培训中可以学习如何将这些技术融入教学，将重要历史事件、政治理论的形成过程以立体化、情景化的方式呈现，使学生在感官体验中更深刻地理解思想政治内容。此外，教师还需要学习如何利用在线学习平台、互动软件等工具，从而加强课堂内外的师生交流和互动，提高教育的参与度和实时性。

通过系统的信息化培训，思想政治教师可以更好地适应信息化时代的教学环境，借助现代技术丰富教学手段，使思想政治教育的内容更加生动、有趣，推动教育效果的全面提升。信息化培训与现代技术的深度融合，为思想政治教育带来了更多创新的可能性，也为教师提供了更广阔的教学舞台。

（二）教学经验分享与交流

在信息化背景下，教师可以通过在线平台进行教学经验的分享，将自己在教学过程中积累的有效方法、课程设计理念、互动技巧等无私地与同事们交流，特别是在面对思想政治教育中遇到的难点和学生的普遍疑惑，可以通过集体讨论和案例分享找到更加有效的解决途径。这种分享可以采用线上研讨会、虚拟课堂观摩、教学微视频展示等多种形式，使教育经验的传播不再局限于一校一地，而是能够通过互联网实现更大范围的共享与辐射。通过与来自不同地区、不同学校的教师进行互动，思想政治教师可以了解和学习到不同文化背景和教学环境下的优秀教育实践，并将这些经验有选择地应用到自己的教学中，以提高课堂的多样性和创新性。

教学经验的交流不只是教学技巧的分享，更是对教学理念、教育目标的深度探讨，是思想政治教育工作者共同提升和成长的重要途径。在现代教育技术的支持下，经验的交流与共享可以更加即时、高效，教师之间的合作也更加紧密，这种跨区域、跨学科的交流将不断激发思想政治教育教学的新思路和新方法，推动思想政治教育在信息化背景下实现更加深远的影响。

（三）综合评价机制设计

综合评价机制设计是大学思想政治教育信息化建设中的关键环节，通过科学合理的评价体系，可以有效衡量和促进思想政治教育的教学质量与学生的学习效果。在信息化背景下，综合评价机制需要打破传统的单一考试成绩评定模式，更多地融入过程性评价、表现性评价等多维度指标，将学生在思想政治学习中的全过程进行全面考量。

评价机制的设计可以充分利用现代技术，通过在线学习平台收集学生的学习行为数据，包括课堂参与度、在线讨论活跃度、学习资源的使用情况等，利用数据分析对每个学生的学习表现进行动态评估。在综合评价中，还应加入对学生社会实践和参与活动的考察，将学生在第二课堂、志愿服务、社会调研等实际行动中的表现纳入评价体系，以此鼓励学生将理论学习与社会实践相结合，实现知行合一的教育目标。

教师的评价也应是动态和个性化的。通过对学生学习过程的观察并结合学习数据，教师可以对学生的进步和不足进行详细的反馈，并为他们提供针对性的改进建议。除了教师评价，还可以引入学生之间的互评以及自我评价，鼓励学生相互学习和自我反思，从而提高自我认知和他人认同感。

综合评价机制的设计不仅是为了测量学习成果，更是为了促进学生的全面发展，激发他们的学习兴趣和社会责任感，使思想政治教育更加深入人心，在现代信息化手段的支持下，实现教育评价的科学化与个性化。

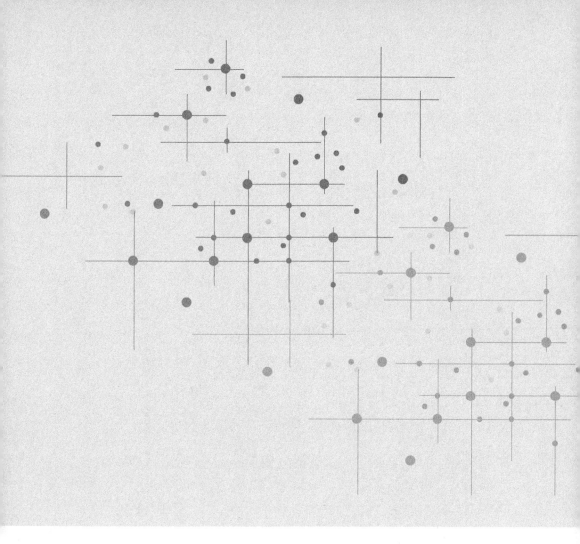

大学生思想
政治教育的未来发展

第七章

在快速变化的社会环境中，大学生思想政治教育面临新的挑战和机遇。本章旨在探讨思想政治教育的未来发展方向，强调师资队伍建设的重要性，并提出需要强化教育者的专业素养与实践能力，以提升教育质量。同时，开展多样化的社会实践活动，将理论与实践紧密结合，增强学生的社会责任感和参与意识。拓展思想政治教育的载体渠道，利用数字平台和社交媒体，能有效提升教育的吸引力和影响力。此外，创建"三全育人"新格局，推动全员、全方位、全过程的育人理念。最后，完善评估机制，将为教育效果提供科学依据，确保教育工作的持续改进。本章将深入分析这些领域，为思想政治教育的创新与发展提供指导。

第一节　强化思想政治教育师资建设

一、师资队伍的专业化培训

（一）定期开展专业培训

在当前快速发展的社会环境中，高校师资的专业培训显得尤为重要，定期组织相关培训可以帮助教师紧跟现代教育技术的最新发展，提升其教学能力。随着在线教育和混合学习模式的普及，教师需要熟练掌握各种在线教学工具和互动教学平台。这不仅有助于增强课堂互动性，还能够满足不同学生的学习需求。通过培训，教师能够学习如何有效使用视频会议、在线测验和讨论板等工具，进而提升学生的参与感和学习效果。掌握这些技术能够让教师在课程中创造更灵活和动态的学习环境，使学生更积极地参与到课堂中，从而提升思想政治教育的有效性。

1. 理解学生心理

理解学生心理是提升教学质量的关键。教育心理学的研究为教师提供了丰富的理论支持和实践指导。为了帮助教师更好地应用心理学原理，专业培训包括多个方面的内容。

首先，培训可以引入心理测评工具的使用，帮助教师在课堂初期了解学生的学习风格、兴趣和个体差异。通过问卷调查或访谈，教师可以收集关于学生学习动机和情感状态的数据，进而分析这些因素对学习效果的影响。

其次，培训应强调观察技巧的培养。教师可以在课堂上通过细致观察学生的非语言行为、参与度和反应来识别哪些教学方法最能引起他们的兴趣和共鸣。例如，教师可以通过观察学生在小组讨论中的表现，评估不同教学方式的有效性，并及时调整自己的教学策略。在这一过程中，教师还应学习如何进行有效的课堂反馈，通过及时的赞扬和建设性的建议，增强学生的学习动力和自信心。

最后，培训还可以提供关于情绪管理的知识，帮助教师识别学生的情绪状态，并采取适当的干预措施。比如，当发现某位学生情绪低落或缺乏动力时，教师可以采用积极的心理暗示和激励策略，与学生进行一对一的沟通，了解其困惑并给予支持。

心理学的研究成果也应促使教师在课堂上建立积极的师生关系，通过营造更加包容和支持的学习环境，让每个学生都能在自信的氛围中成长。具体措施之一是设立"班级心理健康日"，让学生分享自己的感受和想法，从而增强彼此之间的信任与理解，同时也能让教师获得关于学生心理状态的第一手资料。

通过这些具体的培训措施，教师不仅能提高自身的心理素养，还能更有效地促进学生的全面发展，最终实现更高质量的教学成果。

2. 讨论社会热点问题

讨论社会热点问题不仅丰富了课堂内容，还提升了学生的批判性思维能力。在教师的专业培训中，可以通过多种具体措施来有效引导学生关注和分析当前社会热点话题。

首先，培训中应该教授教师如何选择和引入与学生生活紧密相关的社会热点，比如环境保护、社会公正和科技伦理等。这些话题不仅能引起学生的兴趣，还能促使他们积极参与讨论。教师应学习如何利用多媒体资源，如新闻报道、纪录片、社交媒体帖子等，将这些话题呈现给学生，使其更加生动和易于理解。

其次，在课堂上，教师可以设置小组讨论环节，鼓励学生分组深入研究不同的观点，提出自己的见解和论据，并进行辩论。这种结构化的讨论能够培养学生的逻辑思维和表达能力。教师在引导讨论时，可以采用开放式问题，鼓励学生深入思考。例如，教师可以提出"在当前社会背景下，如何看待某一政策的实施？"等问题。通过这种方式激励学生分析政策的背景、影响以及不同利益相关者的观点。为进一步增强讨论的深度，教师还应学习如何有效管理课堂讨论，确保每位学生都有机会表达自己的观点，同时尊重他人的意见。在这一过程中，教师可以引导学生认识到多元视角的重要性，鼓励他们在讨论中形成更全面的理解。

最后，教师可以组织与社会热点相关的实践项目或活动，例如，参与社会服务、模拟联合国会议或社区调研，让学生在实际参与中体会到社会责任。这种实践活动能够帮助学生将理论与现实相结合，提升他们对国家和世界的认知与责任感。

通过这些具体措施，教师不仅能激发学生的思考和讨论热情，还能创造一个开放、包容的学习环境，使学生在多元视角的碰撞中成长，最终培养出具备批判性思维的公民意识。

（二）建立多元化培训体系

建立多元化培训体系是提升师资专业素养的重要途径之一。理论学习固然重要，但实践同样不可或缺。通过研讨会，教师可以在小组讨论和案例研究中分享彼此的教学经验，深入探讨教学中遇到的具体问题和挑战。在这一过程中，教师不仅能够学习到他人的成功案例和有效策略，还可以通过相互反馈来改进自己的教学方法。这样的交流不仅能激发创新思维，促使教师在思想政治教育中引入多样化的教学手段，还能增强团队合作意识，建立一个互助支持的专业社区。随着教师对彼此教学理念方法理解的加深，整个教育团队的凝聚力也将显著提高，从而形成良好的教育氛围，推动整体教育质量的提升。

模拟教学是一种极为有效的实践培训方式，它通过设定情境和角色扮演，使教师能够在相对安全的环境中检验和提升自己的教学能力。为了最大化模拟教学的效果，教师培训应包括具体的实施措施。

首先，培训可以设置明确的模拟情境，涵盖多种教学场景，如不同年级的课堂、各类学科的授课以及处理课堂突发情况等。这些情境不仅能让教师在实践中体验不同的教学模式，还能帮助他们了解各类学生的需求和反应。在模拟过程中，教师可以尝试不同的教学方法，如小组合作、探究学习、案例讨论等，从而寻找最适合的教学策略。

其次，在模拟教学中，教师可以与同伴组成观察小组，彼此进行角色扮演与反馈。在每次模拟后，观察小组成员可以给予具体的反馈，帮助教师识别自身在课堂管理、互动技巧和内容传达等方面的不足。这样的互评机制不仅能增强教师之间的交流与合作，还能促进共同学习和成长。

最后，培训中还可以引入专业的教育心理学知识，帮助教师理解如何调动学生的参与度和兴趣，以提高课堂的效果。为了进一步巩固模拟教学的效果，学校应定期举办"模拟教学日"活动，让所有参与教师在特定的时间内进行公开的模拟课堂展示，并邀请其他教师和学生观摩。在观摩之后，组织集中讨论会，深入分析每位教师的教学表现，提供建设性意见和改进方案。这种持续的实践与反馈循环，不仅能帮助教师在无压力的环境中反思和调整自己的教学风格，还能提升他们对课堂动态的敏感度和应变能力。

通过这些具体措施，模拟教学将成为教师专业发展的重要支撑，帮助他们在真实课堂中自信应对各种挑战。

在多元化培训体系的构建中，理论与实践的结合是实现教师专业成长的关键。通过多样的培训形式，教师不仅能学习到最新的教育理论，还能在实践中灵活应用这些理论，提升自身的教学素养。这种结合能够有效地提高教师的课堂表现，使他们在面对实际教学时，能够迅速适应并灵活应对各种情况。培养教师的实践能力，能够让他们更好地理解学生的需求，以更加生动和有效的方式进行思想政治教育，从而在教育过程中真正实现理论与实践的无缝对接，达到提升教育质量的最终目标。

（三）鼓励学术交流与合作

鼓励学术交流与合作是提升教师专业素养的重要手段，教师参与国内外的学术活动能够有效拓宽其学术视野，引入新理念，推动教育质量的提升。

1. 组织学术研讨会

通过邀请国内外专家分享前沿研究和成功案例，可以有效激发教师的学术兴趣和创新思维。为了实现这一目标，研讨会应定期举行，围绕不同的主题，如教育技术的应用、教学方法的创新、课程设计等，邀请各个领域的知名学者和实践者参与。为了确保研讨会的有效性，主办方可以提前收集教师的需求和关注点，以便邀请的专家能够提供相关领域的深度分析与指导。在研讨会中，教师不仅可以聆听专家的报告，还能参与小组讨论，分享各自的经验和观点。通过互动环节，教师可以向专家提出自己在教学中遇到的具体问题，从而获得专业的指导和建议。这种直接的交流有助于教师在理论与实践之间架起桥梁，推动他们在各自领域的深入思考和探索。

学术研讨会还可以促进跨学科的思想碰撞，为教师提供一个广阔的视野。在会议中，可以设置跨学科的主题讨论，鼓励来自不同学科的教师共同探讨教育中的共性问题。例如，可以邀请文学、心理学和社会学等领域的专家，探讨如何将跨学科的知识融入思想政治教育的教学实践。通过这样的交流，教师可以从不同学科的视角重新审视自己的教学实践，发现新的教学思路和方法。为了增强研讨会的吸引力，研讨会可以提供与专家的一对一咨询机会，进一步深化教师与专家之间的交流。这种系统的组织和设计不仅丰富了教师的知识体系，也激励他们积极参与学术研究，探索适合自己教学领域的创新方法，最终促进教师的专业发展与学生的学习成效。

2. 建立合作机制

通过与国内外高校建立紧密的合作关系，教师能够获得更多的学习机会和资源支持。具体来说，可以通过定期的教师互访，鼓励教师前往合作院校进行学习和交流。在互访中，教师不仅能够观察和体验其他高校的教学模式、课程设置和管理经验，还能与合作院校的教师进行学习和交流，探讨教育理念和教学策略。这种亲身体验可以激发教师的创新思维，促使他们在回到本校后，将新鲜的理念和方法融入自己的教学实践中。此外，联合课程开发也是一种有效的合作形式，通过共同设计和实施课程，教师能够融合不同高校的教育资源与优势，提升课程质量和学生的学习体验。

合作机制的建立还能够促进信息和资源的共享，教师可以通过网络平台或定期研讨会互相学习，借鉴成功的案例和经验教训。为了实现这一目标，应建立一个跨校教师网络，共享教学资源、研究成果和最佳实践。这种共享不仅能提升教师的专业发展，还能增强整体教育水平。同时，合作机制也为教师提供了参与共同研究项目的机会，使他们能够通过多方合作获得更丰富的研究视角和资源支持。通过参与国际学术交流的项目，教师能了解全球教育的发展趋势，并将国际视野融入本校的教学和研究中，从而更好地适应新时代对教育的要求。通过这些具体的举措，合作机制将极大地促进教师的专业成长和学校的整体发展。

3. 重视后续评估与反馈

重视后续评估与反馈是确保学术交流活动有效性的关键环节，通过定期对参与交流的教师进行跟踪调查，可以深入了解他们在交流后的变化和提升。具体举措包括设计结构化的问卷，调查教师对交流内容的满意度、在教学和科研方面的实际应用情况以及他们在交流后所面临的新挑战。这种问卷可以定期发放，并结合面对面的访谈，以获取更加全面和深入的信息。

通过分析参与者的反馈，学校能够系统地评估交流活动的影响，了解哪些方面有效，哪些需要改进，从而不断优化学术交流的组织与实施。同时，对参与者的成果进行评估也是关键步骤，包括科研论文的发表、教学效果的提升、课程开发的成功案例等。建立定期的成果展示平台，让教师分享他们在交流后所取得的成就，在这个平台上展示自己的科研成果、教学创新和实践案例，并接受同行的反馈与建议。

学校可以结合这些成果的评估结果，给予相应的奖励和表彰，以鼓励教师将交流所学转化为具体的教学实践和研究成果。这种机制不仅能够激励教师不断探索和创新，还能够形成良性循环，促进教师之间的经验分享和相互学习。这样的持续机制不仅能够提高教师的学术素养，还能够推动整个教学团队的进步。定期的评估与反馈帮助教师及时调整和改进自己的教学策略与研究方向，使他们更好地应对教育领域的挑战。最终，这种重视后续评估与反馈的做法将为提升教育质量创造良好的环境，实现教师个人发展与学校整体进步的双赢局面。

（四）导师制度的建立

建立导师制度是促进年轻教师快速适应思想政治教育工作的重要措施。在这一体系中，资深教师通过一对一指导的方式，定期与年轻教师进行深入交流，分享自己的教学经验和职业发展建议。这种交流不仅可以帮助年轻教师明确教学目标，还能为他们在实际教学中遇到的问题提供切实可行的解决方案。资深教师的反馈能够有效地提升年轻教师的课堂教学能力，使其在思想政治教育中更加游刃有余。建立信任关系后，年轻教师能够在一个开放的环境中，充分表达自己的困惑与挑战，从而获得更具有针对性的指导。

观摩课堂则是另一种有效的学习方式，年轻教师可以通过旁听资深教师的课堂讲解，直观感受优秀教学实践。通过观察资深教师在课堂上的教学方法、互动技巧和课堂管理策略，年轻教师可以获得宝贵的学习范例。这种实地学习的方式，可以帮助年轻教师更好地理解理论与实践的结合，并在具体的教学情境中探索不同的教学模式和技巧。同时，观摩课堂也激发了年轻教师对课堂教学的思考，让他们能够在未来的教学中不断反思和改进自己的方法，提升自身的教学素养。

（五）支持进修与学位攻读

支持教师攻读更高层次的学位和证书是提升教育质量的重要举措。学校可以通过设立奖学金来为在职教师提供必要的经济支持，这不仅减轻了教师的经济负担，还激励他们积极参与学术研究和专业发展。通过获得更高的学位和专业资格，教师能够深化对学科的理解，拓展知识面，从而在课堂上更有效地传授知识。此外，教师在攻读学位的过程中能够接触到最新的教育理念和研究成果，这些都会在他们的教学实践中产生积极的影响，提升学生的学习效果和教育质量。

弹性工作制的实施为教师在攻读学位期间提供了更为灵活的工作安排，使他们能够在兼顾教学工作的同时，专心致志于学业的提升。这样的安排不仅体现了学校对教师个人发展的关注，也为教师提供了更好的学习和成长空间。弹性工作制下，教师可以合理规划时间，将更多精力投入学术研究和课程学习中。这种灵活性不仅帮助教师减轻了学习与工作之间的冲突，更增强了他们在工作与学习中找到平衡的能力，使学术追求和职业发展能够相辅相成。

（六）促进实践与理论的结合

强调实践与理论的结合是提升教师综合素养的重要途径，案例教学法的应用便是实现这一目标的有效方式之一。通过在课堂中引入真实的案例，教师能够将理论知识与实际情境相结合，帮助学生理解和掌握学科内容。真实案例不仅能够激发学生的学习兴趣，还可以增强他们的实践能力和解决问题能力。在案例分析的过程中，学生需要进行深入思考、讨论和合作，这种互动方式促进了他们的批判性思维与分析能力的提升。教师在使用案例教学法时，能够引导学生从多个角度思考问题，鼓励他们将理论应用于实际，从而提升教学的效果和学生的学习成果。

校外实践基地的建立为教师提供了在真实环境中进行教学反思与改进的机会。学校与社会组织和企业的合作，为教师创造了一个丰富的实践场所。在这些实践基地中，教师能够观察和参与实际工作流程，从中获取第一手资料，并将这些资料带回课堂。这种实践经历使教师在教学中更加具备实践性和实用性，他们能够更好地将理论知识与现实生活相结合，使学生获得更加丰富和真实的学习体验。在校外实践中，教师不仅提升了自身的综合素养，还能在不断的实践中发现教学中的不足，并进行相应的调整和优化，从而提升整体教学质量。

（七）建立评价与激励机制

建立完善的评价与激励机制是确保教师培训有效性的关键环节，通过定期评估培训效果，可以更好地把握教师在培训后的成长与进步。

1. 实施问卷调查

实施问卷调查是获取参与培训的教师反馈和评估培训效果的重要手段。具体来说，学校可以设计一份结构化的问卷，涵盖培训内容的实用性、可操作性和适应性等多个维度。问卷应综合运用多项选择题和开放式问题，既能让教师明确表达对培训内容的具体看法，还能提出自己的建议和改进意见。为了确保反馈的全面性，学校还应结合课堂观察，对教师在实际教学中如何应用所学知识进行评估。观察者可以记录教师在课堂上使用培训内容的频率和有效性，分析其对学生学习的影响。这种多维度的评估方法将为学校提供详细的数据支持，帮助管理层深入了解培训的实际效果，识别培训中的优缺点。

在定期分析和总结反馈后，学校可以根据教师的需求和教学环境的变化，及时调整和更新培训方案。例如，根据问卷调查结果，如发现某些培训主题不够贴近实际，或者某些教学方法未能有效实施，学校可以迅速采取措施。这包括邀请相关领域的专家进行补充培训，或重新设计培训课程以满足教师的具体需求。此外，定期举办反馈会议，邀请教师分享他们在培训后所遇到的挑战与成功经验，进一步促进教师之间的学习和交流。通过这种持续的反馈与调整机制，学校能够确保培训的针对性和有效性，促进教师的持续发展。这不仅有助于提升教师的专业素养，还能够推动整体教育质量的提高，形成一个积极向上的教育环境。

2. 设立教学奖项

设立教学奖项是激励教师在思想政治教育中进行创新实践的重要举措，能够鼓励教师积极探索和应用新方法。具体实施方案应包括设立多个奖项，例如教学创新奖、优秀教学奖和课堂管理奖等，涵盖教学设计、课堂管理、学生评价和教学成果等多个方面。为了确保评选的公正性和透明性，学校可以成立由教学管理人员、学科专家和教师代表组成的评审委员会，制定明确的评选标准和流程。评选标准可以结合学生的反馈、同行的评价及教学成果等多个维度，确保全面反映教师的教学能力和创新实践。在此基础上，学校可以定期举办颁奖典礼，公开表彰获得奖项的教师，提升他们的社会认可度和职业成就感。

通过颁发荣誉证书、奖金或其他形式的奖励，学校不仅能鼓励教师不断追求教学创新，还能在全校范围内营造积极向上的教学氛围。为增强奖励的吸引力，学校可以考虑设置不同层级的奖项，让更多的教师有机会参与评选并获得认可。此外，奖项设置还可以与教师的专业发展路径结合。例如，学校可以将获得某些奖项的教师优先推荐参加国内外学术交流、培训等活动。这样的措施能够激发教师的内在动力，使他们在教学过程中更加投入与积极，同时也促进了教师之间的学习和经验分享。长期而言，这种奖项激励机制将推动教师的专业成长与教学质量的提升，从而为学生的全面发展奠定坚实的基础。

（八）加强信息共享与资源整合

加强信息共享与资源整合是提升教师培训效果的重要手段，构建教师培训资源库能够为教师提供获取最新教育理论和实践案例的便利。

1. 建立在线学习平台

建立在线学习平台是提升教师专业发展与教学质量的重要手段。该平台可以集中整理各类教育资源，包括最新的研究论文、教学视频、案例分析和课程设计等，让教师能够根据自身需求随时访问这些资源，增强学习的灵活性与自主性。平台可以设立多个课程模块，涵盖不同的教学主题与学科，为教师提供系统化的学习路径和指导。通过专题研讨功能，平台可邀请教育领域的专家进行在线讲座，帮助教师掌握前沿的教育理念和教学策略。为促进教师之间的互动与交流，平台应设立论坛和讨论区，鼓励教师分享经验、提出问题并探讨教学中的挑战，这样的互动可以激发思维碰撞和知识的相互传递。

为保持资源的持续更新，学校可以定期邀请教师上传新的教学材料和研究成果，同时建立激励机制，鼓励教师积极参与内容建设和维护。平台还可以利用数据分析工具，追踪教师的学习进展与资源使用情况，从而优化资源推荐和课程设置。通过这些具体的举措，在线学习平台不仅能为教师提供丰富的学习材料，还能成为教师交流与合作的重要基地，促进整体专业素养的提升，最终推动教育质量的提高。

2. 实施知识分享机制

实施知识分享机制是推动教师专业发展的一项重要措施，学校可以通过定期的学术交流会和在线论坛来鼓励教师分享个人研究成果和教学资源。在学术交流会上，教师有机会展示自己的研究进展和课堂实践，还可以分享成功的教学案例或经验教训。这类活动不仅为教师提供了一个展示平台，还能够促进教师之间的深入讨论和交流，帮助他们在实践中获得新的视角和思路。为了增强知识分享的效果，学校可以组织主题研讨会，围绕具体的教育问题或教学策略，邀请教师分享相关的研究和应用经验。同时，建立一个在线知识共享平台，方便教师随时上传和下载教学资源、研究论文及课堂活动设计等。这一平台可以设置不同的模块，如优秀案例分享、教学工具推荐和学术文章汇编等，方便教师查找和利用相关资料。

为了激励更多教师参与知识共享，学校还可以建立奖励机制，对积极分享知识和资源的教师给予表彰与奖励。例如，学校可以设立"知识共享先锋"奖，或者在年终评优中为积极参与的教师加分。通过这样的激励措施，教师的积极性将得到进一步提升，促进团队合作和共同进步，最终形成一个积极的知识共享环境。实施知识分享机制不仅能够推动教师的专业发展，还能够持续提升学校的整体教学质量。

二、教师的实践经验与理论素养结合

思想政治教育的有效性不仅依赖于理论知识的传授，更关键在于教师将理论与实践相结合。教师的实践经验是宝贵的教学资源，能够为学生提供更为直观和具体的学习体验。

（一）理论与实践的相互融合

在课堂教学中，教师应充分利用自身的社会实践经验，将社会生活中的实际案例融入课程内容。通过将理论知识与实际案例相结合，教师能够帮助学生更好地理解抽象的理论概念。例如，在讨论社会公平与正义时，教师可以选择最近发生的社会事件，如抗议活动或政策改革，作为讨论案例。教师应鼓励学生从多个角度分析事件，探讨其背后的社会问题及其对人们生活的影响。在这种情况下，教师可以采用小组讨论的形式，让学生在小组内分享各自的观点和观察，随后再将讨论结果汇总到全班进行深入讨论。这样的教学安排不仅能激发学生的兴趣，还能让他们在实践中体会理论的意义，进而增强他们对思想政治教育的认同感。

通过实践性教学，学生不仅能看到理论与现实之间的联系，还能提高批判性思维能力。在课堂上，教师可以结合社会调研、访谈或社区服务的经历，提供真实的案例素材。教师可以引导学生进行案例分析，鼓励他们提出问题、质疑观点，并进行独立思考。例如，教师可以设计开放性问题，让学生针对某一社会现象进行辩论，分析不同利益相关者的立场与观点。通过这样的方式，学生不仅学会了如何将理论知识应用于实际问题，还能够培养自己的分析能力和批判性思维。这种实践与理论的结合，不仅提升了学生的学习效果，也为他们未来的社会生活打下坚实的基础。

（二）积累实践素材的途径

教师在实践中积累丰富的素材是实现理论与实践结合的重要前提。教育者可以通过组织社会调研、参与社区服务、开展志愿活动等多种方式，亲自体验和观察社会现象。在进行社会调研时，教师应引导学生走出校园，深入社区，观察并记录存在的各种社会问题。在这个过程中，教师可以鼓励学生进行访谈，了解社区居民对某一社会现象的看法，从而获得真实的数据和观点。这样的活动不仅能帮助教师获取丰富的社会素材，还能激发学生的参与意识和社会责任感。在调研后，教师应组织课堂讨论，让学生分享自己的观察和发现，并将这些真实的案例与理论知识进行对照。这种方式可以让学生感受到理论与现实的紧密联系，进而增强他们的学习动力。

在实践活动中，教师可以鼓励学生记录观察到的现象，并进行反思，探讨理论知识如何在现实生活中体现。为此，教师可以设计一些具体的反思问题，例如，"某一社会现象背后的深层原因是什么？"或"如何用所学的理论来解释这些现象？"这样的引导有助于学生深化对理论的理解。

教师还可以定期组织分享会，邀请学生展示他们在调研中获取的素材和反思成果，促进整个班级的共同学习。在这些分享中，教师可以提供专业的反馈和指导，帮助学生更好地分析和整合信息。通过这样的实践积累与反思，教师不仅能丰富课堂讨论的内容，还能培养学生的批判性思维能力，使他们在今后的学习和生活中更加自信和独立。

（三）引导学生的自主思考

在课堂教学中，教师可以利用实践素材进行深入分析，帮助学生理解复杂的社会问题和思想政治教育的实际意义。为了促进学生的自主思考，教师应鼓励他们结合自身的经历和观察，从而促进主动思考和独立判断能力的提升。例如，在讨论社会不平等现象时，教师可以询问学生是否在日常生活中观察到类似的问题，并邀请他们分享自己的见解与感受。这种互动有助于激发学生对社会问题的关注，使他们意识到理论知识与现实生活之间的联系。教师还可以利用实际案例设计开放性问题，例如，"在这个案例中，哪些社会因素可能导致了这一问题？"这样的提问方式不仅能引导学生进行深入思考，还能鼓励他们探索不同的观点和解释，进而形成对问题的多维理解。

为了更有效地激发学生的思考，教师可以组织小组讨论，促进学生之间的交流与合作。在小组讨论中，教师应鼓励学生积极分享各自的看法与理解，并在讨论后总结各组的主要观点。通过这种方式，学生不仅能从同伴的经验中获得启发，还能在对比中深化对问题的理解。教师的角色应转变为思维的引导者，而不仅是知识的传授者。为了帮助学生更好地分析和解决问题，教师可以提供一些工具和框架，例如，思维导图或问题解决模型，引导学生将复杂问题拆解为可管理的小部分进行分析。通过这种方式，学生将逐渐培养出独立思考和解决问题的能力，使他们在未来的学习和生活中更加自信。

（四）批判性思维的培养

结合实践经验与理论素养，教师能够为学生提供更具深度和广度的学习体验。这种结合不仅提升了学生的学习兴趣，还培养了他们在未来的社会生活中所需的批判性思维和解决实际问题的能力。在课堂上，教师可以通过设计多样化的讨论和活动，引导学生分析社会现象。例如，在探讨环境问题时，教师可以引入不同理论框架下的分析，包括经济学、社会学和伦理学等。教师可以组织小组讨论，让学生从这些不同角度出发，讨论同一问题，分析每种理论所带来的不同解释与结论。在这一过程中，学生不仅能理解理论的应用，还能意识到不同观点的合理性和局限性，从而增强他们对社会现象的多维理解。

为了有效培养学生的批判性思维，教师还可以引导学生进行案例研究，分析真实世界中的复杂问题。在这种活动中，教师应鼓励学生收集相关数据和信息，进行深入的分析和讨论。教师可以提供一些具体的问题引导学生思考，例如，"这个社会现象对哪些群体产生了影响？"和"不同利益相关者的观点如何相互冲突？"通过这种方法，学生可以在独立思考中逐渐学会识别和评估不同观点，从而形成自己的判断。此外，教师可以设计反思性写作任务，要求学生在完成案例分析后撰写反思，阐述自己对问题的理解和看法。这种综合性的培养方法将帮助学生在面对复杂社会问题时，不再单纯依赖教科书知识，而是能够独立思考，形成深刻的见解和解决方案。

三、建立教师评价与激励机制

（一）科学合理的评价标准

建立有效的教师评价与激励机制的首要步骤是制定科学合理的评价标准。这些标准应综合考虑教师的多个方面表现，包括教学质量、科研成果、社会服务和学生反馈等。在教学质量的评估方面，可以采用多种评价方式，如学生的课程评价、课堂观察和同行评议。具体而言，可以通过定期的课堂观察，邀请同事进行互评，或使用问卷调查收集学生的反馈。这些数据可以为教师提供清晰的自我认知，帮助他们发现教学中的优势与不足。管理者应根据这些评估结果，为教师制订个性化的职业发展计划，以支持教师在教学方法和内容上的不断改进。

在科研成果的评价方面，教师的学术论文发表、科研项目的获得及其在学术会议上的表现都应被纳入评价范围。教育管理者可以设立具体的科研考核指标，如要求教师每年发表一定数量的学术论文或参与课题申报等。通过定期组织科研成果展示会，教师能够分享自己的研究进展，促进学术交流。这不仅能提升教师的科研能力，也能鼓励跨学科合作，激发更多创新思维。对表现突出的教师，可以给予科研经费支持或外出学习的机会，以进一步促进其研究发展。

社会服务的贡献同样重要，教师参与社区活动、志愿服务和社会调研等都应成为评价的考量因素。高校可以设立"社会服务优秀奖"，以表彰那些在社会服务方面表现突出的教师。可以定期组织教师参与社区服务项目，鼓励他们将学术研究与社会需求相结合。在课堂上，教师可以分享这些社会服务的经历，增强学生对社会责任的认识。这种评价机制不仅能提升教师的社会影响力，还能培养学生的社会责任感，实现教育的更高目标。通过这种多维度的评价，教育管理者能够全面了解教师的工作表现，从而提供更为针对性的指导和支持，帮助教师在各个领域不断提升自己的能力和影响力。

（二）多样性与针对性的激励机制

激励机制的设计应注重多样性和针对性，以满足不同教师的需求和职业发展阶段。除了传统的物质奖励，如奖金和荣誉证书，学校可以设立"优秀教师奖""教学创新奖"等奖项，以鼓励教师在教学方法和内容上的创新。为了确保评选过程的透明和公平，可以邀请学生和同行参与评审，结合教学效果和学生反馈进行综合评定。这种方法不仅能增强教师的成就感，还能激励他们积极探索新的教学方式和理念，从而提升整体教学质量。

在职业发展方面，教育管理者可以为表现突出的教师提供进修机会，支持他们参与国内外的学术交流和培训项目。通过定期举办教师培训工作，邀请行业专家和学术领军人物举办讲座并进行深入交流，可以帮助教师了解最新的教育研究成果和教学实践。这种职业发展的机会将极大增强教师的学术能力，提升他们在思想政治教育领域的专业水平。此外，鼓励教师撰写论文、参与学术会议和合作研究，不仅能促进教师个人的职业成长，还能为学校的学术声誉增光添彩。

在激励机制中，设立晋升渠道也尤为重要。学校应为优秀教师提供明确的晋升路径，并通过年度考核和评估来发掘和培养潜在的教育领导。通过定期对教师的职业发展进行评审，学校可以为表现突出的教师提供更多的职业发展机会，包括担任教研组长、参与课程改革等。这种做法不仅能提升教师的工作积极性和忠诚度，还能在全校范围内营造积极向上的教学氛围。通过多样化的激励措施，学校能够有效激发教师的内在动力，推动教学质量的持续改进。

（三）公平性与透明性的反馈机制

在教师评价和激励机制的实施过程中，广泛听取教师的意见与建议至关重要。建立有效的反馈渠道，使教师能够在评价过程中表达自己的想法和感受，是提高评价机制认同感的关键。学校可以定期组织教师座谈会，征求他们对评价标准和激励措施的看法。这类互动不仅能确保机制的公平性和透明性，还能让教师感受到自身的意见被重视。针对座谈会上收集到的意见，学校应制定相应的改进措施，并在后续的实施中进行反馈。学校可以通过内部通信、校内公告或教师会议等形式，向教师通报所采纳的建议及其后续落实情况，从而形成良性循环。这种开放的沟通氛围，能够提升教师的参与感，促进他们对教育工作的积极态度。

教育管理者应及时向教师反馈评价结果，并提供相应的改进建议。通过定期的个别沟通，教师能够了解到自身的不足之处，同时也能获得专业的指导和发展建议。这种反馈机制应包括对教学质量、科研表现以及社会服务等方面的综合评估，确保教师清楚自己的优势和需要提升的领域。为此，学校可以制定详细的反馈报告，包含具体的数据分析和可行的改进策略。通过这种方式，教师在评价过程中不仅能感受到成长的机会，还能够激发他们的创造力和主动性。教师的积极反馈也将有助于管理者不断优化评价与激励机制，确保其符合教师的实际需求和职业发展目标。这种持续的改进不仅能提升教师的工作满意度，还能营造出良好的学术氛围，从而推动思想政治教育的持续改进和发展。

（四）持续改进与发展

评价与激励机制的实施应是一个动态的过程，需根据实际情况不断进行调整和优化。持续改进与发展的关键在于建立完善的反馈与评估渠道，并使这一过程制度化。教育管理者应设立一个由管理者、教师及学生代表组成的评估委员会，每年定期开展评价与激励机制的全面审查。这一评估过程应包括多层面的反馈收集与数据分析。具体来说，教师的反馈可以通过匿名问卷、座谈会等多种方式进行，以确保其建议的真实有效性。学生的反馈可以通过课堂观察、学期末的满意度调查、个别访谈等手段收集他们的意见，以了解激励机制对教学质量和学习动力的影响。通过教师和学生的双向反馈，能够有效发现机制在实践中可能存在的问题，如对不同教师需求的考虑不足、实施过程中的局限性等。结合这些信息，评估委员会应在具体的措施上逐步引入更为灵活的激励手段，例如根据不同教学风格和专业背景提供差异化的激励，以激发教师教学的创新能力。

为确保评价与激励机制能够与时俱进，教育管理者还应加强对外部教育改革动态的研究，将国内外优秀的教育管理经验引入本地的实际操作中。具体措施包括定期邀请教育领域的专家学者开展研讨会，分享他们在机制优化方面的经验与见解，为本地的机制改进提供理论支持和新思路。此外，通过建立校际合作与交流机制，可以与其他院校分享激励与评价体系的成功案例和问题经验，借鉴彼此在实践中的得失，形成不断完善的机制网络。对机制的改进应强调以人为本的灵活性，例如，针对不同发展阶段的教师提供不同形式的支持与激励，包括职业发展规划指导、教学创新基金资助以及在课堂教学之外给予更多专业学习和学术研究的支持。通过这些实际举措，评价与激励机制不仅可以动态地适应教师需求的变化，还能够在保障教学质量的同时激发教师个人的职业发展动能，真正推动思想政治教育质量的持续提升。

第二节　开展多样化的社会实践活动

一、实践活动的设计与组织

学校在设计社会实践项目时，应以学生兴趣和专业特点为导向，确保活动内容丰富且具有针对性。因此，学校应全面调研学生的兴趣和各专业的特点，通过深入了解各学科的需求和学生的个体差异，制订具有针对性的社会实践计划。学校应组织专业团队，深入分析当前社会的需求和行业动态，将社会实践活动与专业学习相结合，确保学生能够在实践中获得与自己专业相关的经验。例如，对于人文社科类学生，可以设计文化传播、社区调查等项目；而对于工程技术类学生，则可以设置技术实践、产业调研等项目。这种设计确保每个社会实践活动都能与学生的学科背景紧密联系。

实践活动的设计必须具有灵活性和创新性，尊重学生的自主性和创造力。学校应鼓励学生根据个人兴趣提出实践项目建议，并允许他们自行组建团队，制定具体的实践方案。在项目立项阶段，学校应为学生提供必要的资源支持，包括相关导师的指导、专项经费支持以及实践所需的设备和场地，确保学生在项目实施过程中能够获得充分的帮助和保障。为了激发学生的积极性，学校应设立公开竞标机制，允许学生提交他们的实践项目方案进行评审，评审通过后方可立项并得到学校的全面支持。这样的做法不仅可以激励学生投入更多的精力和创意，还能让学生在实践的各个环节中锻炼他们的规划、沟通和执行能力。

在组织过程中，学校应建立科学的管理与支持体系，确保每个社会实践活动能够有序进行。具体而言，学校可以设立双重指导制度，为每个项目指派校内导师和校外实践导师，校内导师负责项目的整体规划与学术支持，校外导师则负责提供实践方面的建议与资源。学校还应建立严格的项目管理流程，对项目实施的每个阶段进行跟踪管理，确保项目进展符合预期。为此，学校可以设立项目进度报告制度，要求学生在每个阶段结束后提交详细的进度报告，以便导师及时了解项目的实施情况，并为项目的顺利推进提供具体的指导。同时，学校还应加强对社会实践活动的安全管理，制定详细的安全预案并开展必要的安全培训，确保学生在实践活动中的人身安全和财产安全。

社会实践活动的实施效果很大程度上取决于科学的管理和有效的资源整合。学校应与地方政府、社区组织、行业协会等社会各界建立紧密的合作关系，形成校内外资源的协同机制。在项目开展过程中，学校应积极与这些合作单位保持沟通，了解实践场地的具体情况和当地的实际需求，确保学生的实践活动能够真正服务于社会。同时，学校还可以邀请相关合作单位的人员参与到实践项目的评审和指导中，为学生提供更加实际和专业的反馈，帮助他们更好地理解社会需求和行业标准。此外，学校应鼓励学生将所学的理论知识与社会实践相结合，提出切实可行的创新方案，以此提升他们的创新能力和解决问题的能力。

在社会实践活动的组织与设计中，学校还应注重培养学生的团队合作意识和沟通协调能力。实践活动往往需要多名学生共同协作完成，团队的有效运作对项目的成功至关重要。因此，学校应在项目设计之初便强调团队合作的重要性，采取培训、模拟演练等方式，帮助学生掌握团队协作的技巧和冲突解决的策略。同时，学校应鼓励学生在团队中明确分工，各自承担不同的职责，如项目负责人、沟通协调员、技术支持等，以确保每个团队成员都能够发挥自己的特长，为团队的共同目标贡献力量。在项目结束后，学校应组织团队成员进行反思和总结，帮助他们认识到在项目实施过程中的优势与不足，从而不断提升团队合作的能力。

在社会实践活动的设计与组织过程中，学校应始终坚持理论与实践相结合的原则，注重对学生思想政治素质的培养。实践活动不仅是对知识的应用，更是对学生价值观念和社会责任感的深化过程。学校应在每个实践项目中融入思想政治教育的内容，例如通过社区服务项目让学生感受社会的温暖与需要，通过企业实习项目让学生理解职业道德和社会责任。这些内容的融入应当是自然的、潜移默化的，而不是强制的说教，只有这样，才能真正实现思想政治教育的目标，使学生在实践中获得全面的发展。

为了使社会实践活动的设计与组织更加系统化和科学化，学校应加强对社会实践活动的研究与探索，积极开展相关的课题研究，不断优化社会实践的内容和形式。学校可以与教育科研机构合作，对不同类型的社会实践活动进行效果评估，分析其对学生思想政治素质提升的具体影响，从而为实践活动的设计提供数据支持和理论依据。同时，学校还应积极借鉴国内外高校在社会实践活动中的先进经验，并结合自身的实际情况进行创新和改进，使社会实践活动更具吸引力和实效性。通过这一系列的努力，学校能够不断提高社会实践活动的质量，促进大学生思想政治素质的全面提升。

二、校企合作与社会服务项目

校企合作与社会服务项目是社会实践活动的重要形式，它们能够有效增强学生的职业能力与社会责任感。学校应积极与企业、社会组织建立合作关系，搭建学生与社会之间的桥梁。为了推动校企合作的深入发展，学校应设立专门的校企合作办公室，负责统筹和协调各类合作项目的洽谈、签约以及实施过程中的管理工作。该办公室应定期与各类企业、行业协会和商会等社会组织进行联系，探索合作机会，建立长期稳定的合作关系。学校可以通过举办校企合作洽谈会、企业开放日等活动，邀请企业代表走进校园，与教师和学生面对面交流，使师生能够了解企业需求和行业前景，从而为合作项目的开展奠定基础。与此同时，学校应根据不同学科的特点，与相关企业开展定制化的合作项目，确保合作内容与学生的专业学习密切相关，使学生能够在实践中将理论知识转化为实践技能。学校应注重合作项目的实用性和针对性，确保每个学生在合作项目中都有明确的学习任务和实践目标。例如，对于工科类专业的学生，可以安排他们参与企业的产品开发、技术改进等项目，帮助他们掌握实际的工程技能；而对于管理类专业的学生，则可以让他们参与企业的市场调研、运营管理等工作，提升他们的管理能力和商业意识。

在社会服务项目的开展方面，学校应积极与社会公益组织、社区服务中心等机构合作，组织学生参与多样化的社会服务活动。学校应根据社会的实际需求，设计有针对性的社会服务项目，并与相关机构合作，确保项目的顺利实施。为了增强社会服务项目的影响力和实效性，学校可以设立专项社会服务基金，用于支持学生在社会服务过程中所需的材料、交通等费用，降低学生参与社会服务的经济负担。学校还应制订详细的社会服务计划，确保项目实施的科学性和规范性。例如，学校可以组织学生参与社区环境整治、关爱孤寡老人、帮助残障人士等公益活动，通过这些活动培养学生的社会责任感和奉献精神。在社会服务项目的实施过程中，学校应为学生提供必要的培训和指导，帮助他们掌握开展社会服务的基本技能和注意事项，确保他们在服务过程中能够有效解决实际问题。此外，学校应注重社会服务项目的长效性和持续性，通过与合作机构建立长期的合作关系，将社会服务项目制度化，形成固定的服务模式和项目内容，使学生在每个学年都能够有机会参与到社会服务中。

校企合作和社会服务项目的有效开展，需要学校、企业和社会组织之间的紧密合作和资源共享。学校应积极推动企业和社会组织参与到合作项目的管理和评估中，邀请企业导师、社区工作者等担任项目的指导教师，与校内教师共同负责对学生的实践活动进行指导和评估。为了提升合作项目的质量，学校应建立完善的评估体系，对合作项目的实施效果进行科学评估。评估内容包括学生的学习态度、实践能力的提升、企业和社会组织的反馈等。学校应将评估结果作为改进合作项目的重要依据，通过不断调整和优化项目内容，有效提升校企合作和社会服务的效果和质量。在合作项目结束后，学校应组织项目成果分享会，邀请企业导师、社区代表和学生共同参与。通过分享实践经验和成果，总结项目实施过程中的得失，为今后的合作项目提供经验借鉴。

为了进一步推动校企合作与社会服务项目的可持续发展，学校应加强政策支持和资源保障，并制定一系列激励措施，以鼓励教师和学生积极参与合作项目。例如，学校可以将教师参与合作项目的成果纳入职称评审和考核体系，将学生参与社会服务的表现作为评奖评优的重要依据，从而激励更多的师生投入校企合作和社会服务中。通过一系列的举措，学校能够有效提升校企合作和社会服务项目的质量，促进学生职业能力和社会责任感的全面发展，为社会培养更多具有实践能力和社会担当的高素质人才。

三、社会实践成果的分享与评估

社会实践活动的价值不仅体现在实践过程的参与，还在于对成果的总结、分享和评估。学校应建立科学规范的社会实践成果评估机制，采用多维度和多主体的评价方式，对学生的实践过程和最终成果进行全面评价，确保评估过程的公正性和科学性。为了实现这一目标，学校应建立多层次的评估体系，邀请企业导师、学术专家、社区代表等多方参与评估，通过他们的专业意见对学生的表现进行评价，从而保证评估的全面性和权威性。评估内容不仅应包含实践成果的完成情况，还应注重学生在活动中的态度、创新能力、团队协作精神、社会责任感等多方面的综合素质，以体现对学生全面发展的重视。在评估的过程中，学校应采用多样化的评估方式，例如通过现场汇报、项目展示、访谈评估、第三方问卷等方法，确保每个学生的表现都能得到客观且多角度的评价。评估结果应不仅作为学生学分的依据，还应为社会实践活动的优化和改进提供重要参考。

为了推动学生之间的经验分享与相互学习，学校应定期组织社会实践成果分享会，搭建能让学生展示项目成果的平台。分享会可以采取论坛、演讲、展览等多种形式，鼓励学生以不同的方式分享他们的实践成果、经验和心得体会。分享会的举办不仅是对学生努力的肯定，也是激励其他学生参与社会实践、提升自我能力的有效途径。为了增加分享会的吸引力和影响力，学校可以邀请企业导师、社区代表、校友等校外嘉宾参与评审和点评，通过这些嘉宾的参与提高分享会的专业性和社会认可度。同时，学校可以将分享会的优秀案例整理成案例集，作为社会实践教学的参考资料，激励更多学生投身于社会实践之中。为了保证社会实践成果分享的广泛性和持续性，学校应将分享活动纳入年度教学计划，确保每个学年都能为学生提供分享与展示的机会。

在社会实践成果的评估与分享过程中，学校还应注重对学生反思能力的培养，鼓励学生在总结实践经验时进行深度思考，分析项目实施过程中的成功之处与不足，并提出改进意见。学校应设置反思报告环节，要求每位参与社会实践的学生在项目结束后提交个人的反思报告，通过对项目过程的深度剖析，帮助学生认识到自身的成长与不足，从而在今后的实践中不断提升。学校还应为学生提供反思的指导和支持，例如通过导师面谈、组织反思研讨会等方式，帮助学生在反思中找到改进的方向。在评估过程中，学校应注重反思报告的质量，将其作为评估学生实践成果的重要组成部分，以此激发学生对实践活动的深入思考。

为了确保社会实践活动能够不断改进和优化，学校应建立一个全面反馈机制，收集学生、企业导师、社区代表等参与者的反馈意见，系统性地总结社会实践活动中的问题和不足。学校应通过定期召开反馈会、问卷调查等方式收集多方意见，并对这些意见进行分析和总结，形成改进措施和行动计划，以推动社会实践活动的不断发展。学校应根据反馈结果对实践活动的组织方式、内容设置、管理流程等方面进行及时调整，确保实践活动能够更好地满足学生的学习需求和社会的实际需求。同时，学校应建立社会实践活动的数据监测系统，对每个实践项目的实施情况进行系统化的跟踪和记录，通过数据分析发现活动中的共性问题和规律，为改进实践活动提供科学依据。

学校还可以通过一系列的激励措施，进一步提升学生参与社会实践的积极性和主动性。例如，学校可以设立社会实践奖学金，对在实践活动中表现优秀的学生进行表彰和奖励，以激励更多学生积极参与社会实践。此外，学校还可以将社会实践成果纳入学生的综合素质评价体系，并将其作为评奖评优、升学推荐的重要参考指标，以确保社会实践在学生的学习与发展中占据重要地位。为了让社会实践成果得到更广泛的认可和应用，学校可以积极联系合作企业和社会组织，将优秀的实践项目推荐给相关单位，推动项目的落地实施，让学生的实践成果在更广的范围内产生社会影响。同时，学校可以鼓励学生将社会实践的成果转化为学术论文、创新创业项目等，通过成果的转化进一步提升学生的实践能力和学术水平。

通过这一系列的具体举措，学校能够有效提升社会实践成果的分享与评估质量，激发学生对社会实践的热情，促进思想政治教育的持续发展。在社会实践的分享与评估过程中，学校不仅能够帮助学生更好地理解社会责任和职业发展，还能够为他们的全面成长和未来发展奠定坚实的基础。

第三节　拓展思想政治教育载体渠道

一、数字化教育平台的建设

数字化教育平台的建设是拓展思想政治教育载体渠道的重要方式。学校应积极运用信息技术手段，建立多功能、全方位的数字化教育平台，为思想政治教育提供新的渠道和方式。

（一）建设思想政治教育专题网站与学习管理系统

建设思想政治教育专题网站与学习管理系统为学生提供了一个全面、多功能的在线学习平台，这一平台能够系统化整合各种学习资源，促进思想政治教育的深入开展。该平台应包括视频课程、专题讲座、电子书籍和学习指南等多样化的学习材料，确保学生可以在任何时间和地点通过互联网轻松获取所需的思想政治教育内容。这种在线学习的方式，不仅打破了时间和空间的限制，还能够满足不同学生的学习需求，提供个性化的学习体验。平台的内容应当涵盖经典的思想政治理论，同时紧密结合当前的社会热点和时代背景，以确保教育内容的前沿性和实用性。通过不断更新和丰富资源库，激发学生的学习兴趣和自主探索精神，使他们在学习过程中更具主动性。

在这个平台上，在线课堂的设置应包括知识点复习和在线测试等环节，这不仅有助于学生巩固理论知识，还能够为学生和教师之间的互动提供机会。在这种环境中，学生可以随时提出问题，与教师和同学进行讨论，形成积极的学习氛围，增强学习的参与感和体验。这种互动不仅提高了课堂的活跃度，还让学生在分享观点和思考中互相学习，促进了思想的碰撞和深入理解。通过这一系列的设计，思想政治教育专题网站和学习管理系统不仅提升了教育的质量和效率，也培养了学生的独立思考能力和团队合作精神，使他们在参与学习的过程中，逐步形成更加全面和深刻的思想政治素养，进而为他们今后的成长和发展奠定坚实的基础。

（二）引入人工智能个性化学习路径推荐

引入人工智能技术进行个性化学习路径推荐，能够显著提升数字化教育平台的吸引力和实效性。通过对学生学习行为数据和兴趣进行深入分析，平台能够为每个学生量身定制独特的学习路径，这不仅满足了不同学生的个性化需求，还使他们能够高效掌握思想政治教育的核心内容。建立个性化学习档案，可以细致跟踪每位学生的学习过程，记录学习偏好、进度和所遇到的问题。这些数据为后续学习路径的智能调整提供了基础支持。这样一来，平台能够不断优化学习资源和活动的推荐，确保每位学生都能获得符合其需求的学习体验。

个性化推荐机制有效激发了学生的学习热情，并提高了他们的参与度。传统的"一刀切"教学模式往往无法照顾到每位学生的不同背景和个性化需求，而个性化学习能够让学生感受到尊重和重视，从而更主动地投入学习。人工智能的运用，不仅可以在学习内容选择上实现精准匹配，还能为学生提供实时的反馈和支持，帮助他们在遇到困难时及时调整学习策略。这种新型学习体验不仅使思想政治教育的内容变得更具吸引力，也促进了学生在思维深度与广度上的提升。最终，这一个性化学习路径推荐的实施，为学生的成长与发展提供更加丰富和有效的支持，使他们在思想政治教育中收获更多的知识与能力，形成更加健全的价值观和人生观。

（三）运用虚拟现实（VR）和增强现实（AR）技术开发教育内容

运用虚拟现实（VR）和增强现实（AR）技术开发教育内容，为思想政治学习带来了全新的视角和体验。这些技术的引入使学生能够在高度沉浸的虚拟环境中进行学习，通过参与模拟情境中的各种社会实践活动，如志愿服务和红色基地参观，让学生直观地感受到社会责任和爱国情怀。通过 VR 技术，学生不再是被动的知识接受者，而是积极参与者，他们能够通过"亲历"这些虚拟场景，增强对思想政治理论的理解和认同。这种沉浸式学习不仅提高了学生的学习兴趣，也为他们提供了一个实践与理论相结合的良好平台，从而深化对所学内容的体验和理解。

在开发这些虚拟教育内容时，学校需要确保场景的真实性和教育性，避免虚拟体验与实际情况的偏离。通过与历史专家、社会实践导师等专业人士的合作，学校可以确保虚拟体验的设计不仅符合实际情况，还具备深刻的教育意义。这种跨领域的合作能够为虚拟场景增添真实感和学术深度，使学生在体验中不仅能获得情感共鸣，还能在认知层面形成正确的价值观和人生观。通过这些互动体验，学生能够将理论知识与实际情境结合起来，理解思想政治教育的深层内涵与现实意义，从而在学习中获得更为全面和深刻的收获。这一技术的应用，不仅使思想政治教育变得更加生动有趣，也为学生提供了一个在安全环境中探索和实践的机会，促进他们的全面发展和思想成长。

（四）建立有效的学生互动与反馈机制

在数字化教育平台建设过程中，学校应高度重视学生的互动和反馈，以确保平台的有效性和持续改进。平台应设有在线反馈功能，允许学生随时向平台管理员反馈问题和建议。学校应对这些反馈进行及时处理和跟踪，并根据学生的意见和建议进行平台的优化和改进。学校可以利用数据分析工具对学生的学习行为进行分析，了解学习效果、参与度、满意度等，以此为依据优化平台的功能和内容，确保数字化教育平台的内容和形式能够不断满足学生的需求，提升思想政治教育的质量和吸引力。

（五）设立专门的技术团队进行平台维护与更新

学校应成立一支专业的技术团队，负责平台的开发、日常维护以及系统更新，以确保其能够高效、稳定地支持思想政治教育的各项活动。技术团队的职责不仅包括解决平台运行中出现的技术问题，还应密切关注信息技术的最新发展趋势和学生的反馈需求，以此为依据对平台进行持续的改进与优化，使其始终保持在教育技术的前沿。这种持续的技术支持能够有效预防系统故障，从而确保教学进程不受影响，从而为师生提供一个稳定可靠的学习环境，提升教学活动的顺畅性和有效性。

与此同时，技术团队应加强与思想政治教育专家的紧密合作，确保平台的内容和功能能够切实满足教育需求。在与教育专家的合作中，技术团队可以获得宝贵的教学反馈，从而更好地理解教育目标和学生需求。这种跨领域的合作将推动技术与教育的深度融合，确保数字化平台不仅具备强大的技术能力，而且能在教学中发挥出应有的作用。通过不断引入创新的教学工具和功能，学校可以为学生提供更加丰富和个性化的学习体验，例如互动式课程设计和实时反馈机制，这些都能有效激发学生的学习兴趣与参与度。通过建立这样一个专业的技术支持系统，学校能够确保数字化教育平台在不断变化的教育环境中持续发挥作用，助力思想政治教育的创新与发展，为学生创造一个更加优质的学习平台。这种投入体现了学生对教育技术的重视，更是对学生学习体验的承诺，最终推动思想政治教育在新时代背景下的持续进步和提升。

（六）构建学习数据收集与分析体系

构建学习数据收集与分析体系是学校数字化教育平台建设的重要环节，这一体系的建立能够对学生在平台上的学习情况进行系统性的跟踪与分析。通过系统收集学生在学习过程中的数据，学校能够获得关于学习行为、参与度和学习成果的全面视图。这种数据驱动的方式不仅帮助学校识别出学生在学习中面临的具体困难和需求，还能够为后续的教学改革提供重要依据。学习行为分析功能可以自动生成详尽的学习报告，涵盖学生的学习进度、完成情况、互动频率等指标，从而让学生清晰地了解自己的学习表现和存在的不足之处。这种透明度促进了学生自我反思与改进，也为他们设定学习目标提供了具体的数据支持。

在教师层面，这一数据收集与分析体系同样具有重要意义。通过对学生学习数据进行分析，教师能够及时掌握每位学生的学习动态，识别出那些需要额外帮助的学生群体，从而为他们提供更具针对性的支持。这种基于数据的教学反馈机制，不仅有助于教师调整教学内容和教学方法，还能够提高思想政治教育的针对性和有效性。教师可以根据学生的学习报告，优化教学策略，调整课堂活动，使其更贴合学生的实际需求。此外，学校还可以通过汇总分析不同班级或年级的学习数据，识别出整体教学效果的趋势与问题，以便更好地进行教学改革与资源配置。

通过构建这样一个全面的学习数据收集与分析体系，学校能够实现以学生为中心的教学模式，促进思想政治教育的个性化与精准化，使学生在学习过程中获得更优质的教育体验。这样的数据分析不仅为教师和学生提供了科学的决策依据，还推动了教育的持续改进和创新，使思想政治教育能够在不断变化的环境中始终保持活力与相关性。

（七）加强思想政治教育资源的共享与协作

在数字化教育平台的建设过程中，加强思想政治教育资源的共享与协作显得尤为重要。学校应积极与其他高校和科研机构建立合作关系，共同开发和共享思想政治教育资源。通过建立区域性或全国性的资源共享联盟，学校不仅能引入其他高校的优质教育资源，还能丰富自身平台的内容，为学生提供更多的学习选择。这种资源共享的模式，能够有效打破教育资源的局限性，使学生能够在更广泛的知识网络中获取信息，拓宽视野。通过整合不同高校的优秀课程、教学案例和研究成果，学校可以提供更加多样化的学习材料和实践机会，帮助学生全面理解思想政治教育的理论与实践。

为了实现资源的高效共享，学校可以采用云计算等先进技术，推动跨校际的资源共享和协作教学。这种技术手段不仅能提高资源的利用效率，还能实现教育资源的实时更新和维护。通过云平台，学校可以实现课程、案例、视频等各类教学资源的在线存储与管理，使教师和学生在不同校园内都能轻松访问这些资源。

学校创建开放的资源环境，不仅增强了思想政治教育的普及性，还促进了不同教育机构之间的合作与交流，推动了思想政治教育的整体发展。在资源共享与协作的过程中，学校还可以组织联合培训、在线研讨会等活动，邀请各校的专家学者共同探讨思想政治教育的前沿问题，从而进一步提升教师的专业素养和教学能力。

通过这样的方式，学生在接触更为多样和优质的教育内容的同时，也能培养合作意识与团队精神，使思想政治教育的实施更加贴近实际，切合学生的需求。通过构建这样一个开放、共享的教育资源环境，学校能够更有效地推动思想政治教育的创新与发展，使其在新时代的背景下焕发出新的活力。

（八）探索多样化的数字化教学模式

在数字化教育平台的建设中，学校应积极探索多样化的教学模式，充分发挥数字化教育的优势，提升思想政治教育的有效性与吸引力。翻转课堂因其能够提高学生自主参与度和深化学习体验而值得推广。通过让学生在平台上自主学习相关内容，教师能够把课堂时间用于深入讨论和知识应用。在这种模式下，学生在课前通过视频、文章和互动材料进行初步学习，课堂上则可以围绕这些内容展开更为深入的讨论与分析，鼓励学生积极参与，分享自己的观点与见解。这种主动学习的方式，有助于学生在实践中理解理论，提升对思想政治教育内容的掌握和应用能力。翻转课堂不仅改变了传统的授课方式，也为学生提供了更多的自主学习空间，培养了他们的学习责任感和独立思考能力。

混合式教学同样是实现思想政治教育效果提升的有效途径，它通过将线上学习与线下实践进行有机结合，形成了一种灵活多样的学习体验。在这种模式下，学生可以通过数字化平台进行理论学习，随时随地获取知识，打破时间和空间的限制。同时，线下的课堂活动则为学生提供了互动交流的机会，使他们能够在教师的引导下，结合实践进行更深层次的理解和思考。比如，在学习某个社会现象或政策时，教师可以先通过线上材料让学生了解相关背景，然后在课堂上进行小组讨论，甚至组织实地考察，让学生亲身体验所学知识在现实中的应用。

通过这种线上线下相结合的方式，学校不仅能够发挥数字化教育的便利性，还能够确保面对面教学的互动性和实践性，使思想政治教育内容更加生动、切合实际。通过探索和实施这些多样化的教学模式，学校能够更全面地满足学生的学习需求，从而提高思想政治教育的整体质量，促进学生在思想与实践上的成长与发展。

（九）建立思想政治教育专题数据库

建立思想政治教育专题数据库是学校为学生提供系统学习与研究支持的重要举措。这一数据库的建设不仅能集中展示与思想政治教育相关的各类文献资料、研究报告和政策文件，还能为学生提供一个权威的信息获取平台。在这个数据库中，学校可以收录国内外关于思想政治教育的研究成果和最新动态，涵盖理论探讨、实证研究以及政策实施等多个方面，帮助学生全面了解思想政治领域的前沿发展。通过这样一个资源丰富的平台，学生不仅能深入阅读和学习相关内容，还能在查阅文献的过程中开阔自己的视野，增强对思想政治教育的理解与思考，进而提升他们在这一领域的研究能力和学术素养。

为了确保专题数据库的有效性与实用性，学校需要定期对其进行更新，及时补充新兴研究和政策动向，确保收录的资料具备时效性与前瞻性。数据库的更新不仅有助于学生获取最新的思想政治教育信息，也能够激励教师在教学中融入前沿的研究成果，提高教学质量和学术水平。学校还可以考虑设立专题研究小组，鼓励学生参与到数据库的建设与更新中，让他们在实际操作中锻炼自己的研究能力和批判性思维。通过这种方式，学生在查阅和整理资料的过程中，能够深入理解思想政治教育的内容与方法，进而提升其学术参与感。同时，学校可以利用在线研讨会、讲座等形式，围绕数据库中的热点话题和研究成果进行讨论，促进学生在互动交流中不断深化对思想政治教育的认识与理解。这种多层次的学习与研究支持体系，使思想政治教育不再是单纯的理论学习，而是转变成一个动态的、与现实紧密相连的知识体系，能够更有效地服务于学生的学习和成长。通过建设这一专题数据库，学校能够为学生和教师提供高质量的学习和研究支持，使思想政治教育在数字化时代展现出新的活力与可能性。

（十）加强平台内容的教育性与趣味性结合

在建设数字化教育平台的过程中，学校应高度重视教育性与趣味性的有效结合，以此提升思想政治教育内容的吸引力和深度。这一结合不仅有助于学生在愉快的学习氛围中理解思想政治教育的核心理念，还能增强他们对学习内容的兴趣和参与感。通过与专业的教育内容创作者以及思想政治教育专家合作，学校能够将原本可能枯燥的教育内容转化为生动有趣的学习体验。例如，可以采用互动动画、案例故事等多种形式，将复杂的思想政治理论转化为简单易懂且富有趣味的学习模块。这种多样化的呈现方式，不仅让学生在轻松愉快的环境中学习，还能通过故事情节的吸引力引导学生深入思考，促进他们对思想政治教育内容的消化和吸收。互动动画可以通过生动的视觉效果和有趣的情节设置，让学生在观看的过程中主动参与其中，激发他们的学习兴趣；案例故事则可以通过真实的情境和人物，引导学生在情感上与教育内容产生共鸣，从而增强他们对思想政治教育的认同感和责任感。

为了进一步激发学生的学习动力，学校还可以在数字化教育平台上设立激励机制，例如通过积分、徽章等方式奖励学生的学习成果。这种机制不仅可以以可视化的形式展示学生的进步，还能在潜移默化中激励他们不断探索和学习。学校在平台上为学生完成某个学习任务或参与讨论后颁发的积分和徽章，不仅是对他们努力的肯定，还是他们学习成就的见证，从而增强他们在学习过程中的成就感与归属感。通过这样的激励措施，学生将更加积极地参与到思想政治教育中，形成一种自我驱动的学习模式，从而在潜意识中培养出更强的社会责任感和价值观。

此外，学校通过平台还可以定期举办学习竞赛或活动，鼓励学生以团队的形式参与，在合作与竞争中激发他们的创造力与积极性。在这样的互动环境中，思想政治教育不仅能更好地传播和深化，还能在学生的生活中产生积极的影响，帮助他们形成全面的价值观和世界观。通过这种教育性与趣味性相结合的方式，学校能够实现思想政治教育的创新发展，使其真正成为学生成长过程中不可或缺的一部分。

二、社交媒体在教育中的应用

（一）利用社交媒体平台开设思想政治教育官方账号

学校通过在社交媒体平台上开设思想政治教育官方账号，能够为思想政治教育内容的传播提供一个权威而高效的渠道。该官方账号不仅可以作为信息发布的主要窗口，还能在与学生的互动中扮演重要角色。通过定期发布与思想政治教育相关的新闻热点、政策解读、人物故事等内容，学校能够及时将社会现实问题呈现在学生面前，引导他们进行深入思考与讨论。这种方式使得思想政治教育不再是传统的灌输，而是与学生的日常生活紧密相连，增强了教育内容的现实性和紧迫感。

学校通过在微博、微信公众号、短视频平台等多个社交媒体渠道的布局，不仅能够扩大思想政治教育的覆盖面，还能够建立一个多元化的传播网络，从而触及更多的学生群体。这样的传播网络不仅使得信息传播更为高效，还能够在不同平台间形成良好的互动，促进学生对内容的反馈与交流，使思想政治教育的传播形成一个有机的整体。

在建立官方账号的过程中，学校应特别注重发布内容的时效性和真实性，确保所发布的信息能够反映最新的社会动态与教育政策。学生能够通过官方账号第一时间了解国家政策的变化、社会热点事件的发展，以及相关的思想政治教育理论与实践案例，这样的及时性无疑会提升思想政治教育的吸引力。为了进一步增强学生的参与感，学校可以在平台上设计一些互动环节，例如，在线问答、话题讨论或投票调查，鼓励学生在评论区发表看法，分享自己的观点和疑惑。这些互动不仅能提升学生的参与度，还能为学校提供宝贵的反馈信息，帮助其调整教育内容与方式。

通过这些措施，思想政治教育的官方账号不仅是信息的发布平台，更是学生参与、交流和成长的社区。在这个虚拟空间中，学校与学生之间的关系得以重塑，思想政治教育也在这一过程中实现了从单向传播到多向互动的转变，真正将思想政治教育融入学生的生活和思考之中，使之成为他们日常成长的重要组成部分。

（二）制作多样化的思想政治教育内容

为了提升思想政治教育在社交媒体上的传播效果，学校需要在内容创新和多样化表达上加大力度，以满足当代学生的需求和兴趣。通过短视频、动画、图文漫画等形式，学校能够将思想政治教育内容生动且富有吸引力地呈现出来，从而抓住学生的注意力。这种内容形式的转变，不仅打破传统单一的理论讲解模式，还能够将思想政治理念以更具娱乐性和视觉冲击力的方式传递给学生。例如，利用短视频平台，学校可以策划一系列围绕社会热点和当代青年面临的各种挑战的微型演讲，通过教师和学生代表的真实表达，分享他们在职业规划、人生观和价值观方面的见解和故事。这种故事化、情景化的表达方式能够让学生在观看时产生共鸣，激发他们对社会现象和个人成长的深度思考。这样的表达不仅增强了学生的情感共鸣，而且促使他们在情感上与思想政治教育内容上建立更紧密的联系。

同时，学校还可以通过鼓励学生参与内容创作，使他们在实践中深入理解思想政治教育的核心价值。这种参与式的创作模式不仅能激发学生的创造力，还能让他们在实际制作与分享过程中，更加直观地感受到思想政治教育的重要性和现实意义。例如，学校可以组织学生团队围绕校园生活、社会现象等主题，自主策划和制作相关的思想政治教育内容，借此提高他们的参与感和归属感。在这个过程中，学生不仅是教育内容的接收者，还是积极的创作者。他们结合自己的生活经历与所学知识，制作出更贴近生活的教育内容，从而增强思想政治教育的现实性和趣味性。

此外，学校还可以利用社交媒体的互动功能，鼓励学生分享自己制作的内容，并与同伴交流讨论，使思想政治教育的传播形成一个多向互动的网络，从而提高其影响力和覆盖面。通过这种多样化的内容创作与表达方式，思想政治教育不仅能更好地融入学生的日常生活，还能在潜移默化中培养他们的社会责任感和价值观，真正使思想政治教育成为他们成长过程中的一部分。

（三）利用社交媒体增强思想政治教育的互动性

社交媒体的强大互动性为学校的思想政治教育注入了新的活力。学校可以通过积极引导和有效运用这种特性，能够大大增强学生在思想政治教育中的参与感与自主性。学校可以利用社交媒体的开放性特质，定期发起各种思想政治教育主题的线上讨论活动，鼓励学生参与讨论，表达自己的看法。例如，学校可以结合当前的社会热点事件，设置与时事相关的主题讨论，让学生围绕事件背景、道德判断等方面展开分析与辩论。这样的讨论活动可以通过多种形式进行，包括文字、语音甚至短视频，以适应不同学生的参与偏好。学生可以通过留言、投票、视频回复等方式参与其中，从而使原本可能显得抽象的思想政治话题变得具体而生动。通过这些讨论，学生不仅能锻炼自己的思辨能力，还能在观点的碰撞中逐渐形成对社会现象的独立思考，增强他们的社会责任感和思想深度。与此同时，学校也可以根据讨论活动的反馈，了解学生对不同话题的接受度和理解情况，从而有针对性地调整教育策略和内容，让思想政治教育更加贴近学生的认知和兴趣。

为了进一步提高思想政治教育的互动深度，学校可以举办专家在线问答和直播讲座等实时互动活动，让学生有机会直接与思想政治教育领域的专家进行面对面的交流。在直播互动中，专家可以根据学生的提问，即时解答他们在学习和生活中遇到的困惑，例如，如何在现实生活中践行社会主义核心价值观，或者如何看待复杂的道德伦理问题等。通过这种实时互动的方式，学校不仅可以解决学生在思想政治学习中的具体问题，还可以激发他们对思想政治内容更深层次的兴趣和思考，使教育的过程充满针对性与亲和力。

此外，学校还可以鼓励学生自行发起与思想政治相关的主题直播或在线活动，让学生在教育中不仅是参与者，也是组织者与传播者。这种方式有助于增强他们的主体意识和自主能力，使思想政治教育在潜移默化中实现自我教育的效果。社交媒体的互动性使思想政治教育不再是单向度的知识灌输，而是一种多向度、充满交流与反馈的双向互动。学校通过这种互动性设计，可以有效地将教育过程转变为一种开放的、合作的、充满情感共鸣的学习体验，使学生真正从思想上和情感上融入教育内容中，形成全方位的、多层次的思想政治教育效果。

（四）培养新媒体运营团队负责平台内容创作与运营

培养一支专业的新媒体运营团队是推动学校思想政治教育与现代传媒手段深度融合的重要举措，这支团队需要具备扎实的思想政治素养以及熟练掌握新媒体创作技能的复合型能力。学校应选拔优秀的思想政治教育教师与具有新媒体兴趣与才干的学生骨干，共同组成这支团队，并提供定期的专业化培训，旨在提升他们在新媒体内容创作和运营方面的综合素质。这种培训可以包括新媒体传播策略、创意内容设计、短视频剪辑与制作等多个维度，使团队成员在掌握思想政治教育深刻内涵的基础上，能够灵活运用现代传播手段，以更加生动、富有吸引力的方式呈现教育内容。

通过这种方式，新媒体运营团队能够在创作过程中将思想性与创新性有机结合起来，确保思想政治教育内容既不失其深刻的教育意义，又能够充分吸引学生的注意力。团队成员可以分工协作，教师负责提供思想政治教育的内容支撑与理论指导，而学生骨干则负责创意策划与执行操作，在相互协作中，确保内容权威性与趣味性的统一。

新媒体运营团队的工作应以学生的需求和兴趣为导向，创作出真正贴近学生生活与心理需求的思想政治教育内容。团队可以与思想政治教育专家密切合作，在明确思想政治教育目标的前提下，通过学生调研和数据分析，精准把握当代青年在思想成长过程中的兴趣点和困惑，并将这些元素融入内容创作中，使思想政治教育在内容上更有针对性和实效性。例如，团队可以关注当下热门话题，结合社会热点事件和青年关注的生活问题，创作出系列专题短视频、微电影或者漫画等形式的内容。这种多样化的内容创作使学生在轻松愉快的观看体验中，不知不觉地接受到思想政治的熏陶。

为了增强内容的参与感与互动性，团队还可以策划一系列的线上活动，如举办思想政治教育主题的"创意挑战赛"，鼓励学生自己参与视频或图文的创作，形成一种自下而上的内容传播模式，从而进一步增强思想政治教育的覆盖面和影响力。通过这样的团队协作和内容创作，新媒体运营能够实现从单向传播到多向互动的转变，使思想政治教育真正走进学生的内心，成为他们日常生活中的一部分，让思想政治的理念在年轻人中得以更为广泛而深入的传播。

（五）与知名社交媒体平台合作扩大学校思想政治教育影响力

学校与知名社交媒体平台的合作是推动思想政治教育社会化和大众化的重要策略。借助这些平台的广泛影响力，学校能够有效地打破校园教育的边界，使思想政治教育内容从校园走向社会，实现教育的广泛传播。学校可以与短视频平台合作，开设专门的思想政治教育专题，定期发布由教育学者、社会名人录制的短视频内容，以简洁生动的形式向广大受众传播社会主义核心价值观和思想政治理念。这些视频可以围绕不同的主题进行创作，如如何将核心价值观融入日常生活、如何在社会变革中保持积极的心态等。内容既可以结合当下的热点话题，也可以围绕青年人面临的成长与社会责任等问题进行深入探讨。在知名学者和社会名人的参与下，这些内容在教育性上具备权威性和深度，还能通过名人效应吸引到更多受众的关注，进一步扩大思想政治教育的受众群体。同时，这些视频内容可以通过与社交媒体平台的热点和流行趋势相结合，使思想政治教育更具时效性和贴近性，激发更多年轻人对这些话题的兴趣与思考。

与社交媒体平台合作的同时，学校还应积极参与平台发起的各类公益活动与主题宣传，将思想政治教育与社会公益相结合，从而增强思想政治教育的实践性与社会责任感。例如，学校可以与平台共同发起环保主题的公益活动，组织学生开展社会公益实践，拍摄并发布环保行动的过程与心得，以此倡导节约资源、保护环境的理念。这种实践性的公益活动不仅使学生在社会服务中得到了思想上的升华，也通过社交媒体的传播将这种正能量传递给更多的人，有效扩大思想政治教育的社会影响力。

此外，学校还可以与社交媒体平台联合举办各种思想政治教育主题的挑战赛或互动活动，例如，以"我的爱国心"为主题的短视频挑战赛，邀请学生以及社会大众通过视频表达自己对祖国的热爱，这种全民参与的活动能够引发广泛的社会共鸣，让思想政治教育的内容在互动中变得更加具体、生动，真正走入人们的生活之中。通过与社交媒体平台的深入合作，学校不仅能提高思想政治教育的传播力和影响力，还能在社会层面达成广泛的思想共识和积极的舆论氛围，使思想政治教育真正从校园延展到整个社会，成为每一个公民的共同价值追求。

（六）建立社交媒体平台内容质量评估与反馈机制

在社交媒体平台的内容运营中，学校建立有效的质量评估与反馈机制是确保思想政治教育内容取得预期效果的重要手段。为此，学校可以组建一个专业的新媒体运营团队，负责对发布的思想政治教育内容进行持续监控和评估，重点关注阅读量、点赞数、转发数、评论互动等数据指标，通过量化的数据分析，了解不同类型的内容在受众中的影响力与接受度。团队可以通过数据可视化的方式，将这些数据动态呈现，从而帮助运营人员清晰掌握学生对各种思想教育内容的兴趣变化与关注点。在此基础上，运营团队可以根据数据分析有针对性地对内容策略进行调整，比如，增加那些广受学生喜爱且具有较强传播效果的内容形式，或改进反馈较差的内容，以更好地适应学生的需求和心理特点。这种动态化的数据监测与调整机制，能够使思想政治教育内容在多样化、趣味性与思想性之间找到平衡点，确保内容的质量和传播效果能够同步得到提升。

学校还可以通过定期开展在线调查、设立反馈窗口等形式，直接收集学生对社交媒体内容的评价与建议，确保思想政治教育内容能够与学生的实际需求相匹配。例如，学校可以设计一些互动性的问卷调查，了解学生在观看内容后的情感反应、认知变化，以及对内容形式和表现手法的喜好，并根据这些反馈及时优化内容的创作方向和风格。学校也可以定期组织学生代表与运营团队进行座谈交流，鼓励学生对社交媒体内容的创作提出建议，甚至直接参与到新内容的策划与制作中，使他们成为内容创作的一部分。通过这种开放性的反馈机制，学生的声音得以充分体现，思想政治教育内容也能够更加贴近学生的生活和思想实际。

评估机制的核心应是将内容的教育性与传播效果结合起来，确保内容不仅在思想内涵上具有深刻性，而且保证在形式上具备吸引力和互动性。通过这一系统化的评估与反馈过程，学校能够建立起一套科学有效的社交媒体内容管理体系，使思想政治教育通过社交媒体传播能够真正潜移默化地影响学生，既传递教育的核心价值，又能够引起学生广泛的兴趣和积极的社会反响。

（七）鼓励学生参与社交媒体平台内容创作与传播

社交媒体已经成为当代青年表达自我、交流思想的重要平台，学校应充分利用这一平台的优势，引导学生在思想政治教育内容创作和传播中发挥主体作用，真正使他们成为思想政治教育的实践者与传播者。在这一过程中，学生可以通过参与短视频录制、图文创作、微电影拍摄等形式，围绕社会主义核心价值观、青年责任与担当等主题，积极策划并制作内容。学校通过引导学生参与内容创作，不仅让学生从单纯的受教育者转变为思想内容的创作者，还在具体的创作过程中促使他们对思想政治教育内容有更为深刻的理解。例如，在策划一段爱国主义短视频时，学生需要从主题设定、情节设计、拍摄执行到后期制作等各个环节进行全面的思考和合作。在这一过程中，他们会深入了解主题背后的社会意义，并在创作过程中不断反思并内化这些思想政治教育内容。这种内容创作不仅提升了学生的创新思维能力，还帮助他们在创作的过程中体会团队合作的重要性，并锻炼了他们在实际操作中的沟通与执行力。

学校还可以通过设立一系列激励机制，激发学生对思想政治教育内容创作和传播的积极性。比如，学校可以举办"优秀思想政治教育内容创作大赛"，鼓励学生在创作中融入个人的独特视角和创新思维，并评选出最具影响力、最有创意的作品，这样的激励措施可以有效地提高学生的参与热情。同时，学校可以通过在社交媒体平台上建立专门的"思想政治教育创作账号"，邀请学生团队运营该账号，通过定期发布学生创作的优秀作品、开设主题讨论等方式，让学生创作的思想政治内容能够得到更广泛的传播与认可。这一过程不仅是对思想政治教育内容的传播，也是学生自我表达和社会沟通能力的展示与提升。

通过在社交媒体平台上的广泛传播，学生能够将思想政治教育的内涵传递给更多同龄人，使思想政治教育的影响力从校园内部扩展到更广的社会范围。这种创作与传播过程，有助于增强学生的社会责任感，使思想政治教育真正与学生的生活方式和兴趣爱好相结合，形成良好的传播效果，让思想政治教育在全社会形成积极向上的舆论氛围。

三、校园文化活动的创新

校园文化活动是思想政治教育的重要载体。通过举办丰富多彩的文化活动，学生可以在参与潜移默化中接受思想政治教育，提升思想道德素质和社会责任感。为了更好地发挥校园文化活动在思想政治教育中的作用，学校应不断创新校园文化活动的形式和内容，使其更具吸引力和教育意义。

（一）结合时代特色设计多样化校园文化活动

新时代下的校园文化活动应具备包容性和创新性，以适应社会快速变化和满足学生个性化需求。为了使思想政治教育更为生动和贴近学生生活，学校应创新活动形式和内容，使思想政治教育在无形中融入学生的校园日常生活。学校可以围绕社会主义核心价值观，组织以环保理念为主题的艺术创作活动，鼓励学生以绘画、摄影等艺术形式表达对生态文明建设的理解与思考。这种活动不仅能激发学生的创造力和环保意识，还能在艺术表现与现实问题的交融中，使思想政治教育显得更加生动且具体。

同时，学校可以搭建平台鼓励学生开展跨学科的项目，结合他们对不同学科的兴趣与特长，将思想政治教育与科学研究、人文探讨等内容融合起来。比如，举办以社会问题为主题的创新创业比赛，可以让学生结合自身所学，通过科技创新或社会倡议来提出切实可行的解决方案。在这一过程中不仅可以加深学生对社会问题的理解，还可以在自主探索和协作学习中培养他们的社会责任感和集体荣誉感。

学校还可以利用现代科技手段丰富校园文化活动，使思想政治教育融入更多互动性和体验性的环节。例如，借助虚拟现实（VR）技术，学校可以模拟特定历史场景，让学生"置身"于建党初期的革命场景中，切身体验先辈们艰苦奋斗的历程，从而加深他们对中国共产党历史的理解。通过这种亲身体验，学生不仅能在互动中加深对历史的情感共鸣，还能在模拟过程中深刻感受到革命精神与当代价值的紧密联系。

学校还可以利用社交媒体平台，设计一些趣味性和参与性强的线上线下联动活动。例如，举办"网络主题宣传周"或"学生代表微视频讲解社会主义核心价值观"活动，这些活动可以吸引学生的关注，使思想政治教育的理念通过他们熟悉的网络社交圈得以广泛传播与扩展。通过这些创新的活动形式，学生能够在充满趣味和挑战的参与中，自然而然地接受思想政治教育，在潜移默化中不断提升自身的思想道德素质与社会责任感。

（二）结合重大节日开展主题教育活动

重大节日是加强思想政治教育的契机，学校应通过精心策划主题教育活动，使这些特殊时间节点成为学生深入思考、情感共鸣与自我提升的重要时刻。在国庆节、五四青年节等富有历史意义的日子里，学校可以组织全校师生参加升旗仪式，使学生在庄严的仪式中感受到集体的荣誉感和对国家的深切热爱。这种仪式感不仅能激发学生的爱国情怀，更在庄重的环境中让他们感受到作为国家一份子的使命感与责任感。同时，围绕这些节日，学校可以鼓励学生自主策划并举办主题演讲比赛。通过围绕爱国主义、青年精神等主题展开深入的讨论和思考，学生在演讲准备与表达过程中，能够加深对国家、民族历史的理解和认同感。这样的活动不仅促进了学生的独立研究能力，还增强了他们的团队合作精神，使他们对节日背后的历史事件和人物进行全面深入的学习，从而更深刻地理解国家发展的艰难历程与当下美好生活的来之不易。

除了形式化的仪式和演讲活动，学校还可以将重大节日的主题教育与艺术文化创作结合起来，通过红色经典朗诵、舞台剧表演等形式，给学生提供更多元化的表达渠道。例如，在纪念抗战胜利日时，学生可以通过排演以抗战历史为背景的情景剧，采用表演的方式再现那段峥嵘岁月。通过这种生动的艺术再现，学生不仅能够加深对历史事件的感性认识，还可以在创作与演出的过程中感受到革命先辈的坚定信念与不屈不挠的精神。这样的过程本身就是一次深刻的思想政治教育体验。在五四青年节期间，学校可以组织以"青春使命"为主题的诗歌创作与朗诵活动。通过诗歌这一抒发情感的文学形式，学生可以表达自己对新时代青年的责任和使命的理解，这样的活动能够帮助学生更加自主地思考，激发他们的创作欲望和思想表达能力。通过这些活动，思想政治教育不再局限于课堂上的理论传授，而是融入了学生的自主创作和情感共鸣之中，使教育的内容更加深入人心。

（三）运用现代科技提升活动互动性和体验感

现代科技为校园文化活动注入了新的活力，使思想政治教育变得更加富有互动性和吸引力。学校在推动思想政治教育过程中，可以充分运用虚拟现实（VR）和增强现实（AR）等新兴技术，通过模拟历史情景和提供虚拟社会体验，使学生沉浸其中，从而缩短教育内容与学生之间的心理距离。例如，学校可以利用 VR 技术创建一个虚拟的革命历史场景，让学生"穿越"到战争年代，与革命先烈"同行"，身临其境地感受到革命先辈为了民族独立和人民解放所付出的巨大牺牲。这种沉浸式的体验，不仅能增强学生的历史共鸣感，还能让他们更加直观、具体地理解思想政治教育中的爱国主义精神和历史责任感。此外，利用 AR 技术，学校可以在校园内打造出一种"历史景观游览"的氛围，将校园的某些特定场景转化为红色教育的"实地课堂"。当学生用手机扫描特定的标志时，就能看到相关的历史故事或革命人物的事迹介绍。这样的科技手段将原本静态的历史内容以动态、直观的方式展现给学生，大大增强了教育的趣味性和互动性。

为了提升校园文化活动的传播性和影响力，学校可以充分利用线上和线下的互动方式，将科技手段作为连接广大师生的重要桥梁。学校可以通过线上直播校园文化活动，例如重要节日的升旗仪式或主题演讲比赛，这不仅能将活动的影响力从校园扩展到更大的社会范围，还能吸引不在现场的学生通过弹幕、评论等方式进行互动。这种"实时互动"的形式增强了活动的参与感与现场感。学校还可以设置"线上问答"环节，鼓励学生通过手机即时参与答题或投票，从而将他们的注意力从被动的观看转化为积极的参与。在某些主题活动中，学校可以利用大数据和人工智能技术，分析学生的兴趣偏好，进而量身定制不同的思想政治教育内容。比如，通过数据分析，学校可以了解到哪些内容更能引发学生的共鸣，从而在未来的活动中加以调整和优化，以提升活动的效果和学生的满意度。

现代科技的应用不仅丰富了校园文化活动的表现形式，还使思想政治教育的内容能够更好地契合学生的兴趣点和需求。这样的教育形式使思想政治教育真正走进学生的心中，变得生动而富有活力，有效提升了教育的吸引力和实效性。

第四节　创建"三全育人"新格局

一、全员参与的教育体系

在新的教育格局中，全员参与的教育体系必须充分认识到教育是一个综合性、多元化的过程，这一过程不仅局限于教师的课堂教学，还需要家庭和社会各个层面的广泛参与。教师在这一过程中扮演多重角色，他不仅是知识的传授者，更是学生成长过程中的引导者和支持者。在这一体系下，教师需要关注学生的多维发展，包括学术能力、情感智力和道德素养。通过与学生建立信任关系，教师可以更深入了解学生的需求与困惑，从而为他们提供个性化的指导与支持。这样，教育便不再是单向的信息传递，而是一个充满互动与共鸣的过程。

在这全员参与的教育体系中，学生应被鼓励发挥主动性与创造性，成为自己学习过程的主导者。学校可以设计一系列的自主学习项目，让学生在探索中发现兴趣与潜能。通过参与志愿服务、社团活动和社会实践，学生不仅可以拓宽视野，还能增强社会责任感和团队合作精神。这种参与感将促进他们的自我认知与社会适应能力，帮助他们在日常生活中形成良好的价值观与人生观。通过这种方式学生不仅获得知识，还在实践中锤炼品格，为未来的社会生活做好准备。

家长和社会的积极参与同样是现代教育体系的重要组成部分。家长不仅是学生教育的支持者，也是学校与家庭之间沟通的桥梁。通过家校互动，家长能够更好地理解学校的教育目标与方法，从而在家庭环境中与学校形成合力，促进学生的全面发展。

社会各界，包括企事业单位、社区组织等，也应积极参与学校的教育活动，提供丰富的资源与实践机会。通过建立多元合作的机制，不同的社会力量可以共同推动教育的创新与发展，从而形成一个支持学生成长的广泛网络。这种全员参与的教育体系将为学生创造一个更加开放与包容的学习环境，使他们在多样化的支持中茁壮成长。

二、全方位的育人环境

全方位的育人环境强调校园内外的多层次育人网络，旨在为学生创造一个丰富的学习生态系统。在课堂教学中，教师不仅要传授知识，还应通过互动式教学、项目驱动和探究学习等方法，引导学生主动参与学习过程，增强其思维能力和实践能力。通过整合各类学习资源，学校可以设计出多样化的课程，这些课程既包括理论知识的传授，也涵盖实验、实习等实践环节，使学生在真实的情境中应用所学。这样的教学模式能够激发学生的学习兴趣，提高他们的综合素质，让知识的学习更加深入人心，为学生的全面发展奠定坚实的基础。

现代科技的应用是构建全方位育人环境的重要支撑，学校应充分利用线上线下结合的学习平台，提供丰富的学习资源和实践机会。通过网络平台，学生可以随时随地获取课程材料、参与在线讨论和交流，从而打破时间和空间的限制。此外，学校可以开设虚拟实验室、在线模拟等功能，让学生在技术支持下进行实验与探索，增强他们的实践能力与创新意识。这样的学习平台不仅提高了学习的灵活性和便利性，也为学生提供了更多自主学习的机会，还培养其自我管理和自主学习的能力。与此同时，学校应与社区、企事业单位等多方协作，实现资源共享，构建更广泛的育人空间。通过建立实习基地、志愿服务项目和社会实践活动，学校能够为学生提供真实的社会体验，帮助他们理解社会责任与公民义务。在这一过程中，学生可以与不同背景的人士互动，从而拓宽视野，提升人际交往能力和团队合作精神。通过这些实践，学生不仅能将课堂所学与社会实际结合起来，更能在真实环境中锻炼解决问题的能力，从而全面提升其综合素质，培养适应未来社会的多元能力。这样的全方位育人环境为学生的成长与发展提供了坚实的基础，使他们能够在多维度的培养中实现自我价值。

三、全过程的教育路径

全过程的教育路径强调对学生整个学习生涯的关注，从入学到毕业，教育者需要制定全面的教育规划，以确保学生在各个阶段都能获得适当的支持与指导。这一路径中，心理健康教育扮演着至关重要的角色。教育者应重视学生的情感和心理发展，通过定期的心理健康课程和咨询服务，帮助学生理解和管理自己的情绪，培养积极的心理素质。在这一过程中，建立良好的师生关系至关重要，教师应成为学生的支持者和引导者，帮助他们在面对挑战时找到解决方案，增强其心理韧性。

职业生涯指导是全过程教育路径中的另一个重要环节，学校应提供多样化的职业规划和指导服务，帮助学生明确自己的兴趣和职业方向。通过组织职业讲座、企业参观、实习机会等活动，学校让学生接触不同的职业并了解市场需求与职业发展趋势，帮助他们做出明智的职业选择。此外，学校可以通过一对一的职业咨询，提供个性化的职业规划建议，确保学生能够充分发挥自己的潜能，为未来的职业生涯做好充分准备。这样的职业生涯指导不仅能够增强学生的就业竞争力，也为他们的长期发展奠定基础。

为全面提升学生的综合素质，学校还需建立多元评价体系，对学生的成长进行实时跟踪与反馈。这一评价体系不仅包括学业成绩，还应涵盖心理健康、社会适应能力、职业素养等多个方面，以全面反映学生的综合素质。通过定期评估，学校能够及时识别学生的强项与短板，帮助他们调整学习与发展方向。与此同时，学校应提供必要的资源支持，包括学习辅导、社团活动、心理咨询等，确保学生在学习、生活和发展等方面都能获得帮助。这样的全过程教育路径，不仅关注学生的学业成就，更重视其全面成长与长远发展。这种全方位的关注有助于他们在未来的人生道路上迈出坚实的步伐。

第五节　完善思想政治教育评估机制

一、评估标准与指标的建立

在完善思想政治教育评估机制的过程中，评估标准与指标的建立是至关重要的环节。这些标准与指标不仅为教育者提供了明确的方向，还能帮助学生自我反思和成长。评估标准应涵盖思想政治教育的各个方面，包括学生的思想政治素养、情感态度与价值观、参与活动的积极性以及知识掌握情况等。在构建标准时，应该综合考虑不同学段的特点，比如，对于初中生，应强调对基本政治概念的理解和道德价值的认同，而对于高中生，则应侧重于批判性思维和社会责任感的培养。这种层次化的评估方法，能够确保教育内容与学生的发展需求相匹配，使得思想政治教育的效果得以真实体现。

具体指标的制定可以通过多种方式进行，调研是一个重要途径。通过对学生、教师和家长的调查，可以获取关于学生在思想政治教育中的表现和感受的真实反馈。此外，专家咨询也是制定评估指标不可或缺的环节，教育专家可以根据其专业知识和实践经验，提出切实可行的评估建议。同时，教育实践的总结，尤其是对成功案例的分析，可以为指标的形成提供有力的支持。通过将这些方法有机结合，可以形成多维度的评估体系。这样的体系不仅能提高标准的科学性，还能增强其在实际教育中的适用性。

在建立评估标准时，必须关注不同背景学生的特点。不同文化、不同社会经济背景的学生在思想政治教育中的体验和理解可能存在差异，因此评估指标需要具备普遍适用性与针对性。例如，针对来自不同地区或家庭背景的学生，评估标准应允许灵活调整，以适应他们的实际情况。这样的设计不仅能够避免"一刀切"的评估方式，还能确保每位学生的思想政治教育效果得以准确反映。通过建立科学合理的评估标准与指标，学校能够有效提升思想政治教育的质量，为学生的全面发展奠定坚实基础。

二、定期评估与反馈机制

建立定期评估与反馈机制是确保思想政治教育有效性的重要保障，它能够为教育者和学生提供系统性的信息支持。学校应制订详细的评估计划，明确评估的时间节点和内容，确保评估过程具有系统性与连续性。定期的评估不仅能够帮助教师及时了解学生在思想政治教育方面的成长与变化，也能为学校管理层提供决策依据。例如，设定每学期的评估周期，可以对学生的思想政治素养、参与活动的积极性及知识掌握情况进行全面评估。通过这种制度化的评估，教育者能够更好地把握学生的学习动态，及时发现教育过程中存在的问题，从而调整和优化教学内容与策略。

反馈机制在这一过程中同样不可或缺。学校应通过多种渠道，如定期的家长会、学生座谈会以及在线平台，将评估结果及时反馈给学生和教师。反馈的形式可以多样化，包括书面报告、面对面的交流或是在线评估结果发布等。这些反馈不仅能够让教师清晰地了解教学效果，也能帮助学生识别自身学习的不足，从而促使他们在学习方法上进行改进。有效的反馈机制能够激励学生的学习动机，增强他们对思想政治教育的认同感和参与感，形成良好的学习氛围。

双向反馈机制是思想政治教育不断优化和提升的关键。通过这种双向反馈机制，学校能够有效调整和改进教学实践。教师根据反馈结果调整教学策略，不仅能提高课堂教学的针对性和有效性，也能为学生提供更具个性化的学习体验。同时，学生在获得反馈后，可以针对自己的学习情况制订相应的改进计划，增强自主学习能力。最终，通过建立定期评估与反馈机制，学校不仅提升了思想政治教育的质量，也为学生的全面发展创造了更加有利的环境。这样的机制将教育的各个环节紧密连接，形成一个有机的整体，确保思想政治教育在实践中得到持续深化的发展。

三、多元化的评估方法与工具

在思想政治教育评估中，采用多元化的评估方法与工具能够全面、立体地反映学生的学习成效和思想变化。评估方法的多样性是确保评估结果真实性和有效性的重要途径。问卷调查作为一种常用的评估手段，能够通过标准化的问题收集大量学生的意见和感受，量化学生对思想政治教育的认知和态度。个案研究则允许教育者深入分析个别学生的成长经历，从中提炼出有价值的教育经验与教训。课堂观察作为一种直接的评估方式，可以帮助教师实时了解学生在课堂上的参与情况和互动状态，进一步评估思想政治教育的有效性。学生自评与互评不仅能够培养学生的反思能力和批判性思维，还能促进同学之间的交流与合作，形成积极的学习氛围。

结合现代信息技术，学校可以使用在线评估平台来实时收集学生的反馈和学习数据，这种方式不仅提高了评估的便捷性，还提高了数据的及时性和准确性。通过在线平台，教师能够快速分析学生的学习进展，识别出需要特别关注的领域，及时调整教学策略。在线评估工具可以设计成多样化的形式，如多选题、开放性问题或情景模拟等，这些形式能够激发学生的参与感和创造力，同时减轻传统评估方式可能带来的压力，使评估过程更加人性化。

评估工具的设计应注重科学性与人性化，确保工具能够适应不同类型的学生，尤其是在不同的文化和教育背景下。科学性体现在评估工具应具备合理的信度和效度，通过统计分析确保结果的可靠性。人性化则要求评估工具在设计时考虑学生的心理感受，以减少学生在评估过程中的焦虑和压力，使其更具实效性与参与感。例如，可以采用游戏化的评估方式，将学习内容与评估结合，利用其趣味性和互动性来提高学生的参与度和积极性。这些多样化的评估方法与工具，不仅有助于学校深入理解思想政治教育的实施效果，也为教师提供了反思和改进教学的依据，从而推动教学改革的不断深化。通过全面而细致的评估，学校能够更好地把握学生的思想政治教育需求，促进学生的全面发展与素质提升。

参考文献

［1］张丽．科技赋能高校思政课的实践路径：《信息化背景下高校思想政治理论课教学研究》评介［J］．高教发展与评估，2024，40（4）：126.

［2］李紫娟．新时代高校思想政治理论课改革创新刍议［J］．学校党建与思想教育，2024（8）：56－58.

［3］王冬冬．高校思想政治理论课三维立体教育模式［J］．中学政治教学参考，2023（9）：92.

［4］赵浚，张澍军．高校思想政治理论课与人工智能的融合创新之道［J］．思想政治教育研究，2022，38（5）：91－95.

［5］刘洋．以智慧思政平台建设推动高校思想政治理论课信息化改革［J］．思想理论教育，2022（8）：68－73.

［6］周玉林．信息化时代高校思想政治教育实效性提升探究：评《高校思想政治理论课程建设研究》［J］．人民长江，2022，53（7）：242－243.

［7］刘晓璇．多媒体时代高校思政课教学信息化探索：评《信息化背景下高校思想政治理论课教学研究》［J］．中国科技论文，2022，17（1）：135.

［8］张妍．高校思想政治理论课在线教学模式研究［J］．黑龙江高教研究，2021，39（12）：99－103.

［9］郭俊敏．高校思政课教师学科信息素养提升"三思"［J］．中学政治教学参考，2021（44）：73－75.

［10］袁超，熊娜，陈梦然．多元融合：高校思想政治理论课混合式教学的路径［J］．教育学术月刊，2021（10）：105－111.

［11］商琦．基于信息化时代背景下应用型院校思政教育课程体系创新：

评《高校思想政治理论课改革与创新》［J］. 热带作物学报, 2021, 42
（8）: 2454.

　　［12］杨丽艳. 虚拟实践融入高校思想政治理论课实践教学的研究与探索
［J］. 思想政治教育研究, 2021, 37（2）: 97 - 100.

　　［13］吴太胜. 提升高校思想政治理论课亲和力的"四化融合"机制研究
［J］. 思想政治教育研究, 2021, 37（2）: 105 - 109.

　　［14］呼禾. 信息技术对大学生思想政治教育的影响: 评《信息化背景下
高校思想政治理论课教学研究》［J］. 中国科技论文, 2021, 16（4）: 476.

　　［15］李磊. 高校思想政治理论课"网络—课堂—实践"一体化教学体系
构建: 评《高校思想政治理论课"网络—课堂—实践"一体化教学体系构建
研究》［J］. 热带作物学报, 2021, 42（3）: 967.

　　［16］吕遂峰. 大数据背景下高校思想政治理论课融合创新: 评《高校思
想政治理论课建设研究》［J］. 科技管理研究, 2020, 40（23）: 263.

　　［17］吴跃本. 信息化时代大数据技术在思政教育中的应用探究: 评《大
数据与高校思想政治理论课》［J］. 中国科技论文, 2020, 15（11）: 1348.

　　［18］张志丹, 刘书文. 人工智能必将引发思想政治理论课变革［J］.
思想教育研究, 2020（10）: 103 - 108.

　　［19］任伟. "互联网＋"时代高校思想政治理论课协同教学路径探析
［J］. 民族教育研究, 2020, 31（5）: 13 - 20.

　　［20］思想政治理论课信息化平台建设研讨会暨"数字马院"联盟成立
大会在京举行［J］. 思想教育研究, 2020（8）: 2.

　　［21］马俊峰, 刘殷君. 信息技术融入高校思想政治理论课的路径选择
［J］. 思想政治教育研究, 2020, 36（1）: 83 - 88.

　　［22］陈慧女. 移动互联网技术应用于高校思想政治理论课教学设计的探
索与思考［J］. 思想理论教育导刊, 2019（12）: 96 - 100.

　　［23］李晓培, 胡树祥. 高职院校思想政治理论课的理论特质与教学实践
［J］. 思想理论教育导刊, 2019（12）: 121 - 124.

　　［24］李博豪, 王海涛. 高校思想政治理论课学习过程评价及其优化
［J］. 学校党建与思想教育, 2019（23）: 58 - 60.

［25］武贵龙．牢记初心使命 久久为功办好新时代高校思想政治理论课
［J］．思想教育研究，2019（9）：81－84.

［26］何祥林，陈梦妮．信息化时代高校思想政治理论课教学话语发展的
理路［J］．学校党建与思想教育，2019（10）：8－10.

［27］曾令辉，石丽琴．新媒体环境下高校思想政治理论课"三三制"教
学模式构建与实施［J］．思想理论教育导刊，2018（11）：117－122.

［28］"数字马院"平台简介［J］．思想教育研究，2018（8）：2.

［29］杨换宇．任重道远 开启新时代高校思想政治理论课建设新征程：
"改革开放四十年高校思想政治理论课建设的回顾与展望"学术研讨会综述
［J］．思想理论教育导刊，2018（7）：147－149.

［30］梅萍，艾蔼．论思想政治理论课在线学习的优势、困境与创新
［J］．学校党建与思想教育，2018（14）：20－23.

［31］傅江浩，吴硕．高校思想政治理论课开放式教学研究［J］．学校
党建与思想教育，2018（13）：58－60.

［32］段伟伟．翻转课堂在高校思想政治理论课中的应用研究［J］．学
校党建与思想教育，2018（10）：30－31＋62.

［33］李效东．思想政治理论课供给侧结构性改革刍议［J］．思想教育
研究，2018（3）：88－92.

［34］沈震，杨志平，师新华．"十九大精神宣讲面对面互动式进课堂经
验交流暨新时代新媒体新技术与思想政治理论课课堂教学深度融合研讨会"
综述［J］．思想理论教育导刊，2018（2）：153－155.

［35］高奇，周向军，韩文彬．高校思想政治理论课信息化教学需把握好
的若干重要关系［J］．思想理论教育导刊，2018（2）：112－116.

［36］徐秉国，张艳斌．以习近平新时代中国特色社会主义思想为指导 全
面提升高校思想政治理论课教学质量学术研讨会综述［J］．思想教育研究，
2017（12）：127.

［37］黄振宣．高职院校思想政治理论课微课教学变革路径［J］．教育
与职业，2017（15）：96－99.

［38］闫成俭，王琼．高校思想政治理论课无纸化考试改革探析［J］．

思想理论教育导刊, 2017 (6): 91-93.

[39] 赵秀兰, 黄振宣. 移动学习模式与高校思想政治理论课创新研究
[J]. 中国高等教育, 2017 (12): 55-57.

[40] 郑洁, 梁虹. 高校思想政治理论课网络教学的现状、原因及对策
[J]. 学校党建与思想教育, 2017 (1): 34-37+40.

[41] 倪松根. 高校思想政治理论课话语有效性探究 [J]. 思想理论教
育导刊, 2016 (10): 108-111.

[42] 朱强, 徐瑞鸿, 戴钢书. 论微信教学平台在高校思想政治理论课中
的运用 [J]. 黑龙江高教研究, 2016 (10): 139-141.

[43] 曹洪滔, 田鹏颖, 周莉. 论思想政治理论课"慕课"共同体建构
[J]. 学术论坛, 2016, 39 (7): 162-167.

[44] 梁爱强. "慕课"背景下高校思想政治理论课教育实效性探讨
[J]. 学校党建与思想教育, 2016 (17): 71-73.

[45] 杨丽艳. 思想政治理论课虚拟仿真实践教学平台的构建 [J]. 实
验室研究与探索, 2016, 35 (5): 272-274+295.

[46] 林彦虎. 慕课的意识形态实质与高校思政理论课"慕课化"探析
[J]. 广西社会科学, 2016 (2): 208-212.

[47] 陈永森. 高校思想政治理论课面临的挑战与对策 [J]. 思想教育
研究, 2015 (9): 45-48.

[48] 黄振宣. 思想政治理论课项目主导实践教学网络平台的构建 [J].
教育与职业, 2015 (12): 112-114.

[49] 杨美新. 高校思想政治理论课 MOOC 建设初探 [J]. 求索, 2015
(3): 182-186.

[50] 赵淑辉, 包苏红. 新时代高校立德树人教育教学理论与实践[M].
北京: 光明日报出版社, 2023.

[51] 付敏. "中国近现代史纲要"教学方法论 [M]. 重庆: 重庆大学
出版社, 2023.

[52] 金家新. 高校思想政治理论课教师: 使命、挑战与胜任力研究
[M]. 重庆: 重庆大学出版社, 2023.

［53］许晓玲．思想政治理论课情感教学论［M］．厦门：厦门大学出版社，2021.

［54］韦世艺．高校思想政治理论课教学过程论［M］．天津：南开大学出版社，2020.

［55］周利生，向巧玲．高校思想政治理论课教师队伍教学能力建设研究［M］．南昌：江西高校出版社，2019.

［56］刘家桂．思想政治理论课教师菜单式培训方案研究［M］．南昌：江西高校出版社，2019.

［57］何孟飞．新时代高校思想政治理论教学研究［M］．厦门：厦门大学出版社，2018.

［58］宁秋娅．高校青年教师思想政治工作研究［M］．北京：光明日报出版社，2018.

［59］胡飒，奚冬梅．高校思想政治教育教学与实践研究［M］．北京：光明日报出版社，2017.

［60］张耀灿．思想政治教育学科建设研究［M］．北京：中国人民大学出版社，2017.